天下文化

BELIEVE IN READING

社會人文 BGB566

# THE RAPE OF NANKING

# 被遺忘的大屠殺

## 1937 南京浩劫

THE FORGOTTEN HOLOCAUST
OF
WORLD WAR II

Iris Chang

張純如——著
蕭富元、廖珮杏——譯

獻給南京大屠殺的數十萬名受難者及其家屬

To the hundreds of thousands of victims in the Rape of Nanking

# 關於南京大屠殺的反思

這是人類歷史上罕見的野獸般行為，中國人成為最大受害者……歷史絕不可遺忘……我覺得我們所有中國人都應該從這件事情上得到教訓，我們要自立自強，才不會被人欺凌、任人宰割，這是我最大的感受。[1]

——**馬英九**／中華民國第十二、十三任總統

要教育我們的子孫後代，不要忘記歷史，教科書要把這段歷史寫好，我們的子孫後代都要挺起腰桿把國家建設好，為維護世界和平、為我們中國的發展做貢獻。[2]

——**方素霞**／南京大屠殺倖存者

南京大屠殺遇難者名單（哭牆）上有三位親人的名字，這些名字包含更大的作用，

以我們的親身經歷，揭發侵華日軍的罪行，我們銘記歷史的目的是珍愛和平。[2]

——**葛道榮**／南京大屠殺倖存者

對於包括南京大屠殺在內的歷史事實，我們應該永遠銘記於心。日本政府和政界人士應該始終保持「以史為鑑，才能面向未來」的姿態，這非常重要。[3]

——**村山富市**／日本前首相

日本在激烈的戰鬥之後占據了南京市內，在那裡進行大量的殺戮。有和戰鬥有關的殺戮，有在戰鬥結束後的殺戮。日本軍因為沒有餘力管理俘虜，因此將投降的軍隊和市民大多數殺害了。正確殺害了多少人，歷史學者間對細節有異議，但總之無數市民被捲入戰鬥中被殺，是難以消除的事實。中國死亡的人數有說是四十萬人，有說是十萬人。但四十萬人和十萬人的差別到底在哪裡？[4]

——**村上春樹**／日本小說家

人類社會特別是中日兩國民眾應一起，不僅要將南京大屠殺這一創傷記憶視為人類過去的共同恥辱，也要將它置換為指引人類未來和平走向的共同財富。人類應從悲慘的歷史中吸取教訓，而不應使之成為仇恨的催化劑。[5]

——**張連紅**／南京師範大學副校長

---

1 請參閱：邱莉燕，〈馬英九參訪南京大屠殺紀念館，沉痛題七字〉，遠見，二〇二三年三月三十日刊登，https://www.gvm.com.tw/article/101284。

2 請參閱：林芷瑩，〈南京大屠殺84周年｜倖存者憶述親身經歷　冀後代懂得和平的珍貴〉，香港01，二〇二一年十二月十三日刊登，https://www.hk01.com/article/711731?utm_source=01articlecopy&utm_medium=referral。

3 請參閱：〈南京大屠殺80週年！日本前首相：以史為鑑，才能面向未來〉，ETtoday國際新聞，二〇一七年十二月十三日刊登，https://www.ettoday.net/news/20171213/1071878.htm#ixzz8JHqxhR6v。

4 請參閱：村上春樹，二〇一七，《刺殺騎士團長：第二部　隱喻遷移篇》（台北：時報），頁六七。

5 請參閱：張連紅，二〇一六，〈南京大屠殺歷史記憶的塑造〉，《國史研究通訊》第十期，頁一一二。

# 各界好評

一部從歷史真相中批判道德淪喪的有力新作。張純如在書中謹慎考證了這場浩劫的真實規模與細節。

——《**芝加哥論壇報**》（*Chicago Tribune*）

經過精心的研究考證……故事扣人心弦，牢牢抓住讀者的目光，從頭到尾令人欲罷不能。

——**鄭念**／《上海生與死》（*Life and Death in Shanghai*）作者

張純如深入研究南京大屠殺，為二戰暴行增添並擴展出全新的敘述。這本書非常出色，其所講述的故事值得被世人聆聽。

——**白彬菊**（Beatrice S. Bartlett）／耶魯大學歷史系教授

令人心碎……一本非常扣人心弦的著作。這本書關於暴行的描述，不僅點出日本帝國軍國主義的根本問題，更呈現了施虐者、強暴者、殺人者的心理問題。

——**魏斐德**（Frederic Wakeman）／加州大學柏克萊分校東亞研究所所長

今日的美國，有人做出了正義而美好的事情，她揭發了塵封已久的醜陋惡行……張純如的著作，讓南京的二度強暴畫下句點。

——**喬治・威爾**（George F. Will）／聯合專欄作家

在張純如的重要新作中……她的祖父母是那場暴行的倖存者，她以可以理解的憤怒筆調，敘述這段慘絕人寰的大屠殺。

——**夏偉**（Orville Schell）／《紐約時報書評》（*The New York Times Book Review*）

所有對戰爭、人性光輝、人類的自以為如何緊密交織感興趣的人，都會了解《被遺忘的大屠殺：1937南京浩劫》的重量。這是一部具學術水準、調查深入且充滿熱情的作品。許多環節讓人不忍卒讀，但都不能迴避，因為必須了解過去，才能駕馭未來。

——**譚若思**（Ross Terrill）／《毛澤東傳》（*Mao: A Biography*）、《我們這一代的中國》（*China in Our Time*）及《毛夫人》（*Madame Mao*）作者

這是二十世紀最重要的著作之一，張純如的《被遺忘的大屠殺》將成為戰爭史上的經典之作。

——**湯美如**（Nancy Tong）／紀錄片《奉天皇之命》製片兼副導演

一部行文流暢、條理清晰的著作……張純如讓這個事件擺脫其不應有的沒沒無聞狀態。

——**羅素・詹金斯**（Russell Jenkins）／《國家評論》（*National Review*）

在這個動蕩世紀的尾聲，張純如的書將二戰歷史最黑暗的一頁呈現在世人眼前，照亮通往和平時代的道路。

——**史詠**（Shi Young）／《南京大屠殺：歷史照片中的見證》（*The Rape of Nanking: An Undeniable History in Photographs*）共同作者

張純如講述的故事，簡直駭人聽聞……其文詳實，其情悲憤。

——**《休士頓紀事報》**（*Houston Chronicle*）

張純如的這部歷史著作，深刻揭露了南京大屠殺中的滔天罪行，令人不寒而慄。同時書中也敘述了許多仁義之舉，留存了一絲希望的火苗。

——**《聖荷西信使報》**（*San Jose Mercury News*）

張純如提醒我們，無論南京大屠殺的暴行多麼令人難以置信，我們都絕不能忘卻這段歷史，否則我們的文明將陷入險境。

——《底特律新聞報》（*The Detroit News*）

張純如以迫切的筆調還原這段悲慘的歷史……是認識這場悲劇的重要一步。

——《舊金山灣區衛週報》（*San Francisco Bay Guardian*）

# 目錄

## 第一部



## 第二部

譯後記

出版緣起

# 短暫而耀眼的生命

高希均

（一）

享譽國際及中文世界的華裔作家張純如（Iris Chang）不幸於二〇〇四年十一月九日被發現在加州舉槍自盡。在三十六歲短暫而耀眼的生命中，她已出版了三本影響深遠的書。每一本書都有震撼性與啟發性。每一本書都引起了國際媒體重視。自一九九八年參加了美國「百人會」後，她又投入心力，關注種族平等與社會正義等議題。

我曾為「天下文化」出版的《中國飛彈之父》與《被遺忘的大屠殺》分別寫過導讀，重讀寫過的這些話，格外懷念這位才氣橫溢而又正氣凜然的作家。

今年是哀悼「南京大屠殺」七十週年，美國好來塢獨立製片公司ThinkFilm根據此事件的中國生還者及當年參與的日本士兵口述，拍成記錄片。

時至今日，日本人對此事件仍是採取不願承認的態度；然而早在十年前，透過本書作者張純如的筆，已將這一人類史上最慘絕的事件披露在西方世界的面前。

七十年後的今天，透過美國導演古登塔（Bill Guttentag）與史特曼（Dan Sturman）的影片，真相不容掩飾，歷史的教訓更不可遺忘。

（二）

二〇〇七年十月二十四日，當中國大陸的「嫦娥一號」奔向月球，探測千年來美麗神話時，台灣則鋪天蓋地推動「入聯公投」，在製造一個新的政治神話。

面對與時俱進的中國大陸，面對共識缺乏的台灣社會，我只能沉痛地說：台灣人民已經陷入了前所未有的困局。

在剛出版的《我們的V型選擇》一書中，我指出：

當前的台灣有兩個：一個是正在邊緣化的台灣，一個是急待奮起的台灣。造成邊緣化台灣的元素是：內有內耗性議題一個接一個地操弄；財經、民主、環保、教育等重大政策一個又一個地空轉；兩岸關係一件又一件地僵持；廉能政治一次又一次地落空。外有全球化的風起雲湧，與中國大陸經濟快速崛起，二者都對台灣在世界舞台上的地位造成衝擊。內外形勢的惡化，造成了人民、企業、外商，束手無策。

急待奮起的台灣，只剩下一個選擇，要以最短的時間、最快的速度、最大的包容、最廣的視野，追求勝利——VICTORY。「勝利」由七個元素組成：

一、願景（Vision）要清晰。

二、誠信（Integrity）不打折扣。

三、承諾（Commitment）兌現。

四、人才（Talent）重用。

五、開放（Openness）加快。

六、和解（Reconciliation）突破。

七、年輕一代（Youth）參與。

在全球化中，台灣人民已無時間，更無退路，只有理性地選擇「勝利之路」。

這種理性選擇的前提是：仇恨要遺忘、教訓要記取，政黨與人民要共同爭氣。

（二〇〇七年十月三十日　台北）

2008 年，高教授參訪南京大屠殺紀念館，與張純如銅像合影。

出版者的話

# 教訓要記取，仇恨要遺忘

## ——讀「被遺忘的大屠殺」

高希均

### （一）「中國良知」在哪裡？

「漠視歷史的人，終將成爲另一次的受害者。」這是人類幾千年歷史留給後代最明確的一項教訓。

當我們展讀有關南京大屠殺的種種史實時，忍不住會壓制內心的憤怒與痛苦而自問：世界上哪一個受過現代教育的人，不知道小安妮·法蘭克的日記？《辛德勒名單》的影片？以及納粹加害猶太人各種罪行的持續報導？可是，世界上有多少人知道「南京大屠殺」？就連我們的政府，也沒有認真告訴過人民。

諾貝爾和平獎得主維厄瑟爾（Elie Wiesel），曾是納粹集中營倖存的小囚犯，就曾提出警告：「遺忘大屠殺，就是二次屠殺。」他被譽爲「猶太良知」。

在任何大小事件的處理上，我從不贊成以牙還牙的報復；但我也從不敢低估從歷史中擷取教訓的教育意義。因此，我們不得不沉痛地問：「中國良知」的史學家在哪裡？這頁悲慘的歷史，什麼時候才能廣爲人知？

## （二）日本再也無法掩飾

南京大屠殺是日本軍閥犯下的不可抵賴的罪行。今年是大屠殺的六十週年。一九三七年十二月南京被占領以後的六週之中，日本軍人展開了慘絕人寰的大屠殺，遭到集體射殺的約有十九萬餘名，分散屠殺的約有十五萬餘名。日軍屠殺的殘酷難以形容：除集體掃射，有砍頭、劈腦、刀戳、穿胸、刺腹、斷肢、碎屍、活埋、淹死、凍死、餓死。日軍並強暴我國婦女至少二萬餘人。

同樣，令人難以置信的是，一直到今天，日本政府還要以各種手段來否認、來掩飾、來曲解、來淡化。

這正是激發華裔作者張純如小姐，要全力挖掘真相的一個重要動機。在書中她寫著：「許多日本著名政客與企業領袖，即使面對鐵證如山，仍頑強地拒絕承認有南京大屠殺這回事。」戰敗的德國，承認屠殺猶太人的罪惡；戰敗的日本，面對中日戰爭的各種暴行，卻仍然企圖集體否認。大和民族再多的優點，也無法掩蓋這種集體失憶症所呈現的致命的病態。

日本對南京大屠殺的罪行，經過了半世紀的隱瞞，終於在這幾年內被西方世界的媒體陸續報導，而本書作者實在是關鍵性的一位。

## (三) 尋根中的回饋

本書的主題就是根據南京大屠殺的史實，來敘述「無法無天軍閥冒險下，最邪惡的例子」。事實上，遭到殺害的三十萬左右的中國人，其數目遠超過遭原子彈轟炸的廣島與長崎的二十一萬死亡人數（估計為十四萬與七萬人）。但中國人在慘死過程中遭遇的殘酷，遠勝於那一瞬間帶來的死亡。

在美國出生的張純如，是在小女孩時聽到她雙親談起恐怖的中日戰爭，尤其是南京大屠殺。作者的父親張紹進與母親張盈盈是在中國大陸出生，在台灣受完教育後赴美深造。兩位一起獲有哈佛大學的博士，目前在美國伊利諾大學擔任教研工作。這樣的成長背景，使作者結合了西方教育中求真的精神與對中國的歷史情感，撰述了這段悲慘的史實。她可以很驕傲地向雙親說：「這是我在尋根過程中對母國的回饋。」

我第一次認識作者，是二年前她的第一本關於中國大科學家錢學森的英文著作（中文版由「天下文化」於一九九六年十二月出版）。稍後知道她在撰述本書時，我們就很快地取得了獨家的中文翻譯權。在這本書中，經過她鍥而不捨的採訪與抽絲剝繭的描述，中國人這一頁的悲慘遭遇，終於活生生地呈現，也終於登上了世界的媒體舞台。美國的《新聞週刊》還特別摘錄本書的精華，肯定其重要性。

在二次訪問以色列中，我都特別去參觀在台拉維夫的「散居各地猶太人史蹟紀念館」。這是一個獨一無二的紀念館，生動地描繪及記錄著二千五百年來的猶太民族的遭遇。在二樓的一面牆上，灰暗燈光的反射下，上面寫著：「一九三三年希特勒在德國掌握了實權。在他指揮下，德國人及其同謀者屠殺了六百萬猶太人，其中一百五十萬是小孩。當他們爲了生存吶喊時，世界各國冷漠地旁觀著。」

如果把場景搬到南京，更逼真的實況是：當三十多萬中國人的生命遭到屠殺時，世界各國冷漠地一無所知。

## (四) 鷸蚌相爭、漁翁得利

我自己在「大屠殺」的前一年，於南京將軍巷出生。幸運的是在大屠殺的三個月前，雙親帶了孩子們搬到了蘇州，因此逃過了這一劫。再踏上我出生之地時，居然是在半世紀以後的今年四月。第一個去參觀的地方就是「侵華日軍南京大屠殺遇難同胞紀念館」。簡單而肅穆的建築與陳列，立刻把自己帶進歷史隧道。看到那些慘無人道的巨型照片，憤怒與沉痛之後，慢慢湧現的，仍是我這麼多年來理性的結論：

教訓要記取

仇恨要遺忘

那麼，什麼才是「南京大屠殺」的教訓？作者的一個結論是：日本政府在二次大戰中擁有的絕對權力，使它犯下大錯。「權力使人殺戮，絕對的權力，使人絕對地殺戮。」

我還必須補充，近百年來我國近代史的教訓是：國家不富強，終必遭人欺侮；政府不廉能，終必被揚棄；人民不爭氣，終必受人輕視。

這就是說：要避免另一次「南京大屠殺」與「台灣被割讓」，唯一的方法是要有一個強大的國家、廉能的政府與爭氣的人民。

在當前北京與台北都在爭取美國政府支持，而又同時受到美國牽制時，不要忘記「鷸蚌相爭，漁翁得利」的教訓。

經過一世紀的演變，中國再也不孱弱，台灣也早已脫離日本占領，只要北京與台北真能以中華民族利益爲重，雙方異中求同，合作交流，謀求雙贏，「南京大屠殺」的悲劇再也不可能重演。

（一九九七年十一月　台北）

序

# 日本應為戰時暴行反省、道歉、賠償

李恩涵

南京大屠殺的發生（一九三七年十二月十三日至一九三八年二月中旬），到現在整整快六十年了，它是日本在中日戰爭期間，在中國所犯下最嚴重、最殘酷的戰爭暴行、罪行之一，被屠殺的我國無辜市民與已經放下武器、全無戰鬥能力的我國官兵達三十萬人以上，實際被姦汙受辱的婦女據說不下八萬人，很多在姦汙之後又被殘殺；無數政府官署、學校、商店、工廠、住宅被搶劫、焚毀與破壞，全南京約三分之一的建築物被毀。大屠殺期間的當時與稍後，許多中國人、日本人、美國人、英國（澳洲）人、德國人所留下來的公私紀錄，數量何其繁多，*在在都呈現出南京大屠殺殘酷至極的種種面貌。戰後，打敗日本的同盟國十一國法官所組成的「遠東國際軍事法庭」歷經兩年半的時間來審判代表日本戰時罪行、暴行的甲級（最高級）戰犯（第一批二十八人，其中因有三人或死或病，宣判時為二十五人），其間對於南京大屠殺的事實問題，該法庭確定：一、日本侵占南京是事先預謀好的事實；二、侵華日軍製造了南京大屠殺；三、日軍在南京所犯的種種戰爭罪行，是得到日本官方的默許與支持的。對於大屠殺需負軍事責任的原華中方面司令官松井石根（大將）與負外交責任的原外務大臣廣田弘毅（他另有其他罪兩項）則皆被判處絞刑，嚴懲不貸。中國國防部審判戰犯軍事法庭也將較低級的大屠殺主犯之一谷壽夫（中將，前第六師團師團長）判處死刑，予以槍決。

不過，戰後美國占領日本當局，對於日本軍國主義的餘孽與日本的政治、經濟、社會、思想各方面的清洗與改造，並不徹底。加之一九五〇年六月韓戰爆發，美國匆匆主導各國簽訂了《舊金山對日和約》（一九五一年九月八日，但對於與日本作戰最久、貢獻也可說是最大的我國，竟被排除在簽約國之外），使日本恢復了主權，而且有條件地免除了日本對戰時被侵略各國應負的巨額賠償的一些負擔；所以，日本朝野的主流份子便很快故態復萌，一方面妄圖肯定其過去對外侵略的種種藉口，高唱「大東亞戰爭肯定論」、「相互責任論」、「結果有益論」、「罪小功大論」、「戰爭時效論」、「排除感情論」及「侵略有理」等種種藉口，一方面則對於其戰時種種罪行、暴行矢口否認，拒絕道歉與賠償，而對於戰後遠東國際軍事法庭對日本罪行、暴行的審判與定讞，則說它

---

* 最新出版美國傳教士對南京大屠殺的日記與通信，請見：Martha Lund Smalley, ed., Tien-Wei Wu (prefaced), Beatrice S. Bartlett (Intro.), *American Missionary Eyewitnesses to the Nanking Massacre, 1937-1938* (New Haven: Yale Divinity School Library Occasional Publication No.9, 1997)（此書為郭俊鉌先生出資贊助出版）；《拉貝日記》（江蘇人民出版社，一九九七，南京），拉貝（John Rabe）著，劉海寧等譯；章開沅，《南京大屠殺的歷史見證》（武漢，一九九六）（根據《貝德士文書》，Bates' Papers, Yale University）。

是「戰勝國的審判」，妄圖予以全盤否定。同時期內，對於南京大屠殺的史實，自一九七〇年代之初即有日本右派或准右派份子鈴木明、山本七平、畝本正己、田中正明、板倉由明、秦郁彥、石原慎太郎等大肆撰文論說，或予「全盤否定」，或予「部分否定」（即縮小屠殺人數）。一九九一年十月，日本大右派眾議員、著名雜文作家石原慎太郎甚至妄言「南京大屠殺是中國人汙蔑日本形象的謊言」、「南京大屠殺是虛構的」、它「為美國一手所導演之中國政府的政治宣傳」等等。一九九六年十二月東京地方法院某法官甚至鼓吹「南京大屠殺未定論」，竟然將揭露南京大屠殺真相的東史郎〔一九八七年曾著《我的南京步兵隊》（わが南京プラトーン）一書〕與解釋編彙該書的下里正樹和出版該書的青木書店判為「有罪」，要他們各自向「大屠殺虛構論」的無理挑釁者支付五十萬日幣的賠償。

「南京大屠殺未定論」正是當前日本朝野右派、准右派或潛伏性右派份子向南京大屠殺史實挑戰的一項重點。日本朝野的右派份子或准右派份子實在是狂妄至極、目光如豆而不負責任。

但是，從國際法與國際政治的觀點而言，他們是非法的與不義的。因為根據一九五一年九月《舊金山對日和約》第十一條的規定：「日本接受遠東國際軍事法庭與其他同盟國戰犯法庭在日本國內與國外的判決，並執行其對日本國民所制定的刑期在日本國內交付監禁。對該等囚犯之寬赦、減刑與准予交保外釋之權，日本政府不得行使，除非由於該案件給予判刑的一個或多個國家政府之決定與經由日本政府的推薦，始可。」日本意圖否定國際法庭對南京大屠殺之判決，即違反了此和約的明文規定。這是非法的。此外，無論是「全盤否定論」、「部分否定論」或「未定論」中的某些人（如石原慎太郎）都已被密切注視日本現狀的前同盟國人士，視為「復仇主義者」，美國眾議院某眾議員正要提出議案，針對日本右派或准右派份子言行的不義性，予以懲罰，要求日本政府對戰時被害國做出明確的道歉與賠償。這在國際法、人權與人道的立場上，都是有其堅強根據的。

本人做為一位探索研究近代史四十多年的歷史學者，我要鄭重地奉告日本朝野的所有主流人士，日本在總結他們在中日戰爭與太平洋戰爭中戰敗的史實經驗中，千萬不要忘記以下兩件事實：一、當年美國總統杜魯門之所以決心命令投擲原子彈於日本，正是因為杜氏認為日本人是「野蠻、狠毒、無情與熱狂的」（John W. Dower, *War Without Mercy: Race and Power in the Pacific War*, N.Y., Pantheon 1986, pp. 142, 301, 303）；二、蘇聯統帥史達林之所以於一九四五年八月下令強力拘押日本關東軍戰俘約六十萬人於西伯利亞做無償而殘酷的勞動，也是史達林接到日軍支解蘇軍戰俘的報告之後所決定的；所謂「以暴易暴」（James Mackay, *Allied Japanese Conspiracy*, Edinburgh: The Pentland, 1995, p. 78）。所以日本朝野主流應該乖乖地、虛心地反省他們當年犯下的那些暴行的錯誤；謙虛地、主動地向受害家屬與受害人付出適量的賠償。大家應該注意，現在南京大屠殺的倖存者李秀英等，日本七三一部隊「活人解剖實驗」的倖存者與其遺屬，日本細菌戰於浙江寧波、江山、湖南常德等地的倖存者，戰時被強抓去日本做奴工的倖存者，及一九三二年遼寧撫順平頂山慘案的倖存者與其遺屬等，正在日本東京地方法院控告日本政府，要求道歉與賠償。這是中國向日本以日本本國的法律手段清算戰時血債的一連串行動。日本朝野應該視此為中日民間轉向真正和解的契機，視此類控訴案為一好事，而非找日本麻煩的「壞事」，趁機了結中日之間的一段「孽緣」，面向未來。我們知道，新日本現在已經成為「經濟大國」、「科技大國」和「軍事大國」（一九九五年軍事支出達五百四十億美元），但如果新日本不站在國際正義的立場，如果繼續對她在二戰時的暴行採取裝聾作啞、規避罪責、罪罰的態度，她就不配在亞洲的國際政治舞台上扮演領導者的角色，更不配擔任聯合國安理會常任理事國的職位。在當前高度核子危機與太空雷射的「地球村」式的國際政治中，新日本如果不站在國際正義的立場，立國行事，只要她一逃離美國的軍力保護，狹土眾民的日本，實在不堪一擊。這是一項最基本的國際政治的現實。

本書的英文版與中文版同步出版，就是對於日本右派、准右派或潛伏性右派份子妄圖「全盤否定」、「部分否定」或「南京大屠殺未定論」的一項答覆。張純如女士經由綿密、細緻的文筆，以及根據可靠而堅實的原始資料與學術研究的成果所寫出的《被遺忘的大屠殺：1937 南京浩劫》，正是對日本這些人士詭辯式的片面邏輯與玩弄文字遊戲之硬性論斷的最佳駁論。從一九七〇年代以來，特別自一九八二年教科書審議事件之後，海峽兩岸中國的公私機構與研究學者受到日本右派前述挑釁的刺激，所出版的有關南京大屠殺的資料與論著，為數甚多；日本富有正義感與學術良知的洞富雄教授、藤原彰教授、本多勝一先生、江口圭一教授、吉田裕教授、石島紀之教授、笠原十九司教授、姬田光義教授等（公正地研究其他戰時暴行的，當然還有受人尊敬的井上清教授與家永三郎教授。此外，還有粟屋憲太郎教授、吉見義明教授、曾根一夫先生等等）所出版的有關南京大屠殺的論著也很多。然而這些出版品多以中文或日文撰述，對於西方人士對此論題研究與了解，甚為不便；張女士本書英文版的出版，則可彌補此一缺憾，而這也是以英文研究南京大屠殺的第一本完整論著。張純如女士系出名門，外祖父為著名的政治評論家張鐵君教授，著作等身，影響深遠；父母親也都是科學博士，執教於美國伊利諾大學，學有專精。張女士則於美國伊利諾大學厄爾巴那校區取得新聞學學士與約翰霍普金斯大學取得寫作碩士學位後，曾任職《芝加哥論壇報》（*Chicago Tribune*）、美聯社等著名美國新聞機構的記者。她在一九九五年所出版的《中國飛彈之父：錢學森之謎》英文著作，非常暢銷，佳評如潮。我很高興和榮幸能與張女士在本書出版之前就通信討論書中的一些問題，並應天下文化出版公司之邀，為張女士大作的中文版贅一序言，表達我對於南京大屠殺問題的一些看法，希望能引起廣大讀者的注意與共鳴，才為東亞大局之幸。

〔本文作於一九九七年十一月，作者時任中央研究院近代史研究所研究員，並為美國加州大學歷史學博士（一九七一），著有《日本軍戰爭暴行之研究》（台北商務，一九九四）等專書九冊、學術論文九十餘篇。〕

導讀

# 違反人性的犯罪

威廉·柯比

一九三七年十二月十三日，國民黨統治下的中國首都南京，落入日本人之手。對日本人而言，這不啻是戰爭當中最具關鍵性的轉捩點，是日軍在長江流域與蔣介石部隊奮戰半年來，*最大的一次勝利。但對中國部隊而言，他們英勇地捍衛上海，最終宣告失敗，精銳部隊傷亡慘重，南京淪陷是一次痛苦甚或致命的挫敗。

其實我們也可以把南京淪陷當作另一個截然不同的轉捩點。這座古城所遭受的劫掠，使得中國人更堅定決心，矢志收復淪陷的首都，趕走入侵者。中國政府大舉撤退、重整部署，最終在一九四五年打敗日本。在八年戰爭中，日本占領南京，並利用中國通敵者組織偽政府；但這個通敵政權缺少正當性，根本不能迫使中國投降。對於世界而言，南京大屠殺使得當時的公眾輿論群起反對日本，舉世譁然之情，世所罕見。

這種情緒至今仍瀰漫於中國，好幾代中國人都被教導著日本的罪行，以及他們至今仍未贖罪。六十年後，南京的鬼魅仍然糾纏著中日關係。

日本對中國首都的劫掠是一起恐怖事件。日軍大規模處決中國軍人，屠殺、強暴成千上萬名平民，這些行為公然違反戰爭的一切法則慣例。更令人震驚的是，日本的這些暴行都是**公開**為之，顯然是為了要實施恐怖的高壓統治。在國際觀察家眾目睽睽之下，日軍不顧他們的勸阻，仍犯下這些暴行。日本士兵並不是一時悖離軍隊紀律，他們這些行為持續了六週之久。在這本首度以英文完整描述南京悲劇的專書中，張純如強而有力地敘述了這則恐怖的故事。

---

＊ 長江流域的戰鬥始於八月十三日淞滬戰役。

我們也許永遠無法確切得知，促使日本指揮官和部隊犯下這些獸行的動機究竟為何。但是張純如的敘事比過去任何報導都來得透澈清晰。為了更深入了解整個事件，她大量運用各種資料，包括第三方觀察者不容置疑的證詞。所謂第三方觀察者是指，日本進入這座毫無抵禦能力的城市時，還留在這裡的外國傳教士與商人。張純如從中發現拉貝（John Rabe）的日記——實際上是一個小檔案。拉貝是德國商人兼德意志國家社會主義工人黨黨員，他領導國際人士，努力奔走，爲南京的民眾提供避難之所。透過拉貝的眼睛，我們看到手無寸鐵的南京居民，在面臨日本人猛烈的攻擊時，是如何恐懼又勇敢。經由張純如的描寫，我們欽佩拉貝與其他人的英勇事蹟，他們在城市遭遇兵燹，災民橫遭殺戮，醫院紛紛關門，屍橫遍野，四處混亂之際，仍試圖改變這一切。我們同時也讀到，許多日本人知道南京發生的浩劫，並且深感羞愧。

南京大屠殺現在幾乎已被西方世界遺忘，因此這本書就更形重要。張純如將其稱為「被遺忘的大屠殺」，她將二戰期間，歐洲和亞洲數百萬遭屠殺的無辜罹難者，緊緊連繫起來。可以肯定的是，日本和納粹德國後來才締結為盟友

（軸心國），並且不是很穩固的盟友。南京發生的事件——希特勒當然也難辭其咎——讓兩國成為道德共犯、暴力侵略者，最終被認為是犯下「反人類罪」的罪人。曾在大戰期間造訪中國的奧登（W. H. Auden），*他比大多數人更早指出這兩個國家的連結：

地圖可以正確指出
目前生命誠屬邪惡的地方：
南京；達考。**

（本文作者為美國哈佛大學中國近代史教授、歷史系系主任）

* 一九〇七—一九七三，美國詩人、批評家。
** 達考（Dachau），納粹集中營。

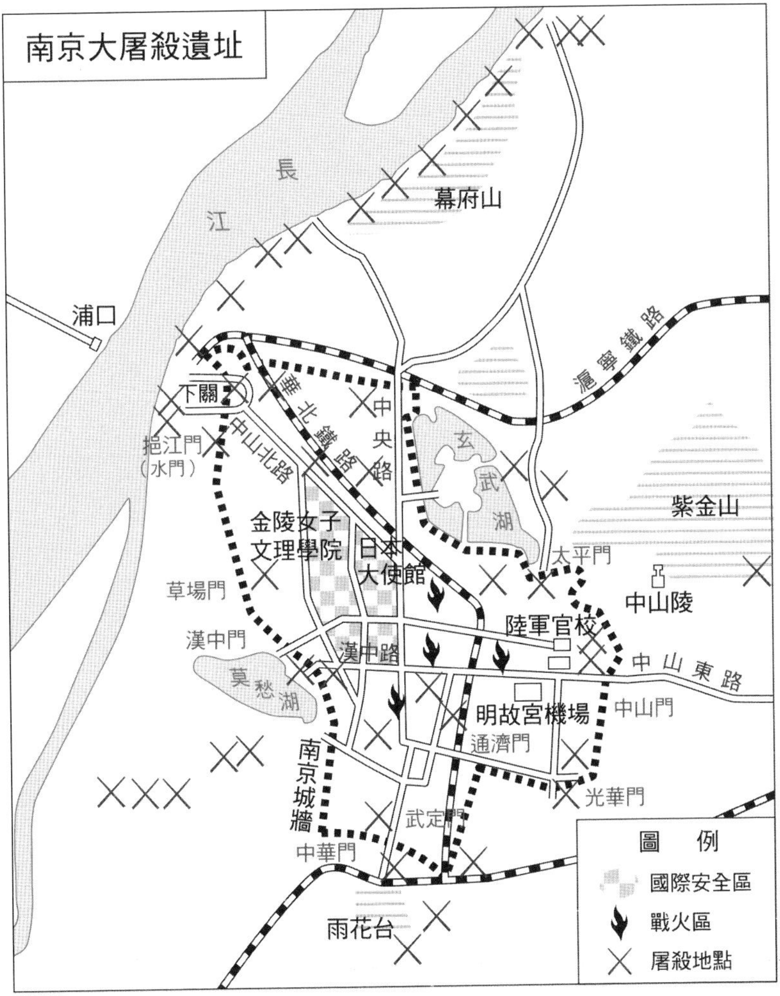
南京大屠殺遺址
長
江
幕府山
浦口
滬寧鐵路
下關
挹江門
（水門）
中山北路
華北鐵路
中央路
玄
武
湖
紫金山
金陵女子
文理學院
日本
大使館
太平門
中山陵
草場門
陸軍官校
漢中門
漢中路
莫
愁
湖
中山東路
中山門
明故宮機場
通濟門
南
京
城
牆
光華門
武定門
中華門
雨花台
圖例
國際安全區
戰火區
屠殺地點

# 引言

人類殘酷對待自己同胞的歷史紀事，是一段漫長而悲傷的故事。如果一定要將這類恐怖故事拿來做比較的話，那麼在世界歷史中，很少有暴行能在強度與規模上，與二戰期間的南京大屠殺相比。

美國人認為二戰是從一九四一年十二月七日那一天開始算起。那天，日本軍機從航空母艦上起飛，襲擊珍珠港。歐洲人的算法，則是始於一九三九年九月一日，希特勒的空軍與裝甲部隊對波蘭發動閃電攻擊。非洲人算得更早，是從一九三五年墨索里尼入侵衣索比亞展開。然而，亞洲人必須將二戰的開端追溯到日本對東亞軍事統治的第一步——一九三一年占領滿洲。

# 南京的悲歌

就像希特勒的德國軍隊在五年後進行的侵略一樣，日本憑恃著發展精良的軍事武器與優等種族（master-race）的心態，開始對鄰國蠶食鯨吞。滿洲很快就落入日本人手中，他們建立了偽滿洲國，表面上是由日本傀儡、滿清廢帝溥儀統治，實際的統轄者卻是日本軍隊。四年後，也就是一九三五年，察哈爾和河北的部分地區淪陷；一九三七年，北京、天津、上海相繼失守，最後連當時的首都南京也無法倖免。對中國而言，一九三〇年代是備極艱辛的十年；事實上，要等到一九四五年二戰結束後，最後一批日本人才從中國領土潰逃。

毫無疑問地，日軍占領中國的十四年中，發生不計其數、筆墨難以形容的殘酷事件。我們永遠無法得知，在日軍的鐵蹄下，中國許許多多的城市和村莊，發生過什麼樣的慘事。諷刺的是，我們之所以知道南京的悲歌，是因為當時一些外國人目睹了大屠殺，並將消息向外傳遞；同時，一些中國人僥倖生還，成為目擊證人。如果有哪一個事件，堪稱是無法無天的軍事冒險主義下最邪惡的例子，南京大屠殺當之無愧。這本書寫的就是它的故事。

除了日本人，大多數人對大屠殺的歷歷詳情是毫不懷疑的。一九三七年十一月，日本成功入侵上海後，就對中華民國新設立的首都發動大規模攻擊。一九三七年十二月十三日南京淪陷後，日本人便展開一場世界歷史上前所未見的殘酷暴行。中國成千上萬的年輕男子被集合起來驅趕到市郊，或遭機關槍掃射倒地，或被日軍當作練習刺刀的肉靶，或是全身被澆滿汽油、活活燒死。數月下來，城內屍橫遍地，散發渾濁的惡臭。數年之後，據「遠東國際軍事法庭」專家估計，自一九三七年底到一九三八年初，在南京有超過二十六萬平民死於日軍手中；*也有專家估計，這個數字至少超過三十五萬人。

## 殺戮規模史無前例

本書毫不掩飾地陳述日軍在南京所犯下的殘酷與野蠻行徑，目的並不是要建立一個數量上的紀錄，來將這起事件定調為歷史上的大惡行之一；我的目的是要了解整個事件，並希望世人從中學習教訓，記取沉痛的殷鑑。但是，不同的殘暴程度，通常就會引起不同的反應；因此我一定要提出一些數字，讓讀者對一九三七年發生在南京的大屠殺規模，有些許概念。

一位歷史學家曾經估算，如果讓所有南京大屠殺的死難者手牽手，長度可以從南京到達杭州，綿延約兩百英里長。他們身上的血液共重達一千兩百噸，屍體可裝滿兩千五百節火車車廂。如果把這些屍體疊起來，高度相當於七十四層樓。

---

* 譯注：「遠東國際軍事法庭」（International Military Tribunal of the Far East, IMTFE）判決書中指出，南京罹難者超過二十萬人，但這數字不包括拋屍長江和毀屍滅跡。

光看死亡人數這一項，南京大屠殺的規模，就遠遠凌駕歷史上許多最野蠻的行徑。日本人超越了羅馬人在迦太基的暴行（十五萬人被屠殺），也超越了天主教軍隊在西班牙宗教法庭（Spanish Inquisition）的殺掠，甚至超越了帖木兒的一些暴行，*他於一三九八年在德里殺害十萬名囚犯，並於一四〇〇年和一四〇一年以這些囚犯的顱骨在敘利亞建造兩座骷髏塔。

在大屠殺工具已臻完善的二十世紀，希特勒屠殺了大約六百萬猶太人，史達林則殺害了四千多萬俄國人，然而，這些死亡人數是在好幾年內逐漸累積而成的，南京大屠殺卻是集中在幾個星期之內。

事實上，即使是以歷史上最具毀滅性的戰爭標準來看，南京大屠殺都可算是最嚴重的大規模滅絕事件之一。

如果要想像南京大屠殺的相對規模，我們必須再看看其他一些數字。只是中國其中一座城市的南京，死亡人數就超過了一些歐洲國家在整個戰爭期間的平民死傷人數（英國總共失去六萬一千人，法國損失十萬八千人，比利時十萬一千人，荷蘭二十四萬兩千人）。

反思這些事件的人都認為，空襲是造成大規模毀滅最恐怖的武器之一。然而，即使是戰爭中最猛烈的空襲，都無法超越日本人對南京的蹂躪。

死於南京的人數，很可能超過英軍突襲德勒思登（Dresden）後，死於兵燹風暴的人數（當時國際上公認死亡人數為二十二萬五千人，但根據現在更客觀的紀錄，應有六萬人死亡，至少三萬人受傷）。

事實上，不論我們是採最保守的估算——二十六萬人，或是最大膽的估計——三十五萬人，令人震驚的是，南京大屠殺的死亡人數，遠超過美軍空襲東京的死亡人數（估計為八萬至十二萬人）；甚至超過一九四五年底，遭原子彈轟炸的廣島、長崎兩座城市加起來的死亡人數（估計各為十四萬人及七萬人）。

---

＊ 譯注：帖木兒（Timur Lenk, 1336-1405）是信仰回教的突厥征服者。

## 沉冤未雪

南京大屠殺應該被記住，不僅因為罹難人數眾多，更因為這些人是在殘酷的方式下慘死的。中國男子被日軍拿來當肉靶，練習刺刀，並進行斬首比賽。約有兩萬至八萬名中國婦女遭強暴。許多日軍不僅強暴婦女，還剖開她們的肚子，切下她們的胸部，將她們活活釘在牆上。父親被迫強暴女兒，兒子被迫強暴母親，其他家人則被迫在一旁觀看。不僅活埋、去勢、割掉器官、烤人成為家常便飯，他們更實行窮凶惡極的虐待，像是用鐵鉤鉤住民眾的舌頭，把人吊起來；或是把民眾埋進土裡，露出上半身，然後眼睜睜看德國牧羊犬將他們撕裂。殘暴景象著實觸目驚心，令人作嘔，甚至讓南京城裡的納粹份子也驚嚇萬分，其中一位曾公開表示，這次大屠殺是「獸性機器」的傑作。

但是，南京大屠殺至今仍是一個蒙昧隱密的事件，並不像日本原子彈爆炸或德國屠殺猶太人一樣廣為人知。亞洲以外的人，多半不知道南京大屠殺的恐怖。在美國出版的歷史書籍大都忽略了這場大屠殺。如果仔細檢閱美國中等學校的歷史教科書，就會發現只有少數教科書提到南京大屠殺。美國大眾閱讀的簡明版或「完整版」二戰歷史書籍，幾乎沒有一本巨細靡遺地討論南京大屠殺。

比如說，多年來一直是美國戰爭圖片歷史單行本中銷量最好的《二次世界大戰美國傳統圖片史》（*The American Heritage Picture History of World War II*, 1966），沒有一張照片提及這件事，甚至沒有隻字片語。在邱吉爾（Winston Churchill）著名的《二次世界大戰回憶錄》（*Memoirs of the Second World War*, 1959）（共一千零六十五頁），或是馬歇爾（Henri Michel）經典之作《二次世界大戰》（*Second World War*, 1975）（共九百四十七頁）中，也完全沒有提到南京大屠殺。溫柏格（Gerhard Weinberg）的巨著《戰爭下的世界》（*A World at Arms*, 1974）（共一千一百七十八頁），只提到南京大屠殺兩次。我只在賴基（Robert Leckie）的《自罪惡解放：二次世界大戰的故事》（*Delivered from Evil: The Saga of World War II*, 1987）（共九百九十八頁）中，找到一段大屠殺的描述：「希特勒領導的納粹，無論做出任何讓其勝利蒙羞之事，也比不上松井石根將軍領導下的日軍暴行。」

## 神話？歷史！

我第一次聽說南京大屠殺的時候還是個小女孩，父母親告訴我這個故事。他們經歷了多年的戰爭與革命，後來在美國中西部大學城擔任教授，從此得以安身立命。父母親成長於二戰期間的中國，戰後隨家人遷往台灣，最後來到美國，就讀於哈佛大學，致力於科學研究的學術生涯。三十年來，他們平靜地生活在伊利諾大學厄巴納—香檳分校，主持物理與微生物研究。

但他們不曾忘記恐怖的中日戰爭，也不希望我忘記這一切，尤其不想遺忘南京大屠殺。父母親不曾目睹南京大屠殺，但他們從小就聽聞這些故事，然後將這些故事傳承給我。因此我知道，日本人不僅把嬰兒剁成一半，還切成三、四段；他們還說，長江被血水染紅了好幾天。父母的聲音因忿恨而顫抖，據他們描述，南京大屠殺是日本在荼害千萬個中國人的戰爭中，最窮凶惡極的一樁事件。

在整個童年中，南京大屠殺一直深藏在我腦海中，隱喻著一種難以言說的邪惡。但是，我並不知道這個事件的細節和人性面的故事，也很難判斷它是神話或歷史。讀小學的時候，我遍尋本地的公共圖書館，試圖查找有關南京大屠殺的資料，但是一無所獲。這讓我覺得很奇怪、很驚訝。如果南京大屠殺真的那麼血腥，是世界歷史上最惡劣的人類野蠻行徑，就像我父母堅持的那樣，為什麼沒有人寫一本專書詳細描述？當時的我並沒有想到去使用伊利諾大學龐大的圖書館系統來繼續研究；我對這件事的好奇心，很快就消逝了。

## 海外華人追尋真相

二十年光陰飛逝，南京大屠殺再度闖入我的生活。此時我已結婚，在加州聖塔芭芭拉（Santa Barbara）擔任專業作家，過著平靜的生活。有一天我聽到一位電影製片朋友說，東岸一些製作人剛完成南京大屠殺的紀錄片，但由於經費籌措困難，無法妥善地發行影片。

他的故事又重新點燃我的興趣。我很快就打電話給那兩位製作人。第一位是邵子平，他是一位華裔美籍的積極份子，在紐約的聯合國工作，是「紀念南京大屠殺受難者協會」（Alliance in Memory of Victims of the Nanjing Massacre）的前任會長，並協助製作《馬吉的證言》（*Magee's Testament*）錄影帶。另一位是獨立製片人湯美如，由她負責製作，並和崔明慧兩人合導《奉天皇之命》（*In the Name of the Emperor*）這部紀錄片。邵子平和湯美如協助我融入一羣積極份子，他們多半是第一代華裔美國人和華裔加拿大人，都跟我一樣，覺得必須為這個事件做見證、紀錄，並將之公諸於世，甚至在所有倖存者仍健在時，為南京暴行向日本求償。有些人則希望將他們的戰時記憶傳給子子孫孫，免得子孫被北美文化同化，遺忘這段重要的歷史。

一九八九年天安門廣場屠殺事件，讓這股新崛起的積極精神更形鞏固。天安門事件激發世界各地的華人團體組成網絡，抗議中華人民共和國的暴行。這場民運留下了廣大、錯綜複雜的網絡關係，在這網絡之外，一個提倡公布南京大屠殺真相的草根運動萌發。在華人密集的都會中心，像是舊金山灣區、紐約市、洛杉磯、多倫多、溫哥華，華裔積極份子組織各種會議與教育活動，傳播二戰期間日本在中國犯下的罪行。他們在博物館和學校裡面，展示南京大屠殺的電影、錄影帶、照片，並把許多事實和照片發布在網路上，甚至在《紐約時報》刊登全版廣告。有些積極的團體擅用科技，只要按一個按鈕，就可以把消息傳送給全球二十五萬餘名讀者。

## 生命尊嚴不容輕侮

兒時記憶的南京大屠殺，從一九九四年十二月開始，終於不再是民間神話，而是真實的口述歷史。那時我參加一場由「世界抗日戰爭史實維護聯合會（Global Alliance for Preserving the History of World War II in Asia）主辦的會議，紀念南京暴行的罹難者。會議是在加州矽谷心臟地帶聖荷西（San Jose）郊區的庫比蒂諾（Cupertino）舉行。會場裡，工作人員準備了一些海報大小的南京大屠殺照片，其中幾張是我一生中看過最令人毛骨悚然的照片。雖然小時候聽過許多關於南京大屠殺的事情，但這些照片讓我猝不及防——赤裸裸的黑白影像，被斬斷的首級，腸開肚破的人，赤身裸體、被強暴者強迫擺出各種春宮姿勢的婦女，她們臉部扭曲、痛苦與羞愧的表情，令人難忘。

在頭暈目眩的時刻，我體認到生命的脆弱，也體認到人類經驗本身的脆弱。我們年輕的時候就知道死亡，任何人隨時都可能被卡車或公車撞倒，瞬間失去生命。除非我們有特定宗教信仰，否則都會認為死亡是沒有意識、不公平地剝奪生命的一切。但我們也知道，大多數人都尊重生命與死亡過程。

如果某個人被公車撞倒，躺在地上，或許會有人趁火打劫，來偷他的錢包，但一定有更多人會伸手幫忙，試圖搶救他寶貴的生命。有人會打電話叫救護車，有人會跑去通知轄區警察。還有人會脫下外套，把它折好，墊在傷者頭下。如果這真的是他生命的最後時刻，他會在微小但真實的安慰中死去，因為他知道有人關心他。

然而掛在庫比蒂諾會場大廳牆上的那些照片顯示，不止一個人，而是成千上萬的人，都可能因為別人的一時衝動，生命就此猝然殞落，隔天他們的死亡就都沒有意義了。更過分的是，造成這些死亡（即使是人類經歷最恐怖的悲劇，即使是不可避免的悲劇）的劊子手，還可以侮辱受難者，強迫他們在最大的痛苦與屈辱中結束生命。我突然陷入恐慌，這種對死亡與死亡的恐怖不尊重的行為，這種人類社會演化的倒退，將被淡化為歷史的一段小插曲，被視為電腦程式中一個無足輕重的小故障，除非有人強迫這個世界記住它。

會議期間，我聽說有兩本關於南京大屠殺的小說正在創作中——《天堂樹》（*Tree of Heaven*）以及《橙霧帳棚》（*Tent of Orange Mist*），兩本書都已於一九九五年出版；同時進行的還有一本大屠殺的圖片集，《南京大屠殺：歷史照片中的見證》（*The Rape of Nanking: An Undeniable History in Photographs*, 1996）。但在當時，還沒有人以英文書寫一本關於南京大屠殺的紀實作品。深入鑽研大屠殺歷史後，我發現有很多關於這個事件的一手資料一直存在，在美國就找得到。美國傳教士、記者與軍官，在日記、電影與照片之中，將他們對這個事件的觀點記錄下來，留給後世子孫。為什麼沒有其他美國作家或學者，利用這些豐富的一手資料來寫一本紀實作品，或甚至是一篇專門討論南京大屠殺的學術論文？

## 沉默的受難者

這個謎題我很快就得到部分解答。南京大屠殺之所以不像猶太人的大屠殺或廣島事件那樣，深植在世人腦海中，是因為受難者一直保持沉默。

但是每個答案又會引導出新的問題。我很想知道，為什麼這件罪行的受難者並沒有大聲呼喊正義？如果他們真的發出怒吼，他們的痛苦為什麼不被認可？我很快就弄清楚，看管這張沉默之幕的就是政治。中華人民共和國、中華民國，甚至美國，都因為深植於冷戰時期的原因而促成了歷史上對這起事件的忽視。一九四九年，中國共產黨解放革命之後，中華人民共和國和中華民國，都沒有向日本要求戰爭賠償（就像以色列向德國求償那樣），當時兩岸政府正為了爭奪日本的經貿與政治承認而激烈較勁。即使是美國，在面對蘇聯與中國共產主義的威脅時，也試圖確保昔日敵人日本的友誼與忠誠。冷戰時期的緊張局勢，使日本得以逃脫其戰時盟友在戰後所遭受的嚴厲審訊。

再加上日本國內出現一種恐嚇的氣氛，使得學術界不敢自由開放地討論南京大屠殺事件，民眾更無從了解真相。當時在日本，如果有人坦率地表達對中日戰爭的真實想法可能會——現在仍然如此——威脅到自己的職業生涯，甚至是生命（一九九〇年，長崎市長本島均表示裕仁天皇應為二戰負起部分責任，招致殺手槍擊）。在危險的氛圍裡，許多認真的學者都不敢去翻閱日本的檔案文件，對這個主題進行研究；事實上，我在南京時，有人告訴我，中華人民共和國幾乎不允許學者前往日本，就是擔心他們的人身安全。在這種情況下，日本之外的人，很難取得關於南京大屠殺的日本檔案資料。除此之外，曾經參與南京大屠殺的日本老兵，大都不願意接受談論這段經歷的採訪，儘管近年來有少數人冒著被眾人排斥甚至收到死亡威脅的風險，將他們的故事公諸於世。

## 日人拒絕承認暴行

在寫這本書的過程中，最讓我困惑、難過的是，日本人始終拒絕正視過去這段歷史。與德國相較，日本向受難者支付的戰爭賠償，還不及德國賠償總額的一%；大多數納粹份子即使沒有因為其罪行而受監禁，至少也被迫退出了公共生活，而許多日本戰犯在戰後仍在產業界和政府位居要津；德國人一再向大屠殺受難者道歉，日本人卻把戰犯奉祀在東京──一位日本戰時的美國受害者，就稱這種行徑好比是「在柏林市中心為希特勒建立一座大教堂」。

強烈激勵我完成這項冗長艱困工作的動力，是許多日本著名政客、學界與企業界領袖，即使面對如山鐵證，仍頑強地拒絕承認南京大屠殺確實發生過。在德國，若教師刪除歷史教材裡有關大屠殺的內容，就屬違法；日本卻是數十年來一直有計畫地從教科書中剔除南京大屠殺的內容。他們撤消了博物館裡的南京大屠殺照片，竄改原始資料素材，將大眾文化中所有提及南京大屠殺的部分都砍掉。甚至那些在日本備受尊崇的歷史學者也加入了右翼勢力，去為他們國家「盡本分」：拒絕相信南京大屠殺的報導。在《奉天皇之命》這部紀錄片中，一位日本歷史學家以這幾句話來否認整個南京大屠殺事件：「即使有二、三十個人被殺了，對日本來說也會是個大震撼。在那之前，日本軍隊一向都足堪典範。」正是因為有這些會刻意扭曲歷史的日本人，讓我更堅定這本書有其存在的必要。

## 認罪才能重生

另外，本書也是想回應另一種全然不同的觀點。近年來，誠心要求日本面對其行為的種種努力，都被貼上「打擊日本」（Japan bashing）的標籤。有一點必須澄清，我不會主張在本世紀前三分之一的時間裡，日本是世界甚或亞洲唯一的帝國主義勢力。中國本身也試圖把影響力擴及鄰邦，甚至與日本達成協議，劃分雙方在朝鮮半島的勢力範圍，就像上個世紀歐洲列強瓜分中國商業權益一樣。

更重要的是，如果認為批評某個時空的日本人行為，就是批評所有日本人民，這不僅傷害了那些在南京被剝奪生命的男女老少，也同樣傷害了日本人民。本書不想討論日本人的性格，也不想討論是什麼樣的基因構造導致這樣的行為。本書要討論的是「文化力量」，這股力量既可以去除社會約束力，驅使我們成為惡魔，也可以更強化社會約束力。

德國今天之所以會更好，是因為猶太人不容許這個國家忘記她在二戰期間所做過的事。美國南方之所以變得更好，是因為她坦承蓄奴的罪惡，以及隨黑奴解放之後存在長達百年的黑人差別待遇主義（Jim Crowism）。日本不僅要向世界坦承，更要自我坦白，她在半世紀前的所作所為是多麼不當，否則日本文化永遠不會進步。

事實上，我很驚訝也很高興，有許多海外日本人參加了南京大屠殺研討會。正如其中一人所表示：「我們希望能和你們了解的一樣多。」

## 羅生門再現

本書敘述的是兩種相關但各自獨立的暴行。其一是南京大屠殺，關於日本人如何在敵國首都消滅數十萬無辜民眾。其二是掩蓋真相，關於日本人如何在中國人與美國人的沉默下，試圖抹去大眾對大屠殺的記憶，從而剝奪了受難者在歷史上的正確定位。

本書第一部——大屠殺歷史——的架構，深受電影《羅生門》影響。這部著名的電影，是改編自日本小說家芥川龍之介的短篇小說〈竹藪中〉，講述十世紀發生在京都的強暴謀殺案。

表面上，故事很簡單：一名強盜伏擊過路的武士及其妻子；武士妻子被強暴，武士身亡。但每個角色從不同的觀點敘事，使得故事愈益詭譎複雜。歹徒、妻子、死亡的武士與目擊證人，各自提供事件發生經過的不同版本。讀者必須把所有人的回憶整合在一起，指出每段陳述的真偽，經由這個過程，從主觀且往往對自己有利的觀點中，建構出較為客觀的事件圖像。

這則故事應該收入任何一門刑事司法相關課程的教材中。《羅生門》故事的意旨，正好切中歷史的核心。

南京大屠殺包含三種不同的敘事觀點。

第一種是日本人的觀點，它是有計畫的入侵——日本軍隊如何奉命行事、如何執行命令，以及背後的原因。

第二種觀點是遭受劫掠的中國人觀點，亦即受難者觀點，它是當一個政府再也無力保護子民免於外敵入侵時，一座城市的命運。這一段包含個別中國人的故事，是關於挫敗、絕望、背叛和生存的故事。

第三種觀點是歐美人士的觀點，至少在中國歷史上，這些外國人一度曾是英雄。少數西方人在大屠殺期間冒著生命危險拯救中國平民，並警示全世界其他各國，正在他們眼前發生的種種暴行。

接下來第二部處理的是戰後時期，我們將談到歐美各國對於他們在南京現場的公民所陳述的南京暴行，是多麼漠不關心。

## 毋忘大屠殺

在本書的最後一部將檢視半個多世紀以來，那些密謀讓南京大屠殺自公眾意識裡消失的勢力。我還談到近期那些不容歷史被扭曲而做的努力。

任何試圖澄清事實的努力，都必須注意到，日本人面對他們在戰爭期間的行為紀錄時，是如何控制、訓練以及維持他們的「集體失憶症」，甚至是集體否認。他們的反應不僅僅只是為了在史書上留下空白，而是因為這段歷史紀錄讓人太痛苦了。日軍在中日戰爭期間最醜陋的行為，確實被排除在日本學童的教育之外。日本發動戰爭的事實，也同樣隱瞞在精心編造的神話裡：日本人是二戰的犧牲者，而非煽動者。原子彈轟炸廣島和長崎，為日本人帶來恐怖的厄運，更有助於這個神話取代歷史。

在世界輿論之前，日本至今仍對其戰時行徑毫無悔意。二戰剛結束時，即使戰爭法庭判定日本的一些領袖觸犯戰爭罪，日本人仍處心積慮地設法避免文明世界的道德審判，而德國人早已為自己戰爭期間的罪行接受了道德審判。持續逃避審判的日本，成了另一宗罪行的首犯。正如諾貝爾獎得主維厄瑟爾（Elie Wiesel）多年前提出的警告：「遺忘大屠殺，就是二次屠殺。」

南京大屠殺倖存者正逐年遞減中，我最大的願望是，這本書能鼓舞其他作家與歷史學家，在過去的聲音完全消失之前，去調查這些倖存者的故事。或許，更重要的目的是，我希望能激起日本人的良知，坦承他們要對大屠殺負責。

寫這本書時，我心中一直謹記著美籍西班牙裔哲學家與小說家桑塔亞那（George Santayana）不朽的警語：**不能記取過去經驗的人，注定要重蹈覆轍**。

# 第一部

一九三七年冬，
日軍從上海開往南京的途中一路殺無赦，
見一個殺一個。
十二月十三日，南京淪陷，
一場泯滅人性的大屠殺隨即展開……

# 第一章　大屠殺背後的動機

在試圖理解日本人的行為時，最需要答案的問題也是最明顯的問題。當年到底是什麼原因導致日本士兵完全脫離常軌，做出如此殘暴的行徑？為什麼日本軍官允許、甚至鼓勵這種失控的行為？日本政府到底牽連到什麼程度？日本政府對於從自己的管道得來的報告，以及從在現場的外國消息來源聽到的報告，到底有什麼反應？

要回答這些問題，我們得先從歷史開始。

## 武士道寧死不降

二十世紀的日本認同，是在一個有著千年歷史的體系中形成的，在這個體系內，社會階級是靠軍事競爭來建立與維持的。就人們所能記憶的，當時日本諸島上強大的封建諸侯，雇用私人軍隊，彼此爭戰不息；到了中古世紀，這些軍隊逐漸演變成獨特的日本武士階級，他們的行為準則被稱為「武士道」（武士的道路）。

為效忠主公而死，是武士一生中所能成就的最高榮譽。

這種榮譽準則當然不是日本文化首創。羅馬著名詩人賀拉斯（Horace, 65 B.C.—8 B.C.）首先定義了每個世代的年輕人對統治者應盡的義務——為祖國捐軀是甜蜜而光榮的（*Dulce et decorum est pro patria mori*）。但是武士哲學更前進一大步，相信為統治者盡軍事義務是天經地義的。武士規範非常嚴苛，它最著名的特色，就是附帶著自殺的道德義務，當他們無法光榮地完成軍事任務時，通常會進行高度儀式化與極端痛苦的切腹儀式，武士要在見證人面前，大無畏地切腹就義。

到了十二世紀，在位（因此最有權力）的家族首領，現在稱為幕府將軍，他要雇請武士，提供各種軍事保護給天照大神的直系後裔——天皇，以交換聖君承認他們的統治地位。雙方達成了協議。最初只有一小部分人遵行的武士道準則，逐漸深入日本文化，成為年輕人榮譽行為的典範。

時間並未削弱武士道倫理的力量。武士道倫理最初是在十八世紀出現，後來在近代得到了極端的實踐。二戰期間，聲名狼藉的神風特攻隊自殺任務中，日本飛行員經過儀式化的訓練，駕著飛機直接撞向美國船艦，深刻地讓西方世界感受到，日本青年多麼願意誓死效命天皇。然而，不只是一小撮菁英寧死不降。令人驚訝的是，盟軍投降者與寧死不降者的比例是一比三，而日軍的比例竟是一比一二〇。

## 驕傲的島國性格

另外一股形塑日本獨特性格的力量來自它的孤立，包括地理上的孤立，以及自願的孤立。十五世紀末、十六世紀初，日本在德川家族的統治之下，實行鎖國政策，將整個島國封鎖起來，不受外國勢力干預。這種隔絕是寄望保護日本，免受世界侵擾，卻也造成日本社會和歐洲工業革命的新科技完全隔絕，讓日本更不安全。兩百五十年之中，日本的軍事技術仍停留在使用弓、劍與火槍的階段。

十九世紀，事情發展超出控制之外，日本被迫脫繭而出，處於不安與仇外的絕望狀態。一八五二年，因日本拒絕開放通商港口，美國總統費爾摩（Millard Fillmore）援引當時歐洲帝國主義對其他社會採取的「白人的負擔」心態，將侵略擴張合理化，決定派遣指揮官培里（Matthew Perry）終結日本的孤立主義。培里仔細研讀了日本歷史，決定展現美軍的強大武力來逼迫日本就範。一八五三年七月，培里派遣一支冒著大黑煙的船隊駛進東京灣，讓日本人首度見識到金屬打造的蒸汽動力船。帶著六、七十位手持刀槍、氣勢洶洶的侍衛，培里在幕府將軍的首府昂首闊步，要求會見日本最高層官員。

說培里的到來讓日本人目瞪口呆，顯然就太輕描淡寫了。歷史學家莫里森（Samuel Eliot Morison）如此描述：「這件事就好比太空人宣布，外形怪誕的飛行器正從自外太空飛往地球。」受到驚嚇的德川貴族做好了迎戰的準備，各自藏好珍貴珠寶，驚慌失措地召開會議。最後，他們別無選擇，只得承認美國軍事技術較優越，任由美國予取予求。單單這麼一次造訪，培里不僅迫使德川與美國簽訂協約，同時也為英國、俄國、德國、法國等其他各國打開了日本貿易大門。

## 生命屬於國家

這次屈辱讓這個驕傲的民族留下了強烈的怨恨。日本部分握有權力的菁英，私下主張立即與西方列強開戰，但其他人則主張謹慎行事，認為戰爭只會拖垮日本，而不是外國。持後面這一立場的人敦促領導階層安撫入侵者，向他們學習，徐圖復仇大計：

……在機械技術上，我們不是外國人對手，那我們就和外國交往，學習他們的軍事訓練和戰術，當我們（日本）各藩屬國像一家人那樣團結起來的時候，我們就能夠走出去，把外國的土地分封給戰功彪炳的士兵；士兵將競相展現他們的勇猛無畏，那時再宣戰也不晚。

雖然這個觀點並沒有被普遍接受，卻頗有預言味道，不僅諭示了日本未來將採取的策略，還描述了長時間以來，日本人認為生命是屬於國家、不屬於個人的理念。

由於沒有明確的道路可供選擇，德川決定再觀望等待——這無疑是對他們的統治權簽下了死亡令。幕府將軍的綏靖政策，與其忠誠追隨者的要求大相逕庭，遭致許多人反彈，紛紛投靠他的鷹派對手。他們認為，幕府將軍的小心謹慎，等於是向西方蠻夷卑躬屈膝。謀反人士深信幕府將軍已經喪失統治權，於是結成聯盟，推翻政權，恢復天皇權力。

## 天皇萬萬歲

一八六八年，反叛者打著明治天皇的名號取得勝利，發動革命將四分五裂、征戰不止的封建領地，轉變為現代化、強大的日本。他們將崇拜太陽的神道教奉為國教，將天皇視為國家象徵，以掃除部落主義並統一諸島。新的帝國政府決心打敗西方，贏得最後勝利，遂採行武士道倫理，做為所有公民的道德準則。他們進一步將所有外國威脅，視為刺激諸島的精神淨化力量。在後來被稱為「明治維新」的時代，日本充滿了像是「尊王攘夷！」及「富國強兵！」等民族主義口號。

日本以驚人的速度，將自己推進到現代——不論是在科學、經濟，還是軍事上。政府選派最好的學生，到西方各大學學習科學與技術，並掌控本國工業，建造軍事生產工廠，以徵兵制度建立國家軍隊，取代由地方控制的封建部隊。日本還謹慎分析美國與歐洲的國防文化，尤其偏愛德國軍事體系。但是這些留學生所帶回來的西方科技與防衛戰略知識，粉碎了日本人對國家軍事優越感的舊有信心，讓他們對於未來與西方的對決是否必然穩操勝券，有著深刻的不安。

## 超越西方的試金石

到了十九世紀末葉，日本業已準備好展現實力，對其亞洲鄰國測試新力量。一八七六年，明治政府派遣兩艘海軍砲艇與三艘運補船前往朝鮮，脅迫朝鮮政府簽下通商條約——此舉令人不禁回想起培里強迫日本通商，竟如出一轍。

然後，日本為了朝鮮半島的問題，與中國發生衝突。一八八五年中日兩國締結條約，將朝鮮歸為雙方的附庸國。但是在十年之內，當中國試圖弭平由日本極端民族主義者支持的朝鮮叛亂時，兩國爆發嚴重的衝突。一八九四年九月，雙方宣戰六週後，日本不僅攻占了平壤，並在海上擊沉中國的北洋艦隊。滿清政府被迫簽訂喪權辱國的《馬關條約》，中國被迫賠償日本兩億兩的戰爭賠款，割讓台灣、澎湖群島及遼東半島，並對日加開四個通商口岸。這場戰爭後來被稱為甲午戰爭。

如果當時不是西方列強干涉，日本可以得到全盤勝利。第一次中日戰爭後，日本贏得最豐盛的戰利品——遼東半島，但由於俄、法、德三國干涉，最後被迫歸還中國。受到遠在歐洲的勢力箝制，更加強日本要在軍事上超越西方宿敵的決心。一九〇四年，日本擴充了兩倍的軍力，並已能在軍備生產上自給自足。

這種發展軍事力量的策略很快就得到報酬，日本不但可以自豪地宣稱打敗了中國，也打敗了列強俄國。一九〇五年日俄戰爭期間，日本重新奪取遼東半島的旅順港，打贏了對馬島（Tsushima，朝鮮海峽的一座小島）海戰，取得庫頁島的一半與滿州的通商控制權。

這個驕傲的國家在過去五十年來飽受西方國家所給予的屈辱，這些勝利對他們來說相當振奮人心。一位日本教授得意忘形地總結了國家的情感，宣稱日本是「注定要擴張，並統治其他國家」。

## 經濟蕭條逼向戰爭之途

泰半是因為這些成功，日本在二十世紀初步入黃金時期。現代化不僅為日本贏得軍事聲望，也為日本創造空前的經濟繁榮。第一次世界大戰各國對日本鋼鐵業產生極大倚賴，對日本紡織與外貿也有大量需求。日本股票價格飆漲，名不見經傳的人物，竄起成為各行業鉅子，窮極奢華，舉國紙醉金迷。即使傳統上遠離男性主宰社會的日本婦女，也在賭場、賽馬場一擲千金。

如果這種繁榮持續下去，也許日本會出現堅實的中產階級，來制衡皇室對軍事的影響。但並沒有。相反地，日本很快就面臨她在現代歷史上最悲慘的經濟危機，使其過去所得毀於一旦，將她推向饑餓的邊緣，逼上戰爭的道路。

一九二〇年代，日本繁榮的黃金時代落幕。一戰結束後，中止了先前對軍事用品永無饜足的需求，造成許多日本軍火工廠關門，數千名勞工頓時失業。一九二九年美國股市崩盤，接著發生經濟大蕭條，降低美國人購買奢侈品的欲求，讓日本的絲綢外銷貿易陷入困頓。

同樣重要的是，雖然在一戰中，日本是站在協約國這邊，但是許多國際商人與消費者，在戰後十年卻極力避免購買日本產品。儘管歐洲國家和日本，同樣均沾一戰勝利的利益，將帝國勢力擴張到海外，日本的擴張行為卻被另眼看待。西方人對日本在世紀初數十年侵略中國的行為都很反感，更厭惡日本在其控制的前德國殖民地上實行西式殖民主義，因此西方金融家開始大舉投資中國。中國當時也正為凡爾賽決定由日本承繼德國在山東半島的特許權忿忿不已，因而發起大規模拒買日貨運動。這些發展更進一步傷害日本經濟，再度讓日本大眾相信，日本是國際大陰謀的受害者。

經濟不振破壞了日本社會，企業倒閉，失業率節節竄升，貧困的農漁民賣女為娼。通貨膨脹迅速攀升，工人罷工，一九二三年九月的大地震，更加劇了悲慘的情況。

## 開啟軍事擴張之門

在大蕭條期間，日本人普遍認為，要阻止大規模饑荒，就必須占領新的土地。日本人口從明治維新時期的三千萬人，到一九三〇年幾乎暴增至六千五百萬人，使得日本愈來愈難養活人民。

日本農民努力提高每畝農地的產量，直到再也無法提升。到了一九二〇年代，農業生產只能保持平穩，日本人口卻不斷增加，迫使日本每年都要高度仰賴進口食糧。在一九一〇年代和一九二〇年代，日本稻米進口量激增三倍，進口穀物費用過去是由紡織出口來支付，但受到外國需求降低、競爭激烈及關稅不公的影響，紡織出口也大幅降低。

到了一九二〇年代，日本軍隊中的年輕激進份子主張，軍事擴張是國家生存的重要關鍵。陸軍上校橋本金五郎在《寫給年輕人》一書中提到：

> 日本只有三種紓解人口過剩壓力的方法……移民、前進世界市場，以及擴張領土。第一扇門，移民，受到其他國家反日的移民政策阻撓；第二扇門……又被關稅壁壘與廢止商業協定給關上；當三扇門之中有兩扇被關起來的時候，日本應該怎麼辦？

其他日本作家則提到他國廣袤的領土，抱怨這一切太不公平，尤其是他國不像日本農民那樣地盡其利，提高土地平均產量。他們覬覦的不只是中國廣袤的土地資源，對西方國家也同樣虎視眈眈。

戰爭宣傳家荒木貞夫質問，為什麼日本應該安於十四萬二千二百七十平方英里土地，其中大都是不毛之地，要養活六千萬張嘴巴；而像澳洲、加拿大等國，土地面積超過三百萬平方英里，卻只要養六百五十萬人就好？

這種差別太不公平了。對日本極端民族主義者而言，美國享有最大的優勢。荒木貞夫指出，美國不僅擁有三百萬平方英里的領土，還有七十萬平方英里的殖民地。

如果西向擴展到太平洋，是十九世紀美國的宿命，那麼入侵中國就是二十世紀日本的宿命。這個同質性極高、自尊心極強的民族，無可避免地會認為，社會支離破碎、治理鬆散的中國，就是為了讓日本所用、開發而存在的。日本的貪婪野心也不僅限於亞洲。一九二五年，就在日本加入美國、大英帝國、法國、義大利的限制大型軍艦協約，成為世界第三大海軍勢力後三年，民族主義激進份子小川周明寫了一本書，堅稱日本不僅注定要「解放」亞洲，而且美日之間將不可避免地要發生大戰。在這本書的結尾，小川像個先知般預測兩強之間將有一場聖戰：

在新世界出現之前，東西方強權之間必有一場致命的戰爭。可以從美國挑戰日本來了解這個理論。亞洲最強的國家是日本，歐洲最強的國家是美國……這兩個國家注定要戰爭，至於是什麼時候，只有天知道。

## 霸權意識勃興

一九三〇年代，日本政府發現自己陷入內鬥的泥淖，那些主張以日本最新學到的技術來建立更好社會的人，和那些想利用國家軍事優勢去征服鄰邦的人，相互競逐影響力。擴張主義者的意識型態獲得右翼極端民族主義者的熱烈支持，他們呼籲建立一個軍事獨裁政權，限制個人財產，財產國有化，並主宰亞洲。這些想法激發了基層軍官的野心，他們出自鄉村，年紀又輕，自然不信任東京的政客，迫不及待想要取得權力。雖然這些軍官之間長期鬥爭，卻有共同的使命：改革社會，剷除官僚、經濟與政治上的障礙，達成報復歐洲、支配亞洲的神聖使命。

這些干政者迫使政府裡面的溫和派接受一系列的妥協方案。但由於對於改革步伐太失望，軍官開始密謀推翻政府。一九三一年他們計劃發動政變，但最終放棄了。一九三二年一群海軍軍官在東京發動恐怖攻擊，刺殺首相犬養毅，但無法實施戒嚴。一九三六年二月二十六日，一群少壯派軍官大膽發動政變，殺死一些政治人物。這場政變使得東京市中心癱瘓超過三天，最終還是功敗垂成，首謀者不是入獄服刑就是遭到處死。權力從極端份子手中轉移到政府內部較謹慎的派系，然而這一派也認同這些少壯派軍官的狂熱觀點，就是日本有權支配亞洲。

## 積極干預中國事務

一些日本極端民族主義者很快就意識到，如果想要占領中國，就得加快行動。因為從一些跡象顯示，一八九五年被迫臣服於日本的中國，正試圖成為一個自立自強的國家——這些跡象讓日本擴張主義者感覺他們的使命迫在眉睫。

在過去二十年中，中國的確從一個分崩離析的帝國，轉變為艱難奮鬥的民族共和國。一九一一年，革命黨打倒滿清勢力，終結滿清兩百多年統治。一九二○年代，蔣介石領導國民黨成功擊退北方軍閥，統一國家，同時宣布，最終目標是要廢除列強誘騙滿清政府簽訂的不平等條約。蔣氏政府獲得權力，威脅到日本在東北與蒙古的利益，因此，在中國逐漸強大之前，要趕緊採取行動。

在日本政府默許下，軍方開始積極干預中國事務。一九二八年，他們策劃暗殺東北王張作霖，因為他拒絕和日本合作。暗殺事件讓中國人民更為憤怒，發動更大規模的拒買日貨運動。

到了一九三○年代，日本對中國發動未公開的戰爭。一九三一年九月十八日，日軍炸毀南滿鐵路其中一段，希望藉此煽動戰事。然而爆炸並未成功使一列快車脫軌，於是日軍殺死了幾名中國守衛，對世界媒體編造一段中國破壞份子的故事。這起事件使日本有了奪取滿州的藉口，滿州被更名為滿州國，日本人扶植滿清最後一位皇帝溥儀為傀儡皇帝。

日本占領東北，在中國形成了一股由國民黨激進份子煽動的反日情緒。雙方情緒高漲，終於在一九三二年爆發了流血衝突，上海民眾攻擊五名日本佛教僧侶，造成一人死亡。日本立即採取報復行動，轟炸這座城市，數萬名平民因此死亡。當上海屠殺引起舉世批評時，日本的回應是自我孤立於國際社會之外，並於一九三三年退出國際聯盟。

## 練兵千日用於一時

為了準備和中國之間不可避免的戰爭，日本花了數十年時間訓練士兵作戰。日本對年輕人的塑造，很早就開始了。一九三〇年代，軍事影響力滲入到日本少年生活的各個層面。玩具店幾乎成了戰爭聖地，販賣各種玩具兵、坦克、頭盔、軍服、步槍、高射砲、軍號、榴彈砲。根據當時一些人的回憶錄形容，青少年在街上模仿打仗，把竹筒當作步槍。有些人甚至把木塊綁在背後，幻想自己像

「人肉炸彈」英雄一樣在自殺任務中為國捐軀。

日本學校就像一個迷你的軍事單位。有些老師的確也是軍官，向學生灌輸他們的責任就是要替日本完成征服亞洲的神聖使命，並成為首屈一指的民族，能與世界各國抗衡。他們教小男孩如何使用木槍模型，並教大男孩如何使用真槍。教科書成為軍事宣傳的工具，有一本地理課本甚至把日本國土的形狀當作侵略他國的合理藉口：「我國看起來就像是站在亞洲的先鋒，勇敢地前進太平洋。同時，我們似乎已經準備好要捍衛亞洲大陸不受外來攻擊。」教師還向學生灌輸對中國人民的仇恨與輕蔑，讓他們對未來入侵中國大陸有心理準備。有一位日本歷史學家說了一則故事。在一九三〇年代，一個嬌氣的日本男孩，當老師要求他解剖青蛙時號啕大哭，老師以指關節猛敲男孩的頭，大吼：「為什麼要為一隻爛青蛙哭？你長大以後還要殺一百個、兩百個支那鬼子呢！」

在這種心理狀態之下，故事愈益複雜。「日本社會對中國存在一種深刻的矛盾心理，」牛津大學歷史學家米德（Rana Mitter）觀察，「這不完全是種族歧視，跟日本歧視韓國人並不一樣。一方面，日本人承認他們的文化深受中國影響；另一方面，他們對中國二十世紀初的混亂局勢感到惱怒。一九三一年東北事變的主謀者石原莞爾，曾是中國一九一一年辛亥革命的忠實擁護者。許多中國人，包括孫逸仙與袁世凱，在辛亥革命前後都曾受到日本人的資助與訓練。日本人還贊助中國庚子賠款獎學金以及同仁會醫院，日本學者橋本時夫則發自內心地讚賞中國文化。日本外務省和軍隊的中國問題專家，通常都受過良好的訓練，非常了解中國。然而，這種了解與訓練，卻很少傳遞給基層軍官。」

## 服從權威的民族性

日本學校這種軍國主義的歷史根源，可以回溯到明治維新時期。十九世紀末葉，日本文部大臣宣布，設立學校並不是為了學生的利益，而是為了國家的利益。日本人訓練小學老師的方式，就跟訓練新兵一樣，實習教師被安置在軍營裡，接受嚴格的紀律訓練與教化。

一八九〇年，日本天皇頒布《教育敕語》，訂定倫理規範；不僅規範教師與學生，也規範每個日本公民。這部敕語相當於日本軍事法典的民用版，把服從權威與無條件效忠天皇放在第一位。日本全國各校，都珍藏著敕語副本與天皇畫像，每天早上都要拿出來宣讀。據說有幾位教師因為誤讀敕語的文字而自殺，為褻瀆神聖的文件贖罪。

到了一九三〇年代，日本教育體系變得非常規範化與機械化。當時一位拜訪日本小學的訪客，看到數千名學童揮舞著旗幟，整齊劃一地列隊行進，不禁又喜又驚；顯而易見地，這位訪客看到了紀律與秩序，卻沒有看到為了建立與維持這種紀律和秩序而對學童施予之暴行。老師帶學生，就像有虐待狂的士官長在操兵，他們掌摑小孩，用拳頭揍小孩，或以竹條、木劍抽打小孩，這些虐待司空見慣。學生被迫背負重物，跪在地上，赤腳站在雪地裡，或是繞著運動場跑，直到筋疲力竭而倒下。當然，很少會有憤怒或心疼的家長來學校關切。

## 軍事教育非人道

如果學生決定從軍，服從權威的壓力就會更加強烈。惡毒的欺凌和冷酷無情的階級秩序，通常會扼殺他身上殘存的個人主義精神。學校宣揚服從是最高的美德，個人的自我價值感被做為大計畫裡一個小齒輪的價值感所取代。為了確立個人對共同利益的服從，上級軍官或年長的士兵，經常毫無理由地摑新兵，或是拿粗重的木棍痛打他們一頓。根據日本作家入谷敏男的說法，軍官對於私下的處罰通常會自圓其說：「我不是因為恨你才揍你，我揍你是因為關心你。你以為我揍得手又腫又流血是瘋了嗎？」有些年輕人不堪這種殘暴的身體凌虐而死亡；有些人自殺了；大多數人則成為鍾鍊過的器皿，任由軍隊灌輸一連串新的生命目標。

軍官的訓練同樣嚴苛。一九二〇年代，所有軍校學員都必須通過市谷（位於東京）陸軍士官學校的培訓。那裡的營房過度擁擠，教室裡沒有暖氣，食物匱乏，像座監獄而不像學校。

日本的訓練強度超過大多數西方軍事院校：在英國，軍官要經過一千三百七十二小時的課堂學習和二百四十五小時的課後自習，才能授予軍銜；在日本，則必須經過三千三百八十二小時的課堂學習和二千七百六十五小時的課後自習。學員每天要承受嚴酷的體能訓練，還要上歷史、地理、外語、數學、科學、邏輯、繪畫、書法課程。

課程中的一切都是為了完美與致勝的目標。更重要的是，日本軍校學員必須服膺「永不言敗」的意志。由於學員非常害怕失敗，任何考試結果都要保密，以降低自殺的風險。

軍校本身就像座孤島，與世隔絕。學員既不能享有隱私，也無法練習個人領導技巧。學員的閱讀材料都經過嚴格審查，他們也沒有休閒時間。歷史與科學都被扭曲，塑造日本人是超強民族的形象。一位西方作家如此評價日本軍官：「在容易受影響的這幾年，他們與外界一切享受、興趣或影響都隔絕開來。他們在所處的狹窄軌道中，不停被軍國主義的思想洗腦。他們在心理上本來就和我們很不同，現在更是漸行漸遠。」

## 牛皮吹破：軍隊嗜血

一九三七年夏天，日本終於成功挑起與中國的全面戰爭。七月，一支根據《凡爾賽和約》駐守在天津的日本軍團，在盧溝橋附近進行夜間演習。演習中場休息時，在夜幕中，有幾聲槍聲射向日本軍隊，軍隊在點名時發現一名士兵失蹤。日軍以此為藉口，在該地區行使其權力，他們前進到橋邊中國士兵駐守的宛平要塞，要求守軍打開城門以搜尋失蹤的士兵。中國司令官拒絕，日軍開始砲轟要塞。七月底，日本已牢牢掌控整個平津地區，八月入侵上海。第二次中日戰爭再也勢不可逆。

但事實證明，征服中國的困難度，遠遠超過日本的預期。光是上海，中國軍隊的人數就超過日本海軍陸戰隊十倍，國民政府主席蔣介石保留精銳部隊來應付這場戰役。八月，當日軍試圖讓三萬五千名新兵登陸上海碼頭時，首度遭逢挫敗。中國軍隊一座隱密的砲台向日軍開火，數百名士兵因而死亡，其中包括良子皇后的堂兄弟。接下來數月間，中國人英勇地守衛著這座大都市。今日軍懊惱的是，上海戰役必須打過一條條街道、一個又一個的防禦工事，進展得非常緩慢。

一九三〇年代，日軍將領夸夸其言，日本在三個月內就可以征服全中國。但是，中國一座城市的戰役就從夏天拖到秋天，又從秋天拖到冬天，日本輕易戰勝的美夢粉碎了。中國這個落後的民族，對軍事科學一竅不通又缺乏訓練，卻堅強地抵禦了比較優越的日本人。十一月，上海終於陷落，日本皇軍的情緒十分惡劣，據說許多人前進南京時已是滿腹復仇之火。

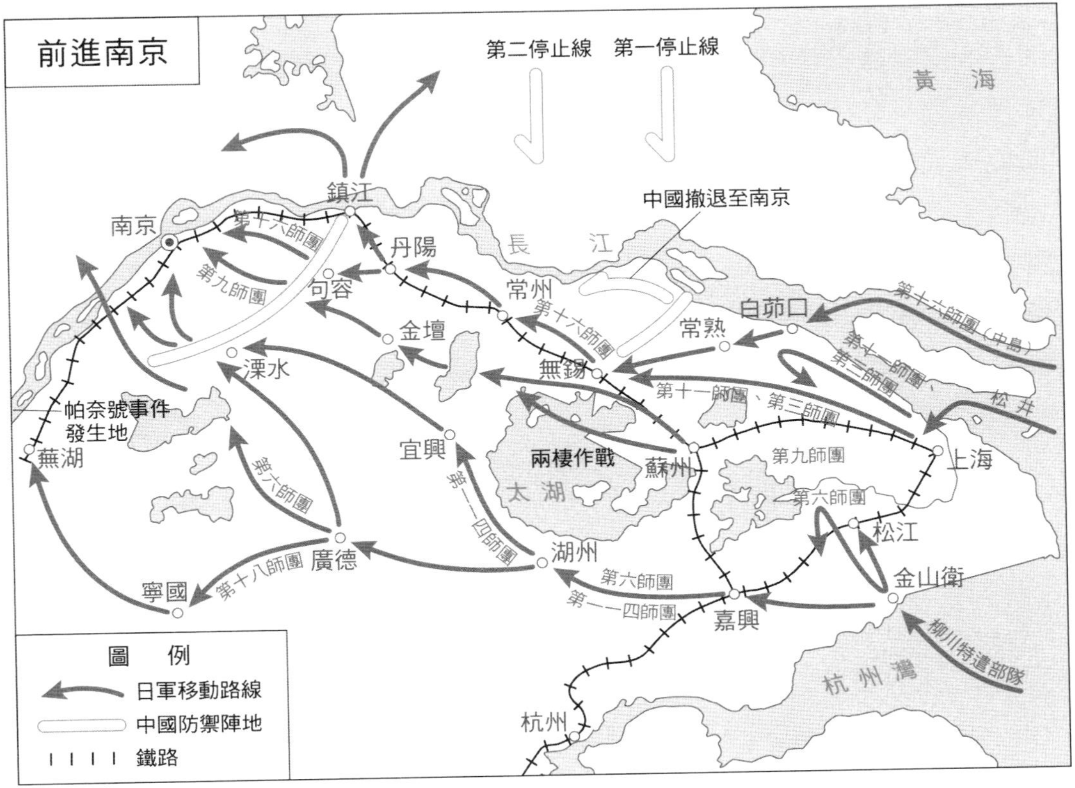
前進南京
第二停止線
第一停止線
黃海
鎮江
南京
第十六師團
第九師團
丹陽
句容
長江
中國撤退至南京
常州
第十六師團
白茆口
第十六師團（中島）
常熟
金壇
溧水
無錫
第十一師團、第三師團
松井
帕奈號事件
發生地
蕪湖
宜興
兩棲作戰
太湖
蘇州
第九師團
上海
第六師團
第六師團
第一一四師團
湖州
松江
廣德
第十八師團
寧國
第六師團
第一一四師團
嘉興
金山衛
柳川特遣部隊
杭州灣
杭州
圖例
日軍移動路線
中國防禦陣地
鐵路

# 第二章　前進南京

日本對付南京的策略很簡單，就是利用南京城被兩條不同流向的水道阻絕的地理現實。*這座古城位在長江南岸曲處，江水先是向北流，然後轉向東流。兩條河在南京匯流後，在東南方形成半圓形土地，日軍可以利用河流的天然屏障，完全包圍首都，斬斷逃亡的後路。

十一月下旬，三支日本前鋒部隊同時衝向首都南京。一支部隊由西自長江南岸進入，他們湧入長江三角洲，途經上海西北邊的白茆江口，沿著寧滬鐵路前進，日本空軍已經為他們炸毀許多橋梁。這支部隊是由中島今朝吾中將領軍，[**]他曾在法國擔任日本陸軍情報人員，然後當上裕仁天皇的祕密警察頭子。關於中島今朝吾的敘述並不多，但是只要寫到他，都是一面倒的負面報導。《日本的帝國陰謀》（Japan;s Imperial Conspiracy）一書作者伯格米尼（David Bergamini），稱中島是「小希姆勒，[***]一個箝制思想、威嚇、凌虐的專家」。伯格米尼並且引述其他人的話，形容中島是個虐待狂，在前往南京的途中還特意攜帶一種焚燒屍體的汽油。就連他的傳記作者木村久邇典也提到，中島被形容為「野獸」和「暴力份子」。

另一支部隊則已準備妥當，對位在上海、南京之間的太湖，展開大膽的兩

---

* 譯注：這兩條水道分別是內秦淮河與外秦淮河。

** 譯注：中島今朝吾只是第十六師師團長，隸屬松井石根北路兵團之下。

*** 譯注：希姆勒（Heinrich Himmler, 1900-1945）是德國納粹祕密警察頭子。

棲攻擊。這支部隊沿著中島今朝吾部隊南面的路線，由上海向西前進。部隊司令官是松井石根將軍，他是一個留著小鬍子、纖細羸弱、患有結核病的人。和中島今朝吾全然不同，松井石根是出身於書香世家的虔誠佛教徒。他也是日本皇軍在整個寧滬地區的最高統帥。

第三支部隊在松井石根部隊的南面，轉向西北朝南京前進。領導這支部隊的是柳川平助中將，他又禿又矮，很喜歡文學。比起其他涉入南京大屠殺的大多數日本人，他的生活行跡蒙上了一層神祕的面紗。

根據他的傳記作者菅原指出，控制日本軍隊的法西斯主義者，將柳川平助逐出了他們的隊伍之外，因為他試圖阻止他們在一九三二年發動政變。他被軍隊主流勢力排擠後，遭到降級，成為後備部隊。柳川後來成為皇軍中國地區的司令官，完成「偉大的軍事成就……包括包圍南京」，但是當時軍隊禁止他的名字與照片出現在出版品上。因此在日本，對許多人而言，柳川是「戴著面具的將軍」。

## 如蝗蟲過境

日軍開往南京的路上，幾乎無人能倖免於難。日軍退伍軍人還記得他們曾襲擊一座座的小農村，手持棍棒或刺刀，見一個殺一個。橫遭慘禍的不只是小村莊，整座大城市都被夷為平地。就舉太湖東岸的城市蘇州為例。蘇州是中國最古老的城市之一，以精美的絲綢、宮殿、廟宇而聞名。蘇州的古運河與古橋，為她贏得「中國威尼斯」的美譽。十一月十九日，大雨滂沱的清晨，一支日本先鋒部隊開拔到蘇州城門，士兵罩上頭巾，以免被中國哨兵認出來。部隊進城後，在城內屠殺、劫掠數日，焚毀古代文物建築，綁架數千名中國婦女，強迫她們為性奴隸。根據《中國週刊評論》（*China Weekly Review*）報導，這次入侵造成蘇州人口由三十五萬人驟降到不及五百人。

一位英國特派記者碰巧記錄了上海郊區松江的慘景，那時是日軍鐵蹄經過後九星期。他寫道：「幾乎沒有一幢建築物沒有遭到祝融毀壞，濃煙持續悶燒的斷垣殘壁、廢棄的街道，形成一股陰森的景象。此地唯一存活的生物是狗，因為吃屍體維生，顯得不自然地肥胖。整個松江地區，原本應該是人口稠密，約有十萬人。我卻只看到五個中國人，都是老人，躲在法國傳教所裡啜泣。」

## 朝香宮鳩彥掌兵符

更糟的還在後頭。

十二月七日，當日本軍隊迫近南京時，在蘇州野戰總部的松井石根將軍病情加劇，他的慢性肺結核又再度復發。松井舊疾復發時，他的指揮權正要移交給皇室成員。五天之前，裕仁天皇特別拔擢了松井石根，另外指派自己的叔叔朝香宮鳩彥親王到前線替換松井。根據天皇這道新命令，松井石根將升任為整個華中戰場的最高統帥；而在軍隊服役已達三十年的朝香宮鳩彥中將，則繼任南京地區的指揮官。由於是皇室成員，朝香宮鳩彥擁有凌駕南京前線所有將領的權力。此外，朝香宮鳩彥和中島中將、柳川中將的關係也比他和松井更親近，因為三人曾在巴黎一起擔任陸軍情報人員，共事過三年。

裕仁為什麼要在這個關鍵時刻挑選朝香宮鳩彥擔任這個職位，外人所知不多。伯格米尼則相信，這樣做是要試驗朝香宮鳩彥。朝香宮鳩彥在一九三六年二月兵變時，在一項政治議題上，站在天皇的弟弟秩父宮那一邊，共同反對裕仁。在皇室成員中，裕仁單獨挑出態度「不好」的朝香宮鳩彥，把南京皇軍最高統帥的職位指派給叔叔，顯然是要他將功贖罪。

當時，這項人事異動看起來微不足道；後來卻證實，這對數十萬中國人的生命，造成了最關鍵性的改變。

日本部隊幕後到底發生什麼事情，外人很難知悉，因為許多細節都是松井石根和他的同僚，數年後在戰爭審判時所提供的，或是來自一些不可靠的消息來源，因此引證時要格外小心。但是如果他們的證詞足以採信，我們就能得知以下事實：松井石根對於這個新來的皇室成員戒慎恐懼，也擔心他濫用權力，於是發布一系列入侵南京的道德戒律。他命令部隊在南京城牆外數公里遠的地方重新整隊，只讓幾個紀律嚴明的營進入中國首都並完成占領。軍隊必須「在中國人的眼前表現傑出，讓他們對日本有信心」。他還在病榻前召集參謀開會，宣布：

皇軍進入外國首都，是我國歷史上的一件大事……將吸引全世界的目光。因此，進城的部隊不能沒有紀律……要規範他們的行為，維護外國人及當地居民的權益。絕對不能劫掠他們。安排必要的哨兵。不論是搶奪或是縱火，即使是無心之過，都要受到嚴厲處分。軍警及預備軍警要和軍隊一起進城，防杜不法的行為發生。

## 下令屠城

但是各地接連發生了許多事件，都超出松井石根的控制。十二月五日，朝香宮鳩彥親王從東京起飛，三天後到達前線。在距離南京東南方約十英里的野戰總部旁一處廢棄的農莊裡，朝香會晤了他以前在巴黎的同事中島今朝吾中將，中島左臀的皮肉之傷正在復原之中。他告訴朝香，日軍即將包圍在南京附近的三十萬中國部隊，根據初步的協議，中國部隊就要準備投降了。

據說，朝香宮聽取報告之後，他的總部隨即發出一連串蓋上他私人印章的命令，標記著：「機密，閱畢銷毀。」我們現在知道，這些命令明確傳達：「**殺掉所有俘虜**。」但我們並不清楚，到底這是不是朝香本人發布的命令。

時任朝香宮鳩彥情報參謀的長勇後來向友人承認，是他主動假造消滅俘虜命令。另外一位日本軍官田中隆吉說，一九三八年四月，已調任日軍第七十四聯隊長的長勇，告訴他一則故事。長勇說，當他的部隊抵達杭州灣，向內陸挺進時，約有三十萬中國部隊被他們切斷了退路，所以中國軍隊就丟下武器，向日本人投降。「要打點這麼多囚犯，還要餵飽他們，實在是個大問題。」

長勇想到一個權宜之計可以解決食物問題：「我即刻對全軍發布命令：『我們必須把這些俘虜全部殺掉！』我擅冒軍隊司令官的名義，以電報發布命令。命令中的用詞是徹底消滅。」

我們永遠無法知道這個故事是真是假，但必須注意的是，即使長勇真的假傳屠殺命令，也無法免除朝香宮鳩彥親王對於屠殺該負的責任。因為當屠殺開始之後，朝香宮大可立即發布一道命令停止屠殺，並把他的情報參謀官交付軍事審判。

日軍進入南京城時，消滅所有中國俘虜的命令不但已經是白紙黑字，也已傳達給所有低階軍官。一九三七年十二月十三日，日本第六十六師團收到以下命令：

> 師團戰備報告，兩點鐘接到師團司令官命令：奉本旅司令總部之命，處決所有戰俘。處決方法：每十二個囚犯分成一組，分別予以槍殺。下午三點三十分，各連隊司令官召開會議，交換如何處置戰俘的意見。討論後決定，囚犯平均分到每一連（第一連、第二連與第四連），以每一組五十名為單位，帶出監禁室處決。第一連在駐紮地的南方稻田執行；第二連在駐紮地西南方低地執行；第四連在駐紮地東

南方稻田執行。

監禁室四周要嚴加守衛，我們的目的絕對不可被囚犯察覺。

每一連都要在五點以前完成準備。五點開始處決，七點半完成。

這道命令裡有一種殘酷的邏輯，日軍無法提供食物給俘虜，所以必須消滅他們。殺死他們不僅解決食物問題，也大大減少復仇的可能——已死的敵人無法組織游擊隊。

但是執行命令又是另外一回事。當日軍在十二月十三日拂曉粉碎城牆時，他們進入的是一座人數遠遠超過他們的城市。歷史學家後來估計，有超過五十萬平民和九萬中國部隊受困在南京，*相較起來，攻擊南京城的日本軍隊只有五萬人。中島知道，屠殺上萬名中國俘虜，是一項艱巨可怕的工程，他說：「面

* 譯注：應有十一萬中國部隊。

對一千、五千或一萬的人群，光是要他們繳械就極其困難……他們如果要鬧事的話，就是個大災難。」

## 中國軍隊不戰而降

因為人力有限，日本非常依賴誘騙的手段。大規模屠殺的策略，包含以下步驟：先假裝答應要公平對待中國人，以換取他們停止抵抗；哄騙他們向日本征服者投降；把每一、兩百個中國人分為一組，然後將他們誘拐到南京近郊不同的地方殺掉。中島希冀，中國人因為無法進一步抵抗，大多數會失去意志，順從日本人的指示。

這一切比日本人預期的還要容易達成。中國人只有零零星星的抵抗。當日本人接近的時候，中國軍人試圖棄械逃離城市，許多人乖乖投降以求得到較好的待遇。一旦這些人投降，束手就擒，剩下的部分就好解決了。

前日本士兵東史郎的日記，最能說明中國軍人的消極不抵抗。在日記裡，東史郎描述了數千名中國部隊在南京陷落後投降的情景。東史郎所屬的部隊原本被指派在市區廣場守衛並分派住宿，後來他們突然接到一道命令，去抓捕兩萬名戰俘。

東史郎和同袍走了大約九或十英里路，搜尋戰俘。夜幕低垂，日本人終於聽到一陣隆隆聲響，像是蛙鳴。他們還看見數不清的香菸火光，在漆黑之中忽明忽滅。「場面十分壯觀，」東史郎寫道，「七千個戰俘都在同一個地方，圍聚在繫著兩面白旗的枯樹幹旁，白旗在夜空中隨風招展。」戰俘衣衫襤褸，穿著藍色棉布軍服、藍色棉布外套，還戴著帽子，有些人用毛毯蓋住頭部，或帶著破袋子，或背著鋪地的墊子。日本士兵將戰俘排列成四個縱隊，以白旗做前導。這數千名中國軍隊，耐心地等待日本人把他們帶走，指引他們下一步。

中國軍隊不願還擊的態度讓東史郎至感驚訝。在日本軍隊文化中，他們給飛行員的是一把劍，而不是降落傘；他們寧願自殺也不願被俘。對於來自這種文化背景的人而言，實在無法理解中國人為什麼不抵死還擊。當東史郎發現自動受俘的人數超過戰敗被俘的人數之後，他對中國人的輕蔑愈益加深。

「當我想像他們是如何把所有可以找到的白布收集起來，繫在樹枝上，然後前來投降時，實在覺得既可笑又可悲。」東史郎這樣寫道。

我想，他們有那麼多人——超過兩個軍團，他們到底是怎麼變成俘虜的？他們甚至都沒有嘗試要去抵抗。這麼多軍隊，一定有為數可觀的軍官在其中，但是他們沒有一個人留下來，我想他們都逃跑了。雖然我們有兩個連的兵力，這七千多名囚犯也已經繳械投降，但只要他們決定起而反抗，我們軍隊一定會被消滅的。

## 視人命如螻蟻

複雜的情緒在東史郎心中翻騰著，他為中國軍人感到難過，這些又饑又渴、飽受驚嚇的軍人經常要水喝，並一再要求日本軍隊保證不殺他們。但同時，他們的懦弱膽小又令他心生厭惡。東史郎陡然覺得很羞愧，因為在先前的戰鬥中，他曾經偷偷地害怕過中國人。他有一股自然的衝動，就是要剝奪戰俘的人性，貶抑他們，拿他們與動物昆蟲相比。

他們像牲畜一樣地被驅趕，像地上爬的螞蟻。他們看起來就像一夥遊民，臉上帶著蒙昧無知的神情。

一群無知的羊，沒有紀律也沒有秩序，在黑暗之中行進，彼此交頭接耳。他們幾乎不像昨天才射擊我們、找過我們麻煩的敵人，實在不可置信，他們曾是敵軍士兵。

只要想到我們是抵死與這些無知的奴隸作戰，就感覺自己像個傻瓜一樣。他們當中有些人甚至只有十二、三歲。

日本人將戰俘帶到鄰近的村莊。東史郎回憶，有一些中國人被趕到一間大房子前面時，還猶豫著要不要進去，看著這幢房子，覺得好像是「一座屠宰場」。最後他們放棄了，成縱隊進入大門。只有當日本人企圖拿走中國戰俘的毛毯和被褥時，他們才會奮力掙扎。翌日清晨，東史郎與同伴又接到一道命令，要到其他地方去巡邏。他們後來才知道，當他們在巡邏的時候，那些中國戰俘，每兩、三百人編成一組，被集體屠殺了。

## 幕府山屠殺事件

南京大屠殺期間，最大規模的集體屠殺事件，可能就發生在幕府山附近。幕府山坐落於南京北郊，位在城市與長江南岸之間。估計這次共屠殺了五萬七千名平民與軍人。

殺戮是祕密地分段進行。十二月十六日，《朝日新聞》特派記者橫藤報導，日軍在烏龍山與幕府山附近的軍事要塞，俘虜了一萬四千七百七十七名軍人。

大量的戰俘讓日軍感到棘手。橫藤寫道：「日軍遭遇到空前的困難，因為這是第一次有這麼多的戰犯被俘。沒有足夠的人力來處理他們。」

前日本下士栗原在日記上記載，日軍命令數千名戰俘繳械，剝去他們所有的東西，只剩下衣服、毛毯，戒護他們到一堆稻草覆蓋的臨時建築物裡。十二月十七日，日本軍隊接到處決戰俘的命令時，他們進行得格外謹慎小心。那天清晨，日軍宣布要將中國戰俘押往長江中間的一座小島八卦洲。他們對戰俘解釋，行進時要特別小心，並把戰俘的手反綁在背後，這件工作耗掉了一整個早上的時間，又一直持續到下午才完成。

大約在下午四點到六點之間，日軍將戰俘分成四個縱隊，把他們帶到西邊，沿著山丘前進，最後在河邊停下來。「等了三、四個小時，不知道發生了什麼事，戰俘看不出任何要過江的準備，」下士寫道，「天色逐漸陰暗，他們並不知道……日軍早已經沿江將他們圍成新月形，許多機關槍正瞄準他們。」

到了執行處決的時間，中國人要逃也來不及了。「突然間各種槍枝子彈齊發，」栗原這樣寫著，「槍聲混雜著絕望的叫喊。」中國人拚命掙扎扭動，一個小時後，聲音逐漸微弱然後消失。從傍晚到黎明，日軍拿刺刀刺死屍，一個接一個。

處理屍體對日軍而言，是個大問題。單單是幕府山屠殺的人——只是橫死於南京及其周邊地區的總人數當中一小部分，就要花上好幾天清理。掩埋是處理屍體的方法之一，但是中島今朝吾在日記裡抱怨，實在很難找到夠大的壕溝，掩埋七、八千具屍體。焚毀是另一種方法，但是日軍缺少足夠的油料。比如說，幕府山屠殺之後，日軍在屍體上澆了好幾大桶汽油焚燒，但是在屍體燒成灰燼之前，汽油就沒了。「結果焦屍堆積如山。」一位日本下士寫道。許多屍體直接被扔進了長江。

## 屠殺平民

中國軍隊大規模投降後，就沒有任何人來保護城裡的平民。一九三七年十二月十三日，日本大軍湧入南京，占領市府大樓、銀行、倉庫，任意掃射街上的行人，許多人在逃跑時被擊中後背。日軍使用機關槍、左輪手槍與來福槍，向群聚在中山北路、中央路與附近巷弄的受傷士兵、老弱婦孺開火。他們還殺了城裡各角落的中國平民：小巷、大街、土石防空洞、政府大樓、市府廣場。受難者不支倒地，痛苦呻吟、尖聲哀號。淪陷的首都，街道巷弄和壕溝，到處血流成河，這其中有許多是無力繼續逃跑、瀕臨死亡者的鮮血。

日軍有計畫地屠殺南京城內的居民，挨家挨戶搜尋中國兵。他們也屠殺南京近郊與鄉村的中國人。城牆外、河邊（河水已被染紅）、池塘、湖泊、山丘上，屍橫遍野。在南京附近的小村莊裡，日本人射殺任何路過的年輕男子，怕他們是中國軍人。然而，他們也殺害不可能是中國兵的人，例如老邁的男男女女，只要這些老人稍有遲疑，聽不懂日語下達的往這、往那移動的命令，就會慘遭不幸。

十二月的最後十天，日軍摩托車軍旅在南京巡邏，日本士兵荷槍實彈，把守所有街道、巷弄的出入口。軍人挨家挨戶要求開門迎接勝利進城的軍隊。商家一點頭順從，日軍就對他們開火。日軍以這種方式屠殺了數千人，又有計畫地打家劫舍，對他們沒有用的東西，就予以焚毀。

## 日本記者震驚不已

這些暴行讓許多跟隨軍隊來到南京的日本記者震驚不已。一位驚恐的《每日新聞》記者，看到日軍喝令中國戰俘在中山門前面的城牆上排成一行，以步槍上的刺刀對準他們衝鋒。「囚犯一個接一個倒在牆外，」記者這樣寫著，「鮮血四濺。肅殺的氣氛令人寒毛直豎，害怕得四肢顫抖。我茫然地站在那裡，不知所措。」

有這種反應的不只這位記者。其他許多記者——甚至是經驗豐富的隨軍特派記者——也對這種毫無節制的暴力感到震驚，他們的感嘆也見諸報端。日本隨軍記者今井正岡寫著：

在下關碼頭，出現了死屍堆成山丘的陰暗剪影。約有五十至一百人在此勞動，從屍丘上把屍體拖下來，扔進長江裡。屍體仍滴著鮮血，有些人還活著，發出微弱的呻吟，四肢抽搐。工人沉默無聲地忙碌著，就像在演一齣默劇。在闃暗中，幾乎看不到河對岸。碼頭邊，幽暗的月光在泥地上閃閃爍爍。天哪！到處都是血！

過了一會兒，苦力已經把屍體拖完，兵士喝令他們沿河排成一列。可以聽到機關槍砰砰砰的聲音，苦力向後倒下，掉進河裡，被洶湧的怒潮吞沒。默劇結束了。

在場的一位日本軍官統計，約有兩萬人被處決。

日本隨軍記者小俣行男，看到中國戰俘被帶到下關，沿河排列：

第一排的人被斬首，第二排的人在被斬首之前，還被迫把許多屍體倒進河裡。殺戮持續著，從白天到夜晚，但是，他們用這種方法也只能殺掉兩千個人。隔天，他們厭膩了這種殺人方法，就架好機關槍，其中兩人向排在一起的囚犯交叉射擊。砰砰砰，扣動板機。兩名囚犯逃進水裡，但沒有一個人能逃到對岸去……

日本攝影記者川野廣輝（一作河野公輝）說：

在進城慶典舉行之前，我看到約有五十到一百具屍體漂浮在長江上，他們是在戰役中死亡，還是俘虜後被殺？他們是不是被屠殺的平民？我記得南京城外有一個池塘，看起來就像血海一樣，顏色炫亮。如果我有彩色底片……拍起來會多麼震撼哪！

當時在南京的日本隨軍記者佐佐木觀察到：「我在東京大地震時曾見過堆積如山的屍體，但是也比不上這個。」

## 強暴南京婦女

接下來，日本士兵將注意力轉到婦女身上。

「婦女遭受最大的痛苦，」南京日軍第一一四師團前士兵田所耕三（一作田鎖增三）回憶，「不管她們年紀多小或多老，都無法逃脫被強暴的命運。我們從下關派出運煤車，到城裡的大街小巷，以及鄉村，抓了許多婦女。她們每個人被分配給十五至二十個士兵，被迫性交與性虐待。」

至今還活著的日本老兵宣稱，軍隊曾經正式宣布，強暴敵國婦女是非法的行為。但是強暴在日本的軍隊文化和迷信裡根深蒂固，沒人認真看待這項規定。許多人相信，強暴處女，會讓他們在戰場上更神勇。士兵甚至會隨身佩戴由這些受難者的陰毛所做成的護身符，相信這會讓他們擁有免於受傷的神奇力量。

軍隊禁止強暴的政策，只會鼓勵士兵在事後殺害受難者。在紀錄片《奉天皇之命》的訪問中，前日本士兵東史郎直言不諱地講述了在南京的強暴與謀殺過程：

起先我們用一些比較變態的用語，像是「屁看看」，意思是「讓我們看看女人張開大腿」。中國女人不穿內褲，她們只穿用繩子綁起來的褲子，沒有腰帶。我們把繩子拉開，女人的屁股就露出來。我們就「屁看看」。過了一會兒，我們會說一些像是「該我洗澡了」之類的話，去輪流強暴她們。如果我們只是強暴她們，倒也無妨。我不應該說無妨的。但我們通常是把她們刺死，因為死人不會說話。

田所耕三談到這項議題時，和東史郎一樣直言無隱。「強暴之後，我們還會把她們殺掉。」他回憶道，「一旦我們放走她們，她們就會開始逃跑。然後我們就『砰！』從背後射殺她們，把她們解決掉。」根據一些至今還活著的老兵所說，許多士兵對此絲毫不覺歉疚。「也許我們在強暴她的時候，把她當作女人看，」東史郎寫道，「但我們殺她的時候，只是把她當作一頭豬。」

不只士兵有這種行為，各個階層的軍官都肆意放縱（即使是日本第六師團的資深將領兼師團長谷壽夫，後來也被控在南京強暴約二十名婦女）。有些軍官不僅慫恿士兵在城裡輪暴婦女，還警告他們事後要處理掉這些婦女，消滅罪證。「要麼給她們錢，要麼事後帶到荒郊野外殺掉。」一位軍官這樣告訴他的部下。

## 松井石根進城巡視

病體孱弱的松井石根，在十二月十七日清晨進城參加遊行時，姦淫擄掠的情形才稍微消退。松井石根的結核病復原後，就坐著小艇沿運河而上，再驅車前往南京東邊中山門的三道瓮城。他騎著棕栗色的駿馬，面對東京皇室宮殿的方向，對著日本國家廣播公司高呼三聲天皇萬歲：「天堂之階最偉大的統帥，萬歲！萬萬歲！」他策馬進入一條死屍已經清除乾淨的大道，受到數萬名歡呼的士兵夾道歡迎，最後到達城市北方的大都會飯店，當晚在飯店舉行了盛大的歡迎酒會。

根據記載，在酒會上，松井石根懷疑南京曾發生過什麼可怕的錯誤。當晚，他召集幕僚會議，下令所有非必要的部隊離開南京市。翌日，西方媒體報導，日本軍隊正進行一件守口如瓶的大密謀，嚴防松井石根得知南京暴行的全部真相。

當松井石根開始了解士兵在市區強暴、屠殺、擄掠的實情後，他顯出憂慮的樣子。一九三七年十二月十八日，他告訴他的一位文職助手：「我現在意識到，我們在不知不覺中對這座城市造成極嚴重的影響。當我想到許多逃離南京的中國朋友的心情和感受，想到兩國的未來時，我不能自己地感到灰心沮喪。我很孤單，再也不能為這次勝利感到高興。」那天早上他發布給媒體的聲明，甚至還帶著遺憾的意味：「我個人對這些人民所遭受的悲劇感到遺憾，但軍隊必須繼續前進，除非中國幡然悔悟。現在是冬天，是反省的季節。我向這一百萬無辜人民表達深切的同情。」

那天稍晚，日軍為入侵時死難的日本士兵舉行葬禮，松井石根斥責了現場的三百名軍官、軍團司令官與其他人在城裡的醜惡暴行。日本記者松本寫道：

「過去從來沒有一位長官這樣嚴厲地責罵過他的軍官，軍隊對松井石根的行為感到難以置信，因為在場的其中一位軍官，是皇室後裔的親王。」

## 將軍的眼淚

十二月十九日星期天，松井石根前往城外朝香宮鳩彥的總部，翌日登上即將前往上海的驅逐艦。到了上海之後，他做出更令人意外的舉動——或許是出於絕望，他向《紐約時報》吐露了自己的擔憂，甚至告訴一位美國駐外特派記者：「日本軍隊可能是當今世界上最沒有紀律的軍隊。」當月，他還向朝香宮鳩彥親王的參軍長發出一個大膽的訊息。「外面謠傳說，非法的行為還在繼續進行，」他寫道，「尤其因為朝香宮親王是我們的指揮官，必須更嚴格地維護軍紀和道德，任何行為不檢的人，都要受到嚴厲處分。」

到了元旦那天，松井仍對日軍在南京的行徑感到不安。在杯觥交錯之際，他向一位日本外交官吐露：「我的部下犯了一些嚴重錯誤且極端遺憾的事情。」

但強暴、屠殺事件仍持續著，松井似乎無力阻止。如果松井多年以後所說的故事能夠採信，他短暫的南京之行，甚至讓他在同袍面前掉下眼淚。「紀念儀式結束後，我立刻召集高級軍官，在他們面前流下了憤怒的淚水，」松井在一九四八年遭絞刑處死之前，向他的佛教師父懺悔時表示，「朝香宮親王和柳川中將兩個人……都在場。我告訴他們，因為士兵的暴行，一切都毀於一旦。你能想像嗎？即使我這樣說了之後，那些士兵還嘲笑我。」

## 地下軍妓系統：慰安婦

發生在南京的大規模強暴事件，最荒誕的一個後果是日本政府對西方國家強大抗議聲浪的回應。日本高階司令官既沒有阻止或嚴懲相關士兵，反而計劃建立一個大型的地下軍妓系統，將亞洲數十萬婦女捲入其中。「日本華中地區遠征軍在這段期間發布一道設置慰安所的命令，」日本中央大學著名的歷史教授吉見義明表示，「因為在上海與南京戰役發生的大規模強暴，日本害怕被中國、美國與歐洲批評。」

這項計畫簡單明瞭。日本計劃誘騙、購買或綁架大約八至二十萬名婦女，大部分來自日本殖民地朝鮮，也有許多來自中國、台灣、菲律賓及印尼，希望藉此降低任意強暴當地婦女的頻率（也希望因而減少被國際批評的機會）；使用保險套來避免經由性交傳染的疾病，並犒賞在前線戰場上征戰許久的士兵。後來世界得知這項計畫時，日本政府當然否認有責任，接下來數十年都堅稱，經營戰時軍妓院的都是民間商人，而非帝國政府。

但是一九九一年，吉見義明教授發現一份軍事情報署的檔案，名為《關於為軍妓院招募婦女》。這份文件蓋有日本高階司令官的私人印章，並包含即刻興建「性慰安設施」的命令，以阻止軍隊在中國占領區內強暴婦女。

一九三八年，第一家官方慰安所在南京近郊開張。使用「慰安」這兩個字來形容婦女或是她們所居住的房子，都相當荒謬可笑，因為這個詞彙讓人聯想到美麗的藝妓演奏琵琶、為男人擦洗身體及按摩的溫泉鄉情景。但事實上，這些妓院悲慘的景況，超出大多數文明人的想像。

難以數計的婦女（日本人稱她們為「公共廁所」），一旦得知她們的命運就自我了斷，還有許多人死於疾病或謀殺。倖存者則終身承受恥辱、孤立、不孕或是健康毀壞的痛苦。

由於大多數受難者來自推崇婦女貞節的文化背景，所以倖存者在戰後也絕口不提自己的經驗，擔心會面對更多的恥辱與嘲弄，直到最近才開始有人願意談論。亞洲儒家思想——尤其是韓國的儒教——將婦女貞節看得比生命還重要，深信婦女有此可恥的經驗還苟活著，對社會是一種冒犯。因此，經過半世紀之後，才有少數婦女鼓起勇氣打破沉默，向日本政府要求金錢賠償。

## 大屠殺背後的動機

現在我們面臨到最令人不安的問題——在南京的日本士兵的心理狀態。這些手持步槍與刺刀的少年士兵心中，到底有什麼力量驅使他們去犯下這種暴行？

許多學者都在苦苦思索這個問題，卻發現幾乎不可能有答案。歷史學家庫克（Theodore Cook）和日籍妻子田穀治子（Haruko Taya Cook）合著了《戰爭中的日本：口述歷史》（*Japan at War: An Oral History*），他坦承南京大屠殺的殘暴程度令他困惑不已。他在日本內戰史上並沒有發現任何相似之處；相反地，對城市進行計畫性的毀滅與大屠殺，看起來更像是蒙古歷史的一部分，而非日本史。他說，試圖檢視日本人在南京的心態，就像在窺視一個「黑洞」。

很多人發現，很難將日本在南京的野蠻暴行，與極端有禮、態度謙和而備受讚譽的日本人聯想在一起。但是，一些軍事專家認為，這兩種看似不同的行為，其實是互相糾葛在一起。他們指出古代武士令人生畏的地位，幾世紀以來，如果佃農不能恭謹有禮地回答武士的問題，武士就有權力砍掉他們的頭。一位美國海軍情報官員在二戰期間談到日本文化時寫道：「直至今日，日本人理想中最恭謹有禮的應答，是要讓發問者感到滿意。彬彬有禮竟是日本人的民族特質，很令人訝異嗎？」

其他專家則將日本戰時的暴行歸諸於日本文化。美國人類學家潘乃德（Ruth Benedict）在名著《菊花與劍》（*The Chrysanthemum and the Sword*）一書中寫道，日本社會的道德規範並不是放諸四海皆準的，而只限於特殊的地域，因此這些規範在外國領土很容易就被打破。

其他專家則歸咎於非基督教本質的日本宗教。基督教提倡四海之內皆兄弟的理念，萬物都是按照神的形象所造；而日本神道教卻自稱，只有天皇與其後裔，才是按照神的形象創造。根據這些差異性，專家們得出的結論是，有些文化不管發展得多麼精細複雜，其核心仍是部落主義；個人對部落內其他人應承擔的義務，以及對外人應承擔的義務，是很不一樣的。

這種說法有一種潛在的危險，因為它暗示了兩件事：其一，日本人因為宗教的關係，天生就比西方文化缺乏人性，因此必須以不同標準來衡量（這種暗示我認為既不負責，且優越感十足）；其二，猶太教與基督教共有的文化，比較不會去實行南京大屠殺這樣的暴行。

事實上，虔誠的基督教國家德國，納粹份子在一九三〇和一九四〇年代，也找到了使德國人喪失人性的方法，甚至妖魔化他們宣稱是德國敵人的民族。結果造成地球有史以來最嚴重的反人類罪行。

回顧人類數千年歷史，清楚地顯示，沒有哪個種族或文化能夠獨占戰爭期間的殘酷暴行。文明的外衣其實非常薄弱，輕而易舉就能剝除，特別是在戰爭的壓力下。

那麼，我們到底該如何解釋南京城裡日復一日發生的原始暴行？日本戰犯不像其納粹盟友，納粹份子大都死於獄中或遭行刑隊槍決；即使還活著，餘生也是逃離法外的亡命之徒，但許多日本戰犯至今仍然活著，生活安靜舒適，受日本政府保護。因此，他們是地球上很少數的幾個人，可以不必擔心國際法庭的報復，而能讓作家或記者了解他們犯下二戰暴行時，內心深處的想法與感受。

## 殺人比賽

我們知道的就是這些。日本軍人不僅對中國戰爭冷酷無情，對屠殺中國軍人與平民也同樣冷酷無情。事實上，日軍設立各式各樣的遊戲和運動，讓士兵原有的人性本能逐漸麻木，不放過對他們無害的人。

例如，在開往首都的路上，日本士兵被要求參與殺戮比賽，這些比賽被日本媒體視同體育賽事一樣熱切地報導。最惡名昭彰的一次比賽，刊登於十二月七日出版的《日本報知者》，標題是「少尉們進行一場殺害一百個中國人的比賽，競賽勢均力敵」。

> 向井敏明少尉與野田毅少尉，兩人同屬駐紮在句容的片桐部隊，在日軍完全占領南京之前，兩人進行友誼比賽，看誰能在單刀戰鬥中，最先殺死一百個中國人。在競賽的最後階段，兩人幾乎勢均力敵。星期天（十二月五日）……根據《朝日新聞》報導，成績是向井少尉

八十九人，野田少尉七十八人。

一星期以後，該報報導，無法確定誰先殺死一百人，所以他們把目標提高到一百五十人。「向井的刀子在競賽中受到輕微的損傷，」《日本報知者》報導，「他解釋說這是把一個中國人的身體連同頭盔砍成一半，所造成的結果。他宣稱競賽很『有趣』。」

這種暴行並不僅限於南京地區。在整個戰爭期間，這種競賽十分普遍。下面這位名叫田島的日本人所做的證詞並不罕見：

有一天，小野少尉對我們說：「你們還沒有殺過人，今天我們就來練習殺人。你們不能把中國人當人看，只能把他們看成貓狗不如的東西。勇敢一點！現在，自願練習殺人的，站到前面來。」

沒有人移動。少尉發起脾氣。

「膽小鬼！」他大喊，「你們沒有人配稱自己是日本兵。沒有人自願是不是？好吧，那我命令你們。」他開始喊名字：「大谷——古川——上野——田島！（天哪——我也有分！）」

我雙手打顫，舉起上了刺刀的槍，在少尉幾近歇斯底里的詛咒引導下，我慢慢走近站在坑洞旁邊、渾身顫抖的中國人——那個坑是他幫忙挖的。我在心中祈求他原諒，然後——閉上眼睛，耳邊回響著少尉的咒罵聲——我把刺刀刺向已經石化的中國人。當我再度張開眼睛，他已經癱倒在坑洞裡。「殺人犯！罪犯！」我這樣叫著自己。

## 天真青年變成殺人魔

對許多新兵而言，恐懼是一種本能的衝動。一部日本戰時回憶錄就描述了一群日本新兵在目睹老兵將一批平民虐待致死時，內心無法隱藏的震驚。他們的指揮官預期到會有這種反應，並在日記上寫著：「所有的新兵都一樣，但很快他們就會做出同樣的事情。」

新任軍官也需要磨鈍他的感覺。一位名叫富永祥藏的老軍官鮮活地憶起，他自己從天真無知的青年轉變為殺戮機器的過程。富永自廣島奉調到第三十九師團第二三二聯隊時，還是一名剛從軍校畢業的少尉。被引薦給自己的部下時，富永大吃一驚。「他們的眼睛很邪惡，」他回憶道，「那不是人的眼睛，而是老虎或豹的眼睛。」

在前線，富永和其他新任候補軍官一起接受密集訓練，增強他們對戰爭的耐受力。在一次課程當中，教官指著拘禁中心一個瘦弱憔悴的中國人，告訴軍官：「他們是試煉你們勇氣的材料。」教官日復一日教他們如何砍掉頭部，如何刺殺活生生的囚犯。

> 最後一天，我們被帶到試驗場地。二十四名囚犯蹲著，雙手綁在背後。他們眼睛被矇起來，已經挖好一個大洞——十公尺長，二公尺寬，深度超過三公尺。團長、營長、連長都坐在為他們安排好的位

置。田中少尉向團長鞠躬報告：「我們現在開始。」他命令一名服勞役的士兵，把一個囚犯拖到洞坑邊緣，囚犯抗拒時還被踢了幾腳。士兵最後把他拖到洞邊，強迫他跪下。田中少尉轉向我們，依次注視著我們的臉。「頭應該這樣砍。」他說著，拔出軍刀，在木桶裡舀出一勺水，把水抹在軍刀兩面。然後颼颼幾聲地把水甩掉，再把刀舉起來，劃出一道長長的弧形。田中站在囚犯身後，穩住身子，兩腿張開，高喊一聲「吆！」就砍下那人的頭。頭飛出了一公尺之外，身體噴出兩道血泉，濺入洞裡。

這個景象太可怕，我覺得自己無法呼吸。

但是，富永逐漸學會了殺人。隨著殺人技巧愈來愈老練，他不再覺得同袍的眼睛很邪惡。對他而言，暴行變成例行公事，幾乎是平凡無奇。回首自己這段經歷，他寫道：「是我們把他們變成這個樣子的。家裡的好兒子、好爸爸、好哥哥，被帶到前線，互相殘殺。人類變成殺人惡魔，在三個月之內，每個人都變成了惡魔。」

## 草菅人命的哲學

有些日本軍人坦承，對他們來說，殺人很容易。因為他們被教導，除了天皇，所有個人的生命——即使是自己的生命——都毫無價值可言。在南京犯下一連串暴行的日本軍人東史郎，在寫給我的信裡面，對其同袍的行為做了很好的評論。他在京都府福知山第二十步兵聯隊的兩年軍事訓練中，受到了「忠貞重如泰山，生命輕於鴻毛」的教導。他回憶，軍人在戰爭期間能完成的最高榮譽，就是馬革裹屍；為天皇而死是至高無上的光榮，被敵人生擒活捉則是最大的恥辱。「如果我的生命不值錢，」東史郎信中寫道，「那麼敵人的性命就更不值錢了。這種哲學讓我們輕視敵人，最終造成大屠殺，並惡意凌虐俘虜。」

在一次次採訪中，參與過南京大屠殺的日本老兵誠實地敘述，他們完全沒有悔恨或是做錯事的感覺，即使在凌虐無助的平民時也一樣。永富角戶坦承他在南京陷落時的感覺：

> 我記得我坐著卡車，沿著一條被清理出來的道路前行，穿過成千上萬具被屠殺的屍體。我們停下來把一群中國囚犯拖下車時，看見野狗正啃咬著死屍。然後一位軍官提議要試試我的膽量。他把軍刀拔出鞘，在上面吐了口水，突然用力一揮，把刀架在蜷縮在我們面前的中國男孩的脖子上。男孩的頭被砍斷，翻落在人群當中，身體向前傾倒，脖子噴出兩道血泉。軍官建議我把男孩的頭拿回家當作紀念。我記得，當時我拿起他的刀子開始殺人，還驕傲地微笑著。

經過將近六十年的自我反省，永富如今完全變了一個人。他如今在日本當醫生，診所的候診室裡設置了一座懺悔神龕，病人可以看到他在南京受審並對罪行全盤自白的影片。醫生溫文好客的舉止，和他過去的凶殘判若兩人，讓人幾乎不能想像他曾是個殘忍的殺人魔。

「很少人知道，士兵用刺刀刺穿小嬰孩，將他們活生生丟進滾燙的開水中。」永富說，「他們輪暴十二歲到八十歲的婦女，當婦女無法滿足他們的性需求時，就把她們殺掉。我斬過人的首級，把人餓死、燒死、還有活埋，總共超過兩百個人。真是恐怖，我竟然變成畜生，做出這些事情。實在找不出理由來解釋我的所作所為，我真是個惡魔。」

# 第三章　南京的陷落

南京，長久以來一直是中國宏偉的文學、藝術、政治中心，從西元三世紀到六世紀以來，就一直是中國的古都；十四世紀後，間或成為部分朝代的首都。就在南京，中國書法與繪畫的典範得以確立，中國語言的平上去入四聲系統得以建立，一些最著名的佛教經典得以編輯和繕寫，古典華麗的六朝駢文（詩與散文的混合體）也是在南京產生。一八四二年，結束鴉片戰爭的條約就在南京簽訂，中國從此開放了對外貿易。一九一一年，國民黨領袖孫逸仙在南京，宣示成為中華民國第一任臨時大總統。南京至今仍驕傲地保有他的陵寢。

提到南京，就讓人聯想到一幅充滿古帝王宮殿、陵寢、博物館、紀念館的城市圖畫。這幅圖畫還包括明朝期間精工雕鑿的戰士、動物石刻及著名的「鼓樓」（馬可波羅七百年前看到的是最原始的鼓樓，現在的鼓樓是三百年後，由一位在塔裡擊著大鼓向士兵發出信號的軍事將領重建的）。南京邊界，廟宇盤踞於鄰近的山丘，茶棚沿湖而建，湖中蓮花盛開，一座大橋橫跨長江。

數百年以來，青山綠水不僅為南京的美貌添色，更是實際的軍事屏障。長江橫亙西邊，紫金山雄踞東邊，共同護衛這座城市，真可說是「龍蟠虎踞」。

## 歷盡滄桑之城

但可悲的是，南京曾三度歷劫。

第一次入侵發生在一千多年前，在六世紀末葉，北方遊牧部落破壞這座城市所有重要的建築，甚至翻遍城牆裡的每一寸土地。*第二次是發生在一千年以後，一八五三年至一八六四年，太平天國叛匪占據了這座城市。太平天國領袖洪秀全，在科舉落第之後，說服自己和其他人相信他是耶穌基督的弟弟。他試圖推翻滿清王朝，在十三年間殺戮了約兩千萬中國人。叛匪以南京為首都，長達十多年，最後被趕出城。當時他們放火燒城，甚至砸毀光彩奪目的大報恩寺琉璃寶塔，它被公認是中國最美麗的寶塔建築。[**]

十九世紀末，南京幽暗平靜地蟄伏著。滿清皇帝在北京建立政權後，南京不過是個文化遺跡。直到革命黨人推翻滿清政府，一九二八年正式將南京定為首都後，南京才又恢復其重要性。

一九三七年，大屠殺的那一年，古老的南京，也就是清朝的南京，和國民黨的新南京相互輝映。古中國的痕跡仍殘留在首都的街道上：小販肩挑著扁擔，兩端的籃子裡，一端裝著小飯碗，另一端則裝著茶壺；織布工在露天工廠裡，蜷伏在紡絲機前；麵店工人手拉著麵條；錫匠的錫器沿街叮叮咚咚響著；鞋匠在顧客門前修補鞋子；孩童手裡抓著中間有方孔的銅錢，急切地看著小販製作糖果；男人推著嘎嘎作響的手推車，車上高高疊滿蘆葦，既看不到手推車，也看不到人。然而處處也顯示著新時代的景象——柏油路逐漸取代泥濘的圓石小徑；霓虹電燈替換了最後的閃爍的瓦斯燈、燭火、油燈；水從水龍頭裡流出，不再裝在桶子裡沿街叫賣；鳴著喇叭的公車與汽車，擠滿了軍官、官員或外交官，和黃包車、載著蔬菜的騾車擦身而過；街上行人與動物擁擠地漫步——狗、貓、馬、驢子，有時甚至還有水牛或駱駝。

但是有些古老的東西似乎永遠不會改變。明朝興建的古老巨石城垣環抱著南京城，一位傳教士形容這道城垣是世界上最偉大的奇蹟之一。他讚揚，如果能讓人開車到城垣上面去，就會看到中國最壯觀的景象。從城南端的最高

* 譯注：西元五八九年，隋兵滅了建都建康（南京）的陳朝，隋文帝楊堅下令將建康的城邑和宮殿毀掉，改作耕地。

** 譯注：另一說法為曾國藩率領湘軍攻破太平天國的天京（南京），入城擄掠，縱火焚燒七天七夜。

處望過去，就可以眺望灰色的城垛、工人階級居住的灰牆區域、富饒人家或紅或藍的陶瓦屋頂；然後，向北望去，可以看到市政區域高聳的西式辦公大樓和大使館。

抬眼望向東北方，在紫金山漆黑的曲線和南京最權貴的居民所擁有的鄉間別墅的點綴下，也許可以認出閃爍著白色光芒的中山陵。再向西北望去，也許會瞥見濱水區的工業活動：工廠冒出的濃煙，煤港的墨黑汙漬，靠近埠頭的蒸汽船、砲艇，華北鐵路和滬寧鐵路的鐵軌穿過城市和地平線，最後在北郊的下關車站交會。沿著地平線，還可以看到洶湧、澎湃、黃褐色的長江水，蜿蜒流過南京城牆的西垣和北郭。

一九三七年夏天，所有南京這些璀璨、不協調的部分，陷入一片昏昏欲睡的氛圍中。南京沉悶潮溼的空氣，長久以來為它贏得「中國三大火爐」的封號。燠熱，混雜了鄰近農田夜晚施肥的刺鼻惡臭，驅使城內的有錢人，在最炎熱的盛夏，出城前往海濱度假勝地。留在城裡的人，夏天是打盹兒的好時機，人們懶洋洋地搧著蘆葦扇或竹扇，房子懸垂著竹蓆遮擋陽光。到了傍晚，街坊鄰居從火熱的家裡逃出來，拉了一張藤椅到街上，彼此閒話家常，打發漫漫長夜，最後在露天穹蒼下沉沉入睡。

沒有人能預料到，數月之內戰爭就要降臨在自家門前，讓家園烽火漫天，街道上滿是鮮血。

## 空襲警報劃過天際

八月十五日，金陵女子文理學院心理學講師張小松躺在床上小睡，突然聽到一陣尖銳的警報聲。「是不是要防空演習？」她想，「我怎麼沒在早報上看到公告？」

月初在上海，中日軍隊爆發戰事時，南京政府已做好敵人隨時可能來襲的準備，官員不僅在城內舉行防空演習，還下令居民把房子偽裝起來，並設立防空洞。整個南京的居民，把紅頂白牆的房屋都漆成黑色，並在地上挖洞作藏身用。

張小松至今回憶起來仍覺陰森，好像整個城市正在準備一場「大規模的葬禮」。

八月十五日這天，她又聽到第二聲警報，警覺起來。但屋裡的友人告訴她，說這是另一次演習，所以她又跑回床上。然後她聽到一陣單調的隆隆聲響，像是大砲的聲音。「喔，這是打雷。」其中一人說，然後繼續讀她的小說。張小松又回到床上，對自己過度緊張覺得很丟臉。最後，她確定自己聽到機關槍以及頭上飛機盤旋的聲音。南京正在經歷史上首度的空中轟炸。

接下來幾個月，南京承受了數十次日軍空襲，居民被迫躲進地下室、戰壕或防空洞。日本飛行員全面轟炸首都，學校、醫院、電力工廠、政府大樓無一倖免，數千人逃離城市。

## 烽火中聚散無常

如今在舊金山開中醫診所的邢峰鑫，回憶起他與雙親在一九三七年秋天離開南京時的倉皇，有如惡夢。當時他才十一歲，收拾好他視若珍寶的彈弓和彈子準備逃難；祖母把一些玉鐲和銀鐲交給他擔任鐵路技工的父親，好在緊急時刻可以當掉換錢。將家人載往漢口的火車非常擁擠，數百名搶不到座位的難民坐在車廂頂部，其他沒有辦法擠上車的人就把自己捆在火車底下，身體和鐵軌之間只有幾英寸的距離。在這趟旅程中，邢峰鑫不斷聽到傳言說有人從車上掉下去，或是滾到車輪底下。日軍轟炸火車時，邢峰鑫差點在劫難逃，最後家人被迫跳出火車，藏在公墓之中。

撤離南京的時候，我（筆者）的外祖父母幾乎要就此永訣。一九三七年秋天，我的外祖父張鐵君——是一位詩人，也是記者——任職國民政府，向官員講授國民黨黨政哲學。日本人轟炸首都，迫使他與家人多次藏在以木板和沙包覆蓋的壕溝之中。到了十月，他認為外祖母（當時才二十出頭，正懷著身孕）和姨母（當時僅一歲大）如果繼續待在南京的話，很不安全，便要他們兩人回到我外祖母的鄉下老家，一個宜興城附近的小村子，宜興位於在上海和南京之間的太湖邊。

十一月，孫逸仙週年忌日，我外祖父離城去探視妻子家小。回到南京數日之後，他發現整個工作單位都忙著打包，準備撤離。他們說單位已經備妥供應品，要到長江畔的城市蕪湖搭船離開，我外祖父送信回家，要家人即刻前往蕪湖會合。

他們幾乎無法會合。在日軍空襲後，外祖母老家村子通往蕪湖之間的鐵路已被摧毀。唯一的路是乘坐舢舨，穿過密布整個區域的複雜小水道網絡。

漫長的四天裡，我外祖父焦急地在碼頭等待著，仔細察看一船又一船的難民。到了第四天，家人都還沒有蹤影，他只得做了一個任何人都不該被迫做出的抉擇：跳上最後一艘離開蕪湖的船，因為他相信妻子和女兒並沒有前往南京，也沒有留下來，因為他們清楚地知道不久以後日本人就要攻進來。

在絕望之中，他對天高喊愛妻的名字：「以白！」（外祖母的名字是張孫以白。）然後，他聽到遠方傳來一聲回應。聲音是從遠處駛近碼頭的舢舨傳過來的，這艘小舢舨上載著他的妻子、女兒，以及我外祖母的幾位親戚。我母親總是告訴我，這次重逢是個奇蹟。

十一月，許多南京居民仍留在城裡沒有逃走，有的人採取觀望態度，有的人則因為太老或太窮，無路可走只好留下來。對他們而言，十一月噩耗連連。上海的戰事不妙。長長一列中國士兵——其中有許多是小男孩，有的甚至還不超過十二歲——從戰爭前線歸來。他們筋疲力竭、負傷累累、士氣低落，緘默不語地在路上行走，或坐在垂懸著紅十字布條的大卡車上。只有看到新的重裝備部隊走在街上，即將開往前線，他們才能得到些許慰藉。戰爭顯然持續進行著。大雨滂沱，風聲哀號，現代化的小型中國坦克車，隆隆地從首都駛往上海，緊接著是一列列騾子馱著棉布制服、毛毯、步槍和機關槍。

之後，可怕的消息終於傳到了南京。素有「中國紐約」之稱的上海失守了。二十萬日本大軍盤據在海濱與首都之間，約七十萬中國部隊節節敗退。他們帶來誰也不想聽的消息：上海淪陷，日軍正前進南京。

## 唐生智奉命留守

上海失守對國民政府領袖蔣介石是個天大的打擊。面對中國最大城市的失守，蔣介石試圖解決一道難題：要抵禦日軍、捍衛南京，還是要把首都遷往安全地帶。最後，委員長決定兩者兼要。但他並沒有親自留下來防衛南京，而是決定把這個重任轉嫁給另一個人——一個名叫唐生智的部屬。

蔣介石和唐生智之間的關係既奇妙又錯綜複雜。他們彼此互不信任——事實上，在人生的不同階段，他們曾是並肩的夥伴，也是死對頭。比如說，在北伐時期，國民黨想要統一全中國，唐生智幫助蔣氏討伐各路軍閥。但是，唐生智從來不曾特別顯露他對蔣介石忠心耿耿。兩人多次權力鬥爭的結果，導致唐生智兩度被逐出中國——一次流亡到香港，一次流亡到日本。一九三一年，當東北爆發中日危機時，蔣介石召喚唐生智回國，增強中國的抵禦能力。唐生智在部隊裡迅速崛起，到了一九三七年，他成為蔣介石軍隊的訓練指揮官。

一九三七年十一月，在多次討論到底要防禦南京還是撤守的高層軍事會議上，在蔣介石的顧問中，幾乎只有唐生智表示支持堅守南京。他主張，透過保衛南京，中國部隊還能同時拖延日軍的進攻，給其他中國部隊喘息、重整的機會。

但當蔣介石問誰要留下來領導抵禦時，唐生智與其他官員卻都一言不發。蔣介石挑上唐生智，對他下了最後通牒：「不是我留，就是你留下來。」無疑地，在同僚面前，唐生智別無選擇。「我們怎麼能讓委員長留下來呢？」唐生智問。他允諾要留守南京，誓死抗敵。

把防衛南京的重責大任託付唐生智的決定，是件大新聞。十一月二十七日，唐生智召開記者會鼓舞士氣。他對記者發表了慷慨激昂的演說——誓言與南京共存亡。他的演說是如此激情，結束後，記者報以熱烈掌聲。

然而，一些記者注意到，唐生智好像過於激動。事實上，他才大病初癒，身體剛剛康復。一位外國記者指出，他看起來「神情恍惚，甚至可能受到藥物的影響」。唐生智汗流涔涔，有人還遞上一條熱毛巾，讓他把額頭擦乾。

## 軍隊進駐展開部署

也許蔣介石知道唐生智的情況並不適合和身經百戰的日本軍隊打仗，指派他，只是要顯示中國禦侮的決心；也或許蔣介石性格謹慎，所以準備了第二步計畫。我們只知道，十一月下旬，第二步計畫已經開始執行。

蔣介石首先命令大多數政府官員移往南京西邊的三座城市：長沙、漢口與重慶。這在少數留守的官員中引發了謠言，說他們已被遺棄，只能任由日本人宰割。數天之內，載滿行李的官方汽車塞滿了街道；不久，這些車子都一起消失了。公共汽車和黃包車也都載著政府官員離去，使得城內沒有了公共交通運輸工具。事實上，很快地幾乎所有卡車都走了，甚至那些主要用來從鄉下運米到南京的卡車也不見了蹤影。十一月中旬，五萬名中國部隊抵達南京，取代了離開的政府官員。他們是從上游港口抵達，在水邊卸下一箱箱武器彈藥，然後開始任意占領空蕩蕩的政府大樓。到了十二月，在南京地區，估計約有九萬名中國軍隊駐紮。

部隊改變了南京的樣貌。士兵在街道上挖掘壕溝，埋設電話管線，在城內十字路口拉起鐵絲網，看起來像是戰場一般。軍隊還在城牆設防，在古城牆設置機關槍據點。他們關閉所有城門，僅餘三座門進出，狹窄的通道只開放供軍事運輸使用。城門以沙包設置高二十英尺的路障，並以木頭和鐵鉤加固。還有一座城門完全用混凝土封起來。

十二月初，軍隊不顧一切，決定在城垣四周放火燒出一條一英里寬的戰線。這個代價無法估算。沿著城市邊緣，汽油、彈藥、兵營、農業研究實驗室、警察訓練學校，以及鄰近陵寢公園的宅邸，全被燒得精光。在鄉間，軍人引火燒掉稻草屋、農舍、樹木、竹叢、灌木叢。即使南京的主要郊區也不能倖免。在燒掉鄰里社區之前，軍隊把居民從下關與城牆南門地區趕進城裡。軍隊預備要摧毀的民宅，居民必須在數小時之內遷走，否則將以間諜罪名逮捕。軍隊把焚燒行動合理解釋為是一種戰略行動，以斷絕任何人侵者可能使用建築物的機會。但是一位外國記者分析，燒成焦黑的城牆，也可能成為日軍抵禦砲彈的實際掩體。他推測，這把火實際上是中國人「發洩憤怒與挫折的管道」——他們希望留給日軍的是一片焦土。

城市已經做好敵人入侵的準備。任何有點權勢、判斷力、財產或機會的人，都開始逃亡。所有博物館收藏品都被打包起來，送上卡車載走。十二月二日，數百箱故宮珍寶——實際上也是整個中國的文化遺產——裝上一艘船，移往城外安全的地方存放。六天以後，十二月八日，蔣介石和妻子、顧問搭機逃離南京。毫無疑問，日軍奪城戰即將展開。

## 四天淪陷之謎

數十年來，南京大屠殺的謎團之一，就是在這麼多部隊一切就緒的情況下，南京為何在四天之內，也就是一九三七年十二月十二日傍晚，就迅速淪陷。不管如何，軍隊擁有足夠的彈藥，至少能撐五個月。結果，許多倖存者、記者與歷史學家，都把潰敗歸因於軍心渙散、失去鬥志。他們歸咎唐生智是禍首，在軍隊最需要他的時候，卻遺棄了部隊。

後來根據新出爐的檔案，歷史有了稍微不同的面貌。在上海淞滬戰役中，日本有三千架戰機，遠優於中國的三百架空軍戰機。在其他方面，中國在空中也根本不是日本的對手。上海一戰，由義大利訓練的中國飛行員對這座城市造成了嚴重的破壞，還把炸彈誤投在西方船艦的附近，甚至往國際租界裡人群擁擠的街道和建築物投擲炸彈。

但是，即使是一支糟糕的空軍也比沒有空軍好。這就是唐生智面對的處境。十二月八日，蔣介石和顧問離開南京的那一天，也是整個中國空軍撤離這座城市的時候。唐生智抵禦的四天裡，手上沒有任何關於日軍行動的空中戰略資料，使得部署在南京附近山丘上昂貴的軍事碉堡，作用大大減弱。

其次，跟隨蔣介石遷往重慶的政府官員，帶走最精密的通訊儀器，造成部分軍隊之間無法通話的窘境。

第三，中國軍隊來自各地，彼此之間連面對面溝通都有困難。南京一位傘兵軍醫回憶，中國部隊的軍醫說廣東話，士兵說普通話，這種情形造成醫院裡無盡的混亂。

第四，軍隊中有許多「士兵」並非自願從軍，而是從鄉下被綁架或被強拉入伍，一夜之間就成為了軍人。有很多人在來到南京之前從未拿過槍。因為子彈不足，幾乎沒有人浪費子彈來教新兵射擊。即使是有經驗的士兵，大部分也才剛從上海回來，又累又餓，有些人還生著病，疲累得無法完成搭碉堡和挖壕溝等必要準備工作。

更糟的是，中國軍隊幾乎沒有什麼凝聚力或目標感。在一份南京戰況的報導中，一位中國軍官注意到，每當軍隊占領一個區域，似乎都很閒散，不會主動去協助其他在鄰近戰場與日軍作戰的部隊。指揮官顯然也好不到哪裡去，報告顯示，他們彼此不信任，因此日軍得以從一個地區推進到另一個地區，將中國軍隊各個擊破。

## 堅守與停戰雙管齊下

十二月九日，日本軍機開始在南京附近空投松井石根所寫的招降傳單。傳單上寫著，「保護城內無辜百姓與文化遺跡」最好的方法，就是投降。傳單裡允諾，日軍將會「嚴厲冷酷地對待那些抵抗的人」，但會「仁慈大方地對待平民，以及對日本不懷敵意的中國部隊」。傳單要求南京要在二十四小時之內、翌日正午之前投降，「否則戰爭的一切恐怖都將會釋放出來」。

唐生智公開對日本這個最後通牒表達憤怒。他將傳單扔在地上，並口授兩道命令，傳達到部隊之中。第一道命令是嚴禁軍隊撤退。「我們的軍隊必須奮戰，保衛前線的每一寸土地，若有任何人不遵從這道命令而擅自撤退，將受嚴厲處分。」第二道命令禁止軍隊私下利用船隻渡江，如果任何一個單位擁有船隻，必須繳交給運輸部門。唐生智指派第七十八軍負責指揮處理運輸事宜，並且警告如果發現任何軍事人員私自使用船隻，將受到處分。

然而在私底下，唐生智卻暗中協議停戰。儘管他最初做出奮戰到最後一兵一卒的承諾，但他似乎仍急於盡一切力量避免在城內發生關鍵性衝突。支持他採取這個立場的，是少數還留在城裡的美國人與歐洲人。這些無私的人決定留在南京盡力協助，並且成立「南京安全區國際委員會」。

他們的第一步計畫是封鎖城內一塊區域，宣布為「南京安全區」或是「國際安全區」，在這塊二點五平方英里大的區域裡，不管是不是中國人，都得以免受日本人限制。現在，為了挽救人命，他們做最後一搏，提議試著調停雙方之間的戰鬥。他們的計畫是建議中日停火三天，在這段期間內，日軍可以維持他們現有的陣地，和平地進入南京，而中國部隊則撤離城市。

唐生智同意停戰，並要求這個委員會以美國大使館的名義，將消息傳達給蔣介石。這個計畫透過美國班奈號（Panay）砲艇上的無線電傳送給蔣委員長。蔣介石斷然拒絕。

## 臨陣撤軍造成悲劇

十二月十日，日軍靜候南京投降。正午時分，兩名日本參謀官站在東城牆的中山門外，看看中國政府是否派出舉著停戰旗幟的特使團。久候無人，日本指揮官下令猛烈轟炸南京。

接下來數日，中日軍隊在南京附近激烈戰鬥，日軍在城內投下炸彈，並以猛烈的砲火攻打城牆。唐生智後來發了一封冗長、零亂、絕望的電報給蔣介石，透露南京市某些地標和城門附近的嚴峻情況：

> 從十二月九日到十一日，日軍自光華門迫近三次。首先，軍事訓練部隊試圖抵抗，然後第一五六師艱苦反擊，殺敵無數，保住城門。十一日中午開始，壞消息頻傳，雨花台地區、安德門、鳳台門陷入敵手，迅速下令第八十八師逕赴前線，與第七十四軍、第七十一軍並肩作戰，又火速調動第一五四師馳援。

但是更糟的消息還等著唐生智，這次壞消息不是來自敵人，而是來自蔣介石本人。十二月十一日中午，顧祝同將軍打電話到唐生智辦公室告知，蔣介石親自下令要唐生智的部隊大規模撤退。他要唐生智火速趕往南京對岸的水路運輸終點浦口，在那裡，有另外一位將領等著接他，把他帶到安全的地方。

唐生智十分震驚。放棄自己的部隊，這對任何將領而言，都是個難以接受的命令，除此之外，他還有另一個很迫切的問題——他的部隊當時正進行猛烈的戰鬥。他告訴顧祝同，日本人已經攻入部隊的前線了；要井然有序地撤退根本就不可能。這很容易演變成潰敗。

「我管不了那麼多，」顧祝同說，「無論如何，你今晚以前就得撤退。」

當唐生智再度詳細闡述突然倉促撤退可能會引起什麼後果時，顧祝同提醒他，蔣介石親自命令他「今晚要渡江」。顧祝同告訴他，如果有必要，可以留下一名部屬處理狀況，但是「你今晚務必要渡江」，顧祝同再次強調。

不可能，唐生智表示，他最快也要隔天晚上才能渡江。顧祝同警告他儘快離城，因為情勢已經愈來愈緊迫。

當天下午，唐生智收到蔣介石的電報，確認命令：「唐總司令，如果你無法維持局面，就應該把握撤退的機會，保存實力，重整軍隊，以備未來反擊。——介石，十一日。」當天稍晚，陷入困境的唐生智收到蔣介石的第二封電報，重申緊急撤退令。

既無法守住防線，又承受了巨大壓力，唐生智最後只得遵從命令。這個決定，造成了中國軍事史上最慘重的災難之一。

## 悲傷之日

十二月十二日凌晨三點，唐生智在官邸召開黎明前的會議。在副總司令與高階參謀面前，唐生智悲傷地告訴他們，前線已失守，他們無法守住城門，蔣介石下令部隊撤退。他告訴部屬，複印命令及其他相關文件，準備撤退。那天下午一點，命令分發到各部隊。

但唐生智後來收到令人震驚的電報。他原本希望經由長江撤走部隊。此刻他才知道，日本海軍在江上進行掃雷工作，已到八卦洲以東，正往南京移動。他們如果到達，將會擋住逃離城市的最後一條路線。迫於情勢，唐生智再度前往位於寧海路五號的「南京安全區國際委員會」，請求德國商人史波林（Eduard Sperling）協助，與日本人斡旋停戰。史波林同意送停戰旗和訊息給日軍，但他後來向唐生智報告，松井將軍拒絕了他的提議。

那天下午，就在他召開第二次參謀會議前幾分鐘，唐生智從官邸的窗戶望出去，整座城市都在逃竄，街道擠滿汽車、馬匹與難民——無論老少、弱者或強者、窮人或富人，任何稍微有點腦子的人，都決定趁早逃走。下午五點會議開始，只進行了十分鐘。許多高階軍官都沒有參加，因為戰地指揮官和指揮中心之間的通訊已經斷了。有些人則從來沒有收到任何訊息，因為他們自己評估過情勢，已經先行逃跑了。

唐生智告訴那些在官邸集會的人，日本人已經突破城門，從三方深入南京城。「你們還有信心守住防線嗎？」他問大家。他等了數分鐘，房間裡鴉雀無聲。

停頓之後，唐生智冷靜地討論撤退策略。撤退必須在數分鐘之內開始，當晚六點一直持續到翌日清晨六點。他宣布第三十六師與憲兵從下關渡江，在對岸一個指定的村莊集合，其餘的部隊必須突破日軍的包圍，生還者在安徽省的南部地區會合。留下來的武器、彈藥和通訊器材都必須銷毀，撤退路線上的所有道路、橋梁也都要予以破壞。

後來，同樣在官邸召開的會議上，唐生智修正命令。他告訴部下，如果八十七師、八十八師、七十四軍及軍訓部隊不能突破日本包圍，那麼他們也要嘗試渡江。唐生智特許五個師渡江——是原先作戰人員數目的兩倍。當晚唐生智親自前往碼頭，這是他一輩子都無法忘懷的經歷。

## 軍民潰逃成河

不出意料之外，撤退的命令在中國部隊之中引起騷動。一些軍官跑到城裡，把撤退的命令告知所有他們遇到的人，讓這些士兵開始撤離。有些軍官則不告訴任何人，即使對自己的部隊也不透露一聲。他們選擇自保，讓他們的士兵繼續和日軍作戰；當士兵看到其他部隊逃走時，還以為他們是擅離職守，於是以機關槍掃射數百名逃跑的同袍，企圖阻止他們。在倉皇混亂地逃離城市之際，有一輛中國坦克車輾過不計其數的中國士兵，後來有人向坦克丟擲手榴彈，坦克車才停下來。

即使在這麼大規模的悲劇之中，撤退還是有「喜感」的一面。絕望的士兵混入老百姓之中以免被俘。他們闖進商家，偷平民的衣服，或在大庭廣眾下袒裎相見。街道一下子不僅充滿了半裸的士兵，還有半裸的警察，他們把制服脫掉，以免被誤認為軍人。有個人只穿著內衣，戴著一頂可能是從一個富有的政府官員家裡偷來的禮帽，在街上遊蕩。在撤退的最初階段，尚可維持秩序，軍人按編隊行進，一起脫下軍裝，換上便服。但是當撤退變成潰逃時，大家就爭先恐後地搶衣服，有人目睹士兵撲向路人，從背後將他們的衣服扯開。

要避開日本人安全地離開城市，只有一條路，那就是經由北邊的港口到達長江，那裡有一些舢舨在等待先行到達的人。要到港口，士兵先得沿著主要幹道中山路前進，然後通過西北城門挹江門，才能進入北部港口郊區的下關。

但是城門前壅塞得難以想像。數千名士兵，其中許多人是坐在卡車、汽車、馬車上，試圖擠過狹窄的七十英尺隧道。一開始人群是涓涓細流，到下午五點時變成一條人河，到晚上就變成了大洪水，大家都奮力要穿越城門敞開的小縫隙。另一個問題是撤退的部隊遺棄無數的武器、配備，以減輕渡江的負擔，結果城門附近成堆的手榴彈、公共汽車、機關槍、外套、鞋子、頭盔，又阻絕了交通。在城門附近興建的防禦碉堡也擋住大半條路。一場大災難即將發生。

## 百姓爭渡揚子江

前往碼頭的路上，唐生智在他的黑頭汽車車窗裡目睹了這場大騷動，車子穿過混亂的人群時，他聽到路人咒罵他。「這種時候你還坐在車裡？」他們高喊，並不知道坐在車裡的人正是唐生智。唐生智佯裝沒聽到，閉上眼睛，車子龜步般緩緩移向終點站。他原本應該在下午六點之前到達碼頭，但他最後到達時已經是晚上八點了。

唐生智在江邊見到的也是一片混亂。軍官們爭吵著哪些裝備要銷毀、哪些要搭渡船過江，士兵們則忙著在幾艘綁在一起的船上保持坦克的平衡。但許多坦克還是翻覆了，沉入江底。

夜色漸深，士兵們集中精力渡江，放棄了坦克和裝備。船愈來愈少，場面就愈來愈可怕。最後，約有一萬人為了擠上兩三艘船而大打出手，他們拚命擠上甲板，或是對空鳴槍嚇退其他人。受到驚嚇的船員，揮斧砍向緊抓帆船或舢舨兩側的士兵的手指，試圖驅趕洶湧的人潮。

那晚，不計其數的人在試圖渡江時死亡。許多人甚至沒能擠出城門。那晚，中山路發生大火，火焰掃過成堆的彈藥，吞噬房屋和車輛。受困路上的馬匹驚慌失措，抬起後腿直立起來，加劇了群眾的混亂。驚恐萬分的士兵拚命往前擠，將數百人推向火舌裡，另外又有數百人被推進隧道，遭群眾踐踏。城門被堵，附近又有熊熊大火，那些從群眾當中掙脫出來的士兵，瘋狂地爬上城牆，數百人將衣服撕成條狀，以皮帶和綁腿布打結固定，做成繩梯。他們一個接一個爬上城牆，從矮牆上丟下步槍和機關槍。許多人不慎跌落城牆並摔死。

當最後一艘船失去蹤影後，士兵利用臨時湊合的漂浮裝置，跳進江裡，緊抱或坐在鐵軌枕木、木塊、木板、水桶、澡盆上或從附近住家偷來的門板上。當最後一塊木頭也用完的時候，許多人試圖游泳過江，絕大多數溺水而死。

唐生智與兩名副指揮官登上一艘以煤炭驅動的小艇，一直等到晚上九點，另外兩名軍事參謀始終未能到達。在小艇上，唐生智可以聽到人們打鬥的嘈雜聲與尖叫聲，夾雜著日軍砲火的隆隆響聲。然後是烽火南京的景象。大火將漆黑的天空照得火亮。

我們可以想見，唐生智渡江時內心翻騰的思緒。他最後一眼看到的南京，是一座陷入火海的城市，民眾瘋狂地試圖保住自身性命，他的部隊則懸在浮木上，在漆黑寒冷的長江水裡漂浮。他後來告訴友人，他過去二十年征戰不下數百次，從未經歷過如此黑暗的一天。

# 第四章　恐怖的六週

日軍進城時，有錢、有權或有遠見的居民，都早已聞風逃到不知名的地方。南京有將近一半的人口離開了。戰前，南京本地人口超過一百萬人，到了十二月，只剩下五十萬人左右。但南京城內還是湧入了數萬名來自鄉村的移民，這些人相信在城牆內才安全，所以離鄉背井來到南京。軍隊離開後，仍留在南京的人，是最沒有防衛能力的一群：非老即弱，不是太窮，就是身體虛弱到無法離城的人。

這些人沒有保護，沒有個人資源，沒有計畫，他們只希望日本人會善待他們。許多人告訴自己，只要停止戰鬥，日本人對他們就會以禮相待，有些人甚至相信日本人會是更好的統治者——畢竟，在他們最需要幫助的時候，自己的政府顯然遺棄了他們。他們厭倦了戰火、轟炸、圍城，當日本侵略者開著坦克、大砲、卡車轟隆隆衝進城裡時，一些中國人居然衝出去歡迎這些日本人。日軍從南門、西門行軍進城時，有些人在窗戶上懸掛日本國旗，有些人甚至還高聲歡呼。

但是歡迎王師的心情維持不了多久。目擊者後來宣稱，日本士兵以六至十二人為一組在城裡漫遊，進入首都後，見到任何人就開火。老年人臉朝下倒在人行道上，顯然是日軍突發奇想，從背後射殺；中國平民的屍首幾乎散布在各個街區——很多人根本沒有做任何刺激日軍的行為，只不過是在日本人接近時逃走而已。

## 生死一線間

根據法庭紀錄的謄本與中國政府的檔案，許多故事雖然駭人聽聞，但幾乎都是千篇一律，少有變化，故事大致如下：

日本人把任何抓到的男人都當作囚犯，好幾天不給他們水和食物，之後以鐵絲或繩子把受害者的手腕牢牢綁起來，謊稱要配給食物，然後把他們趕到杳無人煙的地方。這些人既疲累又脫水，根本無力造反，只得急切地往外走，以為就要得到食物了。等他們看到機關槍，或是等在一旁的士兵熟練地揮舞著沾滿血跡的劍和刺刀，或是看到堆滿屍體、散發屍臭的大墳場時，要逃跑已經太晚了。

日本人後來試圖合理化自己粗暴的行為，說他們這麼做，是為了節省有限的糧食，預防未來可能發生的暴亂。但是，任何藉口都無法讓人寬恕日軍這樣對待南京數十萬無助的中國平民。他們手無寸鐵，根本無力造反。

當然，也不是所有的中國人都那麼輕易地屈服。南京所遭遇的浩劫，不只是大規模的犧牲，也展現了個人的意志力與勇氣。有人空手挖開淺墳逃出來，有人緊抓著蘆葦在結冰的長江裡待上數小時，有人則埋在朋友的屍體下好幾天，然後拖著傷痕累累的身體到醫院，僅靠著堅強的求生意志來支撐。還有一些婦女躲在洞穴、壕溝數星期，或跑進起火的屋子裡去搶救自己的孩子。

許多生還者後來把故事告訴記者或歷史學家，或是在日本戰敗後，到南京或東京的戰爭審判法庭作證。一九九五年夏天，我訪問其中一些人，得知日軍屠殺許多中國人，沒有別的理由，只為了好玩。這是唐順山的觀察，他現在八十幾歲，住在南京，一九三七年，他奇蹟似地從一次日軍殺人比賽中倖存。

## 當好奇心遇上日本人……

不像數千名不幸的平民，被砲彈炸出自己的家園，在南京街上流離失所；唐順山在大屠殺期間，躲在一個安全的避難所。當時二十五歲的他，是個做鞋的學徒，他躲在城北小門口兩個師兄的家裡。他的朋友（唐順山稱他們是「大和尚」和「小和尚」）把門拆掉，拿磚塊將空隙填滿，從外面看起來，就好像一道平常的牆。他們坐在家裡的泥地上好幾小時，聽著外面的尖叫聲和槍聲。

突然，唐順山有股衝動，想親眼見識見識日本軍人。他這一輩子只聽說過日本人長得很像中國人，但從來沒有去過日本也無法證實。現在是親眼看看日本人的大好時機。唐順山無法壓抑自己的好奇心，於是請求朋友把門口的磚塊移開，讓他出去。

朋友當然是懇求唐順山不要去，並警告他，如果日本人逮到他在外面閒逛，就會殺掉他。但唐順山卻不輕易接受勸阻，大小和尚和他爭辯了一會兒，最後放棄改變他的心意。他們冒著危險，把門上的磚塊移開，讓唐順山出去。

唐順山一跨出門，就開始後悔了。一種超現實的恐怖感籠罩著他。他在街上看到男男女女的屍體，甚至包括小孩和老人，倒在他面前。大多數人是被軍刀刺死的。「血濺得到處都是，」唐順山回憶起那個恐怖的午後，「就好像老天下著血雨一樣。」

然後唐順山在街上看到另一個中國人在他身後，一群日本人，大約八、九個人，從遠方逐漸接近。唐順山和陌生人出於本能地跳到旁邊的垃圾桶裡，把稻草和紙屑堆在頭上，他們又冷又怕，顫抖不已，連帶使得旁邊的垃圾桶也跟著他們一起抖動。

突然間，稻草被踢到一邊，一名日本士兵在他們頭上打轉，盯著他們。唐順山還沒搞清楚發生了什麼事，那個日本兵就拔劍砍了他旁邊那人的頭。血從受害者的頸部噴出，士兵彎下腰，像抓戰利品一樣把頭抓起來。「我嚇得動彈不得，無法思考。」唐順山回憶道，「我想到家人，我知道如果我死在這裡，他們永遠不會知道我出了什麼事。」

然後有人以中文喝令唐順山出來。「滾出來！」一個中國人大叫，唐順山懷疑他是替日本人工作的漢奸。「滾出來，不然就殺了你！」

## 死亡邊緣

唐順山從垃圾桶裡爬出來，看到路邊有一道壕溝，他想衝進去逃走，卻發現自己嚇得腳都軟了。後來，他看到一群日本人驅趕數百名中國人到街上。日本人命令唐順山加入他們。當他隨著其他囚犯行進時，看到街道兩旁散落著屍體，他感到非常悲慘，死亡幾乎就在眼前。

不久，唐順山來到一個池塘邊，有一個剛掘好的長方形坑洞，裡面填滿了大約六十具中國人的屍體。「我一看到這個新掘的坑洞，就覺得他們不是要把我們活埋，就是要當場把我們殺死。我嚇得不能動彈，只好一動也不動地站著。我突然想跳進坑裡，但後來看到兩隻日軍狼犬正在吃屍體。」

日本人命令唐順山與其他囚犯在大墳場周圍站成一排，他站在最靠邊的位置。有九個日本士兵在一旁等候，他們穿著黃色軍服，戴著鑲嵌著星星的帽子，手上的刺刀和步槍閃閃發亮，讓唐順山留下了深刻的印象。在這麼近的距離裡，唐順山可以看到日本人真的很像中國人，然而此刻他已經嚇得無法去關心這些了。

然後，讓唐順山大感恐慌的是，日本士兵開始比賽——比誰殺人殺得最快。一個士兵拿著機關槍站哨，隨時準備將試圖逃走的人射殺，其餘八個士兵則每兩個人分成一組，共有四組人。在每一組士兵之中，一名士兵負責持劍砍下囚犯的頭，另一名士兵則把頭撿起來，丟到一旁。囚犯沉默不動地站著，當旁邊的人一個個倒下時，他們驚恐萬分。「殺、數！殺、數！」唐順山回憶起屠殺的速度時表示，日本人放聲大笑，其中一個人甚至還拍照留念，「一點悔意也沒有。」

唐順山內心充滿了深沉的悲哀，「我無處可逃，已經做好準備一死。」一想到家人與愛人永遠不能得知他發生了什麼事，他就覺得難過。

他沉浸在這種失落的思緒中，但當騷動開始時，唐順山很快又回到現實。在他前兩排有一名懷孕的婦人開始抵抗，死命地抓住一個企圖把她拖出去強暴的士兵。沒有人上前幫忙，最後士兵把她殺了，以刺刀剖開她的肚子，拉出她的腸子，甚至拉出還在蠕動的胎兒。唐順山想，那一刻大家應該一起反擊，即使他們在過程中全殉難了，也在所不惜。

雖然中國囚犯人數遠遠超過日本施暴者，很有可能推翻他們，卻沒有一個人敢動。每個人都保持著令人毛骨悚然的溫順。說來傷心，所有在坑洞邊的人，唐順山只記得那名孕婦表現出了一絲勇氣。

## 鬼門關前走一遭

不久，一名揮著劍的日本士兵走近唐順山，直到離他只有一排。這時，唐順山突然受到幸運之神眷顧，簡直就是奇蹟。當這名士兵砍掉唐順山正前方那個人的頭時，受害者的身體往後倒在唐順山的肩膀上。唐順山承受了屍體的重量，也順勢向後倒，跟著一起掉入坑洞。沒有人注意到。

唐順山把頭埋在屍體的衣服底下。如果日本人堅持原來的砍頭計畫，他的策略就無法成功。最初，士兵以受害者的人頭來計分。後來為了節省時間，他們不砍囚犯的頭，而是割喉。這就是唐順山得救的原因——有數十具屍體堆在坑洞之中，頭部仍完好無損。

這場殺人遊戲持續了大約一個小時。唐順山躺在那裡裝死，日軍把其他的屍體堆在了他身上。唐順山回憶，後來大多數士兵都走了，只剩下一個人拿著刺刀，在大墳場裡反覆刺來刺去以確定每個人都死了。唐順山咬牙忍住五處刀傷，都沒有叫出來，然後昏厥過去。

那天下午五點左右，唐順山的師兄大小和尚來到坑穴中，希望取回他的屍體。他們從房子磚牆的縫隙中，看到日本人把唐順山和其他人趕走，以為他和其他人一樣在劫難逃。但當他們發現唐順山在屍堆下移動時，立即把他拖出來帶回家。

那天的殺人比賽，有數百個人喪生，唐順山是唯一的生還者。

## 凌虐

日軍對南京人民施加的凌虐，幾乎超過人類所能理解的極限。以下是一些例子：

**活埋**——日本人以生產線一般的精準和效率指揮埋人的行動。士兵強迫第一批中國俘虜挖墳墓，讓第二批人埋第一批人，然後第三批埋第二批，依此類推。有些受害者只被埋到胸部或頸部，因此要忍受更大的痛楚，例如被劍砍成幾段，或是被馬匹或坦克輾壓。

**殘害身體**——日軍不僅將受難者開腸剖肚、砍頭、切斷四肢，還施行了各式各樣更折磨人的凌虐。在整座城市中，他們把囚犯釘在木板上讓坦克輾過，將囚犯釘在樹上、電線杆上，從囚犯身上切下長長的肉條，利用囚犯練習刺刀術。據報導，至少有一百人在被火燒死之前，眼睛被挖出來，鼻子、耳朵都被割掉。另外有兩百名中國士兵與平民被剝光衣服，綁在學校的圓柱或門上，以錐子（一種有把手的針）在身上插了數百個洞，包括嘴巴、喉嚨和眼睛。

**活活燒死**——日軍大規模焚燒中國俘虜。在下關，一名日本士兵將中國俘虜綁在一起，一次十個人，把他們推進坑洞，撒上汽油，點火燃燒。在太平路上，日軍喝令一大群店員去滅火，然後拿繩子將他們綁在一起，扔進火裡。日本士兵甚至還發明玩火遊戲，其中一種娛樂的方法，就是把中國人趕進建築物頂樓或是屋頂，再把樓梯拆掉，然後在一樓放火，許多人是從窗戶或屋頂墜樓而死。另一種娛樂形式是在受害者身上潑汽油，然後開槍，看他們爆出火焰。在一起惡名昭彰的事件中，日本士兵強迫數百名男女老幼站在廣場上，往他們身上淋汽油，以機關槍掃射他們。

**凍死**——在南京大屠殺中，數千名受害者是被日本人惡意凍死。例如：日本士兵強迫數百名中國囚犯走在結冰的湖邊，喝令他們脫光衣服，把湖上的冰塊打破，跳進水中「抓魚」。他們的屍體漂浮起來之後，即刻又被日軍的子彈打成蜂窩。在另一起事件當中，日軍把一群難民綁在一起，將他們投入淺池塘裡，對他們投擲手榴彈，造成「血肉橫飛的爆炸」。

**被狗咬死**——另一種窮凶惡極的凌虐手段，就是把受難者埋到腰部，放任德國牧羊犬將他們撕裂。目擊者看到日軍脫光受害者的衣服，指示德國牧羊犬去咬他的敏感部位。狗不僅咬開受害者的肚子，還拉出他的腸子在地上拖行了一段距離。

以上提到的事件只是日軍施虐的一小部分。日本人還將受害者浸在硫酸裡，以刺刀刺穿嬰兒，釘住受難者的舌頭吊死他們。一位後來調查過南京大屠殺的日本記者了解到，至少有一名日本士兵把中國人的心臟、肝臟扯出來吃。他們甚至也吃男性生殖器官：一名逃出日本監禁的中國士兵看到路上一些死屍的生殖器被切掉了，事後有人告訴他，這些男性生殖器被賣給了日本顧客，他們相信吃了以後可以增強陽剛之氣。

## 強暴

如果我們很難理解南京大屠殺的規模和本質，那麼許多強暴案件的規模和本質也同樣諱莫如深。

當然，發生在南京的強暴事件，是世界歷史上最大規模的強暴事件之一。《違背意志：男性、女性與強暴》（*Against Our Will: Men, Women and Rape*）一書作者布朗米勒（Susan Brownmiller）相信，除了一九七一年巴基斯坦軍人強暴孟加拉婦女（在孟加拉獨立戰爭的九個月期間，巴基斯坦軍人除了血腥鎮壓，還強暴了大約二十至四十萬孟加拉婦女），南京浩劫可能是在戰爭期間強暴平民百姓最嚴重的事件。布朗米勒懷疑南京強暴事件在規模上甚至超過前南斯拉夫婦女被強暴的事件，不過波士尼亞的強暴統計數字並不可信，她很難做出肯定的判斷。

南京被強暴的婦女人數無法確定，估計約有二至八萬人。但是日軍對中國婦女的所作所為，卻不能全由一些統計表來估算。我們永遠無從得知確切的精神損失，因為許多從折磨中倖存的婦女，發現自己懷孕了，而中國婦女在南京被日軍強暴受孕的議題太過敏感，因此從來沒有被完整地研究過。就我所知，以及根據一些中國歷史學家、南京大屠殺紀念館官員的說法，直到今天，還沒有哪個中國婦女挺身坦承，她的小孩是被日軍強暴的結果。許多強暴受孕的小孩被偷偷殺掉；大屠殺期間待在南京的一位美國社會學家指出，有無數個中日混血的小孩在出生時就被掐死或溺死。我們只能猜想，面對要扶養她們無法去愛的小孩或犯下殺嬰罪行的兩難抉擇時，中國婦女所承受的內疚、恥辱與自責。毋庸置疑地，許多婦女無法做選擇。在一九三七至一九三八年間，一位德國外交官報告，有「不計其數」的中國婦女跳入長江自殺。

## 強暴事件無處不在

然而，我們知道在南京要成為一個強暴受害者是多麼容易。日軍強暴各個階層的南京婦女：農婦、學生、教師、職業婦女、女工、基督教青年會職員的妻子、大學教授，甚至強暴女尼，其中還有些人是被輪暴致死。日軍也有系統地招募婦女。在南京，士兵打家劫舍時、將男人拖出去處決時，還經常搜尋婦女。有些士兵甚至挨家挨戶搜查，索要錢財與「花姑娘」（年輕女子）。

全城的年輕婦女因此陷入了恐怖的兩難處境，她們不確定是要繼續留在家裡，還是到國際安全區（由美國人和歐洲人守護的中立區域）去尋求避難所。如果留在家裡，將冒著在家人面前被強暴的危險；但如果離開家裡到安全區去避難，又會怕在街上就被日軍抓到。對南京婦女而言，到處都是陷阱。例如：日軍會編造各種故事，說婦女可以在市場用幾袋米、幾袋麵粉換到雞鴨，等婦女到現場準備交易時，卻發現有一小隊軍人正等著她們。有些士兵雇用漢奸去尋找可供強暴的人選。即使在安全區，日軍也會故意滋生事端，將外國人誘離難民營，以便輕而易舉地綁架和攻擊婦女。

中國婦女隨時隨地都可能被強暴。據統計，三分之一的強暴案件都發生在白天。許多倖存者回憶，日本士兵甚至光天化日、在大庭廣眾下，當街扯開婦女的大腿強暴。沒有一個地方是神聖不可侵犯的。日軍在尼姑庵、教堂與聖經訓練學校攻擊婦女。十七名士兵在神學院裡輪流強暴一名婦女。「每一天，二十四小時，」《大公報》見證了南京大規模的強暴事件，「時時刻刻都有無辜的婦女，被日本士兵拖到某個地方去。」

日本人連老嫗也不放過，已婚婦女、祖母、曾祖母一再遭受性侵犯。一名日本士兵強暴了六十歲婦女，還命令她「用嘴巴把生殖器舔乾淨」。當一名六十二歲的婦女向士兵們抗議她老得無法性交時，他們「反而用木棍猛敲她」。許多八十幾歲的婦女被強暴至死，至少有一位八十幾歲的婦女，因為拒絕日軍進一步冒犯而遭到射殺。

如果日軍對待老婦女的行徑令人髮指，他們對待兒童的方式更令人無法想像。小女孩遭到野蠻的強暴，之後數星期都無法走路。許多小女孩事後要接受手術，有些人因此而死。有人曾看到日本人在街上強暴十歲以下的女孩，然後用刀將她們劈成兩半。有些案例是，日本人剖開未滿十三歲的女孩的陰道，以便更輕易地強暴她們。

即使是大腹便便的孕婦也無法倖免於難。日本人侵犯許多即將臨盆、正在分娩或才剛生產幾天的婦女。有一位懷胎九月的受害者在遭到強暴後，不僅產下死胎，精神也完全崩潰。至少有一名孕婦被活活踢死。這些婦女未出世的小孩，遭受到的待遇更是令人毛骨悚然。在輪暴之後，日本士兵通常剖開孕婦的肚子，扯出胎兒，以資娛樂。

## 滅門是家常便飯

強暴婦女經常伴隨著屠殺全家。

當時待在南京的美國與歐洲傳教士，詳細記錄了這類屠殺事件中最惡名昭彰的一則故事。

一九三七年十二月十三日，三十名日本士兵來到南京東南邊新路口五號的中國人家中。當屋主打開門時，日本士兵立刻將他殺了，房客夏庭恩先生隨即跪下來，哀求他們不要殺任何人。屋主的妻子質問日本士兵為何殺害丈夫時，他們也把她殺了。日本人後來把躲在客房桌子底下的夏太太拖出來，當時夏太太正試圖把一歲大的嬰兒藏在桌下。他們剝光她的衣服，強暴她，辦完事後，用刀猛刺她的胸部。士兵在她的陰道裡塞了一只香水瓶，再用刺刀刺死她的孩子。然後他們來到隔壁房間，找到夏先生父母與兩個十幾歲的女兒。祖母因為拚命保護孫女免於強暴，慘遭左輪手槍射殺；祖父則緊緊抱住妻子的身體，隨即也遭到殺害。

士兵隨後脫掉女孩的衣服，輪流強暴她們：十六歲的女孩被兩、三個士兵輪暴，十四歲的女孩被三個人強暴。日軍在強暴完大女兒後將她刺死，還把一根竹杖插進她的陰道；小女兒「只是」被刀刺死，「免於姊姊與母親所遭受的恐怖待遇。」一位外國人事後這樣寫道。日軍還刺傷了另外一位八歲的小女孩，她和四歲的妹妹藏在床上的被子裡。四歲女孩躲在被子裡太久，幾乎窒息而死。她因為缺氧過度，大腦終生受損。

離去之前，日軍還殺了屋主的兩個小孩，一個四歲，一個兩歲。他們以刺刀刺死四歲小孩，以武士刀把兩歲小孩的頭劈斷。情況比較安全之後，一直躲在被子裡的八歲大倖存者，爬到隔壁房間，躺在母親屍體旁邊。她和四歲的妹妹，就靠著母親在日軍屠城之前準備的鍋巴維持了十四天。幾週後，當一位安全區國際委員會成員來到這幢房子時，看到那個在桌上被強暴的小女孩。「我到那裡時，」他後來證實，「濺在桌上的血都還沒有完全乾。」

## 一夜之間成為妓女

另外一個類似的故事，也同樣恐怖。一個十五歲的女孩，全家人都在她的眼前被屠殺。日本人先殺掉她哥哥，他們誣指他是中國兵，然後殺掉她嫂嫂和姊姊，因為她們堅拒被強暴，最後是爸爸媽媽，他們跪在地上哀求日本人放過孩子的性命。父母死於日本人的刺刀前，他們最後的遺言，就是交代小女孩，不管敵軍要她做什麼，都要照辦。

女孩當場昏了過去，醒來後發現自己赤裸裸地躺在一間陌生且上了鎖的房間地上。當她失去意識時，有人強暴了她，把她的衣服拿走，在這幢建築物裡的其他女孩也一樣。她的房間是在一幢改建為兵營的建築物二樓，裡面駐紮了兩百名日本士兵。裡面的婦女分為兩群：妓女，她們擁有自由，受到好的待遇；以及被綁架來做性奴隸的漂亮女孩。在這群女孩中，至少有一個曾企圖自殺。在一個半月之中，這個十五歲女孩每天被強暴兩、三次。最後她病得太重，日本人便放過她。有一天，一位好心的日本軍官靠近她，用中文問她為什麼哭泣。聽過她的故事之後，他開車把她載到南京，在南門放她自由，並給了她一張寫下金陵女子文理學院的紙。女孩病得太重，第一天無法走到金陵，躲在一戶中國人家裡。第二天到達時，國際委員會的人員立即將她送到醫院。

這個女孩還算幸運。許多其他的女孩，被赤裸裸地綁在椅子上、床上或竿子上，身體永遠固定著被強暴，她們並沒有從這樣的境遇中存活下來。中國目擊者形容一具十一歲女孩的屍體，她在被連續強暴兩天後身故，「女孩兩腿之間沾滿了血跡，大腿腫脹、斷裂的部位，看了實在令人作嘔，不忍卒睹。」

## 性變態與性虐待

在大規模強暴中，日本人消滅小孩、嬰兒，通常是因為他們正在進行強暴。目擊者指稱，小孩和嬰兒被塞進嘴裡的衣服悶死，或是在母親被強暴時哭泣而被刺刀刺死。歐美的南京大屠殺目擊者記錄了無數這樣的內容：「二月三日，約下午五點，在尚書巷（在大中橋附近），來了三名士兵，迫令婦女丟掉小嬰孩，強暴得逞後，大笑離去。」

不計其數的男人為了保護心愛的人免於強暴，因而殉難。當日本人將一名婦女從草棚拖出時，她的丈夫出來干涉，他們「用鐵絲戳穿他的鼻子，把鐵絲兩頭綁在樹上，就好像綁一條牛一樣」。他們以刺刀反覆捅他，不顧男人母親滾在地上苦苦哀求，歇斯底里地哭泣。日本人命令他母親進去屋內，否則就要殺死她。男人最後傷重當場死亡。

日軍在南京的泯滅人性、性變態似乎毫無限制約束，就好像有些士兵會發明殺人比賽，以免屠殺太單調一樣，有些士兵厭倦了過度的性交，就發明消遣性的強暴和凌虐遊戲。

也許，日軍娛樂最暴力的方式就是刺穿婦女的陰道。在南京街道上，婦女橫陳的屍體都是雙腿大張，陰道口被木棍、樹枝、雜草刺穿。只要想到日本士兵使用其他工具虐待南京婦女，讓她們經歷了無法承受的折磨，就覺得心幾乎要痛得失去知覺。比方說，一名日本士兵在強暴年輕婦女時，把啤酒瓶刺進她身體後射殺她。另一名被強暴的受害者，則是被刺進一根高爾夫球桿。十二月二十二日，在通濟門附近的街坊，日本人強暴了理髮匠的妻子，然後把鞭炮塞進她的陰道，鞭炮爆炸後，也將她炸死。

並非所有受害者都是婦女，中國男人通常會遭到雞姦，或在淫笑浪語的日本士兵之前，被迫做出各種令人生厭的性行為。有一名中國男人，因為拒絕在雪地裡強暴一具女屍而遭到殺害。另外，日本人還興致勃勃地強迫僧侶進行性交。有一名女扮男裝的中國婦女企圖通過南京城門時，由於日本人有計畫地對所有行人搜查胯部，因此她當場被識破真正性別而慘遭輪暴，當時一位僧侶不幸正巧經過，日本人便強迫他與這名婦女性交。僧侶拒絕，他們就將他閹割，使他失血過多而死。

性凌虐中最悲慘的例子，就是整個家族被迫墮落。日本人為逞性虐待的樂趣，強迫中國男人犯下亂倫罪行——父親強暴女兒，兄弟強暴姊妹，兒子強暴母親。中國軍團南京守軍營長郭歧中校在南京淪陷後，流離失所達三個月之久，他親眼目睹或耳聞至少四、五件日軍命令兒子強暴母親的案例，拒絕日軍要求的人當場被殺。他的報告後來由德國外交官的證詞證實，德國外交官指稱，一名中國男性因為拒絕強暴親生母親而被刀砍死，他母親隨後自殺身亡。

有些家庭寧可擁抱死亡，也不願助紂為虐，加入自我毀滅的工作。有一家人正要渡過長江時，兩名日本士兵攔住他們並要求檢查。看到船上有年輕的婦女，士兵就在她們父母、丈夫的面前強暴她們。這已經夠可怕的了，但是士兵接下來的要求更讓全家驚愕。士兵希望家中年長的男性也去強暴婦女。他們不願服從，全家投江自盡。

## 勇敢的中國婦女

婦女一旦被日軍抓到，幾乎沒有什麼指望，大多數被強暴後，就即刻被殺掉。但並不是所有的婦女都那麼輕易屈從。許多人躲在煤堆、稻草堆或是雜草叢下、豬圈中、船上、廢棄的屋舍裡達數月之久。在鄉下，婦女躲在地下的洞穴裡——日軍還曾經試圖透過踩踏地面來找出這些洞穴。一名女尼和一個小女孩逃過了強暴與屠殺，就是因為他們直挺挺地躺在堆滿屍體的壕溝中佯裝死亡，長達五天。

婦女以各種方法避免慘遭強暴。有些人做了偽裝——把煤渣抹在臉上，讓自己看起來又老又病；或者把頭髮剃光，假扮成男性。一位聰明的年輕女性，把自己裝扮成老婦人，拄著拐杖蹣跚而行，甚至還在背上背了一個六歲小孩，直到她安全進入金陵女大。有人則佯裝生病，像是一名婦女就對日本士兵說，她四天前才生下一個死胎；另外一名婦女則聽從一個中國俘虜的建議，把手指插進喉嚨裡，吐了好幾次（擄走她的日本人連忙把她趕出去）。有的人迅速逃走，在人群中躲躲閃閃，或在日本追兵火速追趕下，爬上城牆。曾有一位女孩子在三樓絆倒一個日本士兵，然後順著竹竿滑下，這根竹竿是一名中國男人在花園裡幫她撐起來的。

日本人只要抓到任何奮力抵抗的婦女，都加以凌虐，以便對其他人殺雞儆猴。那些違抗日本人的婦女事後被發現，她們的眼睛被剜出來，或是鼻子、耳朵、胸部被切掉。因此，鮮有婦女敢還擊，但還是有一些零星的反抗。一名女教師在被殺之前，奮勇槍殺了五個日本士兵。最有名的是李秀英的故事，她在與日本人奮戰時，身受三十七刀，卻幸運地生還，至今生龍活虎，並在六十年後得以活靈活現地敘述所遭遇的故事。

## 打落牙齒和血吞

一九三七年，李秀英十八歲，才新婚不久，丈夫是軍隊技師。當政府撤離首都的時候，她的丈夫也坐在滿載中國兵的火車頂上離開南京。李秀英留在南京，是因為她懷有六、七個月身孕，認為搭上擁擠的火車可能會有危險。

就像許多留在南京的中國平民一樣，李秀英和父親逃進外國人掌管的國際安全區裡，他們躲在一間改建為難民營的小學地下室。但這個難民營就像其他地區一樣，一再受到日軍的檢查與入侵。十二月十八日，一群日本士兵闖入，把年輕男子拖出學校。翌日清晨，他們又回來找女人。李秀英很害怕日本人會對孕婦做出什麼事情來，就做出一個衝動的決定，她用頭猛撞地下室牆壁，企圖自殺。

當她恢復知覺後，發現自己躺在地下室地板上的一張小帆布床上。日本人走了，但是帶走了一些年輕婦女。李秀英呆呆地躺在床上，腦海裡閃過許多瘋狂的念頭。如果她跑出去，也許是自投羅網，會被日本人逮住，但如果什麼也不做，只是枯等，他們可能也會回來找她。李秀英決定留下來，如果日本人沒有回來，一切都安然無事；但是如果他們回來，她會抵死抗拒。她告訴自己，寧死也不願被日本人強暴。

不久，她聽到三名日本士兵從樓梯上走下來的沉重步伐。其中兩人抓了一些婦女，她們尖叫著被拖出房間。李秀英一動也不動地躺在床上時，有個士兵一直盯著她看。有人告訴他，李秀英病了，他把房裡其他人都踢到走廊。

士兵一邊慢慢來回踱步，一邊仔細端詳她。突然間——在他還搞不清楚發生什麼事之前，李秀英先發制人，自床上跳下來，從他的皮帶中抽出他的刺刀，背靠在牆上。「他嚇壞了，」李秀英回憶，「他從來沒有想過女人會反擊。」他抓住李秀英持著刺刀的那隻手腕，但是李秀英用另一隻手抓住他的領子，使勁全身力氣咬他的手。士兵是全副武裝，而李秀英只穿著行動不便的棉布旗袍，但她奮戰到底。兩人互抓互踢，最後士兵被徹底擊敗，大聲呼救。

其他士兵跑進來，不相信他們所看見的景象。他們拿起刺刀刺向她，卻因為顧忌到同伴而刺不到她。李秀英面前的日本士兵又小又矮，她可以完全把他舉起來，把他當作盾牌，擋開其他日本士兵的攻擊。後來士兵將刺刀對準她的頭部，亂砍她的臉，把她的牙齒打掉。她滿嘴都是血，又對著他們的眼睛吐去。「牆壁到處是血，床上、地上、到處都是。」李秀英回憶，「我心裡並不害怕，我氣極了。我只想到要戰鬥下去，把他們殺掉。」最後，一名士兵把刀刺向她的肚子，她眼前一片漆黑。

士兵以為她死了，便揚長而去。當李秀英的屍體被抬到父親面前時，父親感覺不到她有任何一絲氣息，做了最壞的打算。他請別人把她抬到學校後面，為她挖一座墳墓。很幸運地，在掩埋之前，有人注意到李秀英還在呼吸，血泡從她的嘴裡冒出來。朋友趕緊將她送到金陵大學醫院，醫生為她縫了三十七處刀傷。當晚，她在昏迷不醒的情況下流產了。

## 刀疤女英豪

李秀英奮戰的消息傳到丈夫耳裡，他立刻向部隊請了三個月的假，四處借錢回南京。一九三八年八月，他回到南京，發現妻子臉頰腫脹，刀疤交錯，新剪的頭髮從頭上長出來，就像刷子一樣。

這些傷痕，讓李秀英此生又痛又窘。黏液不斷從她鼻翼兩側的深洞流出來，天氣惡劣或生病時，她就會頻頻流眼淚（奇蹟似地，雖然日本人的刺刀刺中了她的眼白，她卻沒有失明）。每次她照鏡子，看到臉上的刀疤，就會回想起一九三七年十二月十九日那恐怖的一天。「現在，過了五十八年，臉上的皺紋都把疤痕給蓋住了。」我到她在南京的公寓拜訪時，她告訴我，「但是我年輕的時候，臉上的疤痕又明顯又恐怖。」

李秀英相信是她與生俱來的人格特質以及特殊的家庭背景，讓她有反擊的意志。不像其他中國婦女，在幼年時就被教育要順從，她來自一個完全沒有女性影響的家庭。她十三歲時，母親就辭世，李秀英在嚴峻的軍事家庭中，被迫在男人堆中成長。她的父親、兄弟、叔叔，不是軍人就是警察，在他們的影響下，她變得很男性化。少女時期，因為脾氣太暴躁，連父親都不敢教她功夫，怕她會欺負附近的小孩。幾近六十年之後，李秀英已兒孫成群，但身體仍很硬朗，熱愛生命，甚至保留了脾氣火爆的名聲。她說，很後悔當初沒有跟父親學功夫，否則她可樂得把那三名日本士兵全殺掉。

## 死傷人數眾說紛云

在南京大屠殺期間到底死了多少人？當遠東國際軍事法庭要求金陵大學歷史教授貝德士（Miner Searle Bates）估計死亡人數時，他回答：「問題太大了，我不知從何說起……這次屠殺範圍實在太廣，沒有人可以提供完整的樣貌。」

中國軍事專家劉方矩（Liu Fang-chu，譯音）認為應該有四十三萬人。「侵華日軍南京大屠殺遇難同胞紀念館」的官員和南京地方法院檢察官，在一九四六年宣稱，至少有三十萬人遭到殺害。遠東國際軍事法庭的法官歸結，南京被殺者超過二十六萬人；而日本歷史學家藤原彰認為數字約有二十萬。德國商人拉貝從未有系統地估算，他在一九三八年二月大屠殺結束之前就離開南京，他估計只有五至六萬人被殺。日本作家秦郁彥則聲稱，死亡數字應在三萬八千人至四萬兩千人。日本其他人甚至認為應該低至三千人。一九九四年，根據「南滿鐵道株式會社」出現的檔案證據顯示，在一九三八年一月到三月之間，南京光是一個掩埋小隊，就處理了超過三萬具屍體。

在統計數字上，恐怕沒有人比江蘇省社科院歷史學家孫宅巍研究得更徹底。一九九〇年，他發表一篇名為〈南京大屠殺與南京人口〉的學術論文，在論文中指稱，根據戶口普查報告顯示，一九三七年在中日敵對狀況爆發之前，南京的人口超過一百萬人。而根據中國檔案資料、中國軍官回憶錄，以及國際紅十字總會南京分會的報告，孫宅巍確定，在日軍占領期間，城裡至少有五十萬長期居民（其餘的已經離城），再加上九萬名中國部隊，以及數萬名外地移民——當時南京總共約有六十萬人，甚至可能有七十萬人。

然後，孫宅巍在他第二篇論文裡提出他的估計。南京市檔案與南京中國第二歷史檔案館的檔案中，收錄了個別家庭、當地慈善機構及「南京自治委員會」（日本人統治的中國傀儡政府）提供的埋葬紀錄。經過仔細檢查這些紀錄，孫宅巍發現，南京的慈善機構埋葬了至少十八萬五千具屍體，個別埋葬的則有至少三萬五千具屍體，而日本控制的地方政府掩埋了超過七千四百具屍體（有些埋葬的紀錄非常詳盡，涵括各種範圍。甚至包括受難者的性別與掩埋的地點）。單單使用中國的埋葬紀錄，孫宅巍估計，南京大屠殺的死亡人數超過二十二萬七千四百人。

然而如果根據在孫宅巍論文發表前四十年，一名日本戰犯自白書的驚人供詞，這個數字還會更形膨脹。一九五四年，在遼寧省東北部的撫順戰犯營裡等待審判時，日本皇軍太田壽男少佐提交了一份四十四頁的自白書，坦承日軍大規模焚毀、傾倒或掩埋屍體。大部分屍體是從南京西北部的河邊地區下關送來的。在江邊，日軍在每艘船上堆著五十具屍體，然後把船開到江心，將屍體倒進江水裡。卡車也載運屍體到別的地方，將屍體燒毀或掩埋，以湮滅屠殺的罪證。從一九三七年十二月十五日開始的三天裡，太田壽男的部隊把一萬九千具中國受難者的遺體倒進長江裡，鄰近部隊則處理了八萬一千具屍體，其他部隊處理了五萬具——總共約十五萬具屍體。把太田壽男的估算數字，加上中國埋葬紀錄的統計，孫宅巍歸結，屍體總數已達三十七萬七千四百具，這個數字超過了廣島、長崎原子彈爆炸的死亡人數總和。

## 至少有二十六萬人受害

即使懷疑者駁斥太田壽男的自白書是一派胡言，還是不要忘了，就算沒有他的證詞，南京的埋葬紀錄仍然是讓人信服的證據，證明大屠殺的死亡人數最少也有二十萬人之譜。我從遠東國際軍事法庭紀錄挖掘出來的證據，可以證實孫宅巍的研究（請參閱下表）。再加上慈善機構（後來在孫宅巍的論文提到），以及許多個人的個別統計（孫宅巍論文並未提及）估算的埋屍量，法庭總結，約有二十六萬人在南京大屠殺期間被殺害。記住，遠東國際軍事法庭的數字並沒有包括日軍埋葬中國死難者的數字，如果加上這個數字，總數將高達三十萬人，或四十萬之譜。

| 日軍南京大屠殺罹難者人數估計 | |
|---|---|
| 崇善堂 | 112,266 人 |
| 紅卍字協會 | 43,071 人 |
| 下關地區 | 26,100 人 |
| 魯甦（Lu Su，譯音）先生的敘述 | 57,400 人 |
| 季、張、楊先生的敘述 | 7,000 人或更多 |
| 吳先生的敘述 | 2,000 人或更多 |
| 不知名罹難者墳墓的統計 | 3,000 人或更多 |
| 總計（近似值） | 260,000 人 |

資料來源：遠東國際軍事法庭紀錄，1702 號文件，134 號。1948 年第二次世界大戰戰爭犯罪紀錄彙編，14 款、第 238 群紀錄，國家檔案中心。

最近幾年，其他研究此議題的學者都支持孫宅巍的研究，並且相信南京大屠殺死傷人數超過三十萬人的說法。例如：南伊利諾大學歷史系榮譽教授吳天威，在他的論文〈讓全世界知道南京大屠殺〉中估計，南京淪陷前的人口將近六十三萬人，他承認這個數字並不精確，不過相當接近真實數字。他在論文裡提供詳盡的計算屍體研究史料，並縝密地檢查數字，得出結論，大屠殺的死傷人數應該超過三十萬人——或是三十四萬人，其中有十九萬人遭到集體屠殺，十五萬人被個別殺害。

作家尹集鈞和史詠經過調查後，也得出相近的數字——將近三十五萬五千人。雖然尹集鈞和史詠的數字已經是估算死傷人數中最高的數字，他們卻相信，南京實際的死亡人數，遠超出他們從紀錄中所發掘的。他們駁斥了一些專家的論點，這些專家認為死亡人數的統計有很多是重複計算，例如：許多日本人扔進江裡的屍體被沖上岸，又重新掩埋，因此在統計屍體時計算了兩次。尹集鈞和史詠堅信，任何被沖上岸的屍體，應該會埋在江邊，而不會埋在離江水很遠的地點，但根據他們的研究，大多數掩埋屍體的墓地距離長江沿岸都有數英里遠。他們主張，屍體暴露後將更加腐爛，如果將其運到山上或田野掩埋，是違反常理的。再者，尹集鈞和史詠在採訪生還者後發現，那些遭姦殺的受害者家屬，通常會立刻將屍體埋葬，不會向有關當局報告。由於他們研究的數字圖表，只是根據大規模殺戮的報告——並不包括個別的、隨意的謀殺——尹集鈞和史詠相信整個南京大屠殺的死亡人數應在四十萬上下。

甚至有令人信服的證據顯示，日本人自己在大屠殺期間也認為南京的死亡人數可能高達三十萬人。這項證據很重要，因為它不僅是日本人自己計算的，還是在大屠殺的第一個月，屠殺還沒結束之前就提出的數字。一九三八年一月十七日，日本外相廣田弘毅將訊息傳遞給他在華盛頓特區的聯絡人，這個訊息後來遭美國情報部門攔截並破譯，在一九三八年二月一日翻譯成英文：

> 幾天前返回上海後，我調查了日軍在南京及其他地方所犯下的暴行。根據可靠的目擊者口述和可信度不容置疑的個人信件，提供了令人信服的證據，證明日軍過去至今的行為，令人回想起匈奴王阿提拉

（Attila）及其匈奴部隊的行徑。至少有三十萬中國平民被屠殺，其中有許多案例非常冷血。

## 都是蔣介石的錯？

如果蔣介石在十一月政府大規模撤出南京時，就把軍隊調離，留下一座完全不設防的城市，也許大規模的屠殺就可以避免。這種假設非常吸引人，但是，再多想一分鐘，就會看出這個論點不堪一擊。畢竟，日本人過去幾個月在前往南京的路上，已經有系統地摧毀村莊、城市，在各處犯下相似的暴行。很顯然地，他們不需要中國人的挑釁就能做出這些事。我們能確定的是，一座不設防的城市，至少可以讓日軍沒有藉口進行一系列屠殺，來消滅隱藏在平民百姓之中的士兵。但沒有證據證明這樣就會改變日軍的行為。

如果蔣介石能夠避免在最後一分鐘毫無意義地撤離南京，轉而決定奮戰到最後一兵一卒，南京的命運可能就大不相同。這種說法也同樣迷人，但我們還是要審慎，兩軍短兵相接的戰鬥實不可行，日軍的裝備和訓練都好太多了，不用多久一定會戰勝中國部隊。但如果採取游擊隊形式的策略，進行持久的奮戰，也許會使雙方士氣敵消我長。如此，日本士兵在和中國兵戰鬥時，至少會有更多傷亡，而且遭到中國部隊激烈抵抗，他們凌人的氣燄可能就會有所收斂。

# 第五章　南京安全區

在每場戰爭的歷史中，總會出現一些難得的人，對受害者而言，像希望的火炬一般。在美國，貴格會信徒釋放自己的奴隸，協助他們建立「地下鐵路」。在歐洲，二戰期間納粹黨人辛德勒（Oskar Schindler）散盡家財，從奧斯威辛（Auschwitz）瓦斯毒氣室裡，救出一千兩百名猶太人；瑞典外交官瓦倫伯（Raoul Wallenberg）發出假護照，拯救超過十萬名猶太人。誰會忘掉奧地利婦人吉普夫人（Mies Giep）把安妮（Anne Frank）一家人藏在阿姆斯特丹的閣樓上？

時局混沌，舉世皆濁，我們永遠無法理解，為什麼有少數人能夠拋開所有的謹慎，毅然去做那些他們平時無法想像自己會做的事情。實在很難去談恐怖的南京大屠殺有什麼光明面，但是如果要勉強為之，當然要把聚光燈集中在一小撮歐美人士的行動上，他們甘冒生命危險，抵抗日本侵略者，拯救數十萬中國難民，使其免於殺戮命運。這些勇敢的男男女女，創立了「南京安全區國際委員會」。以下，是他們的故事。

上海淪陷後的幾週內，在南京市成立安全區的決定，是一種自發性的行為。一九三七年十一月，法國神父貝薩奇（Jacquinot de Bessage）在上海設立中立區，收容了四十五萬在日軍入侵時家園被毀的中國難民。當長老教會的米爾士牧師（W. Plumer Mills）得知貝薩奇神父的計畫後，便向友人建議，在南京也設立一個同樣的中立區。米爾士和其他二十幾個人（大多數是美國人，也有德國人、丹麥人、俄國人與中國人）最終將一塊位於市中心西邊的區域指定為安全區。金陵大學、金陵女子文理學院、美國大使館，以及一些中國政府辦公廳都坐落於這個安全區內。委員會設立安全區主要是為中日部隊交戰下的平民提供避難所。外國人希望，等南京平安地過渡到日本人手上之後，就把安全區關閉起來。

## 班奈號事件

一開始，這個想法並沒有受到廣泛支持。日本人就斷然拒絕了這個提議。當敵軍日漸迫近城市時，安全區委員會成員不僅聽到親友的緊急呼籲，還聽到了中國人、日本人及西方官員的緊急呼籲，要求他們立刻放棄這個計畫，趕緊逃命。十二月初，美國大使館堅持要安全區的領導人和他們一起登上美國班奈號砲艇。這艘砲艇上滿載外交官、記者、西方人與中國難民，打算溯江而上，離開南京。但是安全區領導人婉拒了這項提議，在外交官最後一次警告他們之後，班奈號於一九三七年十二月九日駛離南京，留下來的外國人只能自求多福。

班奈號後來遭到日本飛行員的轟炸和機關槍掃射。十二月十二日下午，日本飛行員沒有事先預警就將班奈號炸沉，造成兩死、無數人受傷，他們甚至在砲艇殘骸上空盤旋，計畫要消滅所有躲在江邊蘆葦叢下的生還者。日軍做出這種舉動的原因不明，只在事後宣稱他們的飛行員在激烈的戰鬥中失去冷靜判斷的能力，再加上濃霧或濃煙使他們看不見班奈號上的美國國旗。但這種說法後來證實明顯有誤（轟炸當天萬里無雲，而且日本飛行員還收到了轟炸班奈號的明確命令，經過激烈抗辯之後，飛行員才勉強執行任務）。今天，有人懷疑這次轟炸是要測試美國會有什麼反應，也有人相信這是日本高階司令官內部政治鬥爭的結果。但不管攻擊背後的原因是什麼，對留守在南京的外國人而言，南京城反倒比班奈號還安全。

## 義和團事變餘悸猶存

第一批進入南京安全區的難民，是一群在空襲當中失去家園，或是住在城市邊緣、面對日軍逼近而放棄家園的人。第一批難民很快就擠滿了難民營，有許多人連續幾天之內都只能站著，沒辦法睡覺，直到有新營地增加。城市淪陷後，安全區容納了不止幾千人，而是幾十萬人。接下來的六個星期，委員會必須想辦法提供這些難民最基本的生存必需品——食物、容身之處及醫療照顧。他們還得保護難民的人身安全，這通常需要現場干預，以防日軍攻擊難民。雖然沒有人提出要求，他們還是決定記錄日軍暴行，並昭告全世界。也因此，他們把親眼目睹的一切，留下文字紀錄給後人。

回想起來，這簡直是奇蹟。在五萬名日本士兵蹂躪南京城時，二十幾個外國人能夠完成這一切。這些人的職業只是傳教士、醫生、教授及企業主管，而不是身經百戰的軍官；他們原本的生活形態是受到保護且悠閒十足的。「我們並不有錢，」一位女士回憶起那個時期，「但是在中國，有一點外國鈔票就可以過得很舒服了。」大多數人都坐擁豪宅，成群傭僕隨侍在側。

奇怪的是，因為十年前在南京發生的事，大多數外國人都預期跟中國人打交道會比跟日本人打交道還要麻煩。

一九二七年在南京的外國人都記得，在國民黨軍隊入侵南京城期間，中國部隊肆意殺害外國人，並將包括美國領事及其妻子在內的一群外國人圍困在美孚山上的一幢房子內。「他們會殺了我們嗎？」一位婦女在描述那段恐怖時期時寫道，「他們會不會像義和團那樣虐待我們？他們會不會更殘忍？在我們眼前凌虐小孩？我不敢想他們會怎麼對待我們這些女人。」

事實上，一位一九三七年大屠殺的外國目擊者坦承：「我們更擔心逃難的中國人會做出什麼暴行……但從來沒有，從來沒有日本人的暴行。相反地，我們預期日本人出現以後，就會回復平靜與繁榮。」

南京大屠殺期間，歐美人士的英雄事蹟，多得不勝枚舉（他們的日記加起來共有數千頁），無法在此一一詳述。因此，在談到整個委員會的成就之前，我決定先將焦點集中在三名外國人的身上——一位德國商人、一位美國外科醫生，以及一位美國傳教士教授。從表面上看來，這三個人截然不同。

## 中國的辛德勒

在南京大屠殺歷史中，最吸引人的人物，可能就是德國商人拉貝。對於許多在南京的中國人而言，他是英雄，「南京的活菩薩」，也是安全區國際委員會的傳奇主席，拯救了數十萬中國人的性命。但對日本人而言，拉貝卻是一個奇怪的人，不太可能成為救世主。因為他不但是德國人——和日本結盟的國家的公民——還是南京納粹黨的領導人。

我在一九九六年開始調查拉貝的生平，最後發現他和其他納粹人士在大屠殺期間記下的數千頁日記。這些日記讓我得出這個結論：拉貝是「中國的辛德勒」。

在大屠殺之前，拉貝過著平靜的生活，足跡遍及天下。一八八二年十一月二十三日，拉貝在德國漢堡出生，父親是船長。在漢堡完成學徒訓練後，他到非洲工作幾年，一九〇八年來到中國，受雇於西門子（Siemens）洋行中國分公司的北京辦事處。一九三一年，他調任南京辦事處，銷售電話和電氣設備給中國政府。

頂上微禿，戴著眼鏡，穿著保守的西裝，打著領帶，拉貝看起來就像城裡典型的西方中年企業家。他很快就成為南京德國人社區的中堅份子，管理自己創辦的德國學校，招收小學生和中學生。

幾年下來，拉貝成為納粹主義的忠實擁護者，並擔任南京納粹黨的區域負責人。一九三八年，他告訴德國民眾：「做為黨的組織成員，我不僅相信我們的政治制度正確無誤，我更是百分之百地支持它。」

數十年之後，他的外孫女賴因哈特（Ursula Reinhardt）堅稱，拉貝主要是把納粹黨看成是一個社會主義組織，但並不支持迫害猶太人與德國其他族群。這個說法很可能是真的。拉貝在南京拜訪各部會期間，一再使用社會主義的措辭來總結他的納粹哲學：「我們是工人的部隊，是工人的政府，更是工人的朋友，在危難時期，我們絕不離開工人身邊。」

## 患難見真情

大多數他的德國同胞都聽從親友、大使館官員的忠告，早在日本人到達城門之前，就離開了中國；拉貝卻選擇留下來，並且很快就被選為安全區的主席。事實上，甚至當日本大使館官員與他會面並強烈建議他離開時，他還是堅持留下來。在南京大屠殺期間，奉上級指示保護拉貝的日本少佐岡問他：「你到底為什麼要留下來？你為什麼要干涉我們的軍事事務？這一切跟你有什麼關係？你在這裡什麼也沒失去！」

拉貝停頓一會兒，然後回答岡。「我在中國生活了三十年，」拉貝說，「我的小孩、孫子都在這裡出生，我在這裡很快樂、很成功。中國人一直對我很好，即使是在戰爭期間也一樣。如果我在日本住了三十年，日本人對我也很好，我跟你保證，在危難時刻，就像中國現在所面臨的情形，我不會離開日本人民的身邊。」

日本少佐很滿意這個答案，他十分推崇這種忠誠的理念，「他向後退一步，喃喃一些武士的行為規範，然後深深一鞠躬。」拉貝寫道。

但是拉貝有個更私人的理由，讓他不能撒手離開，只求自保——他覺得自己對中國員工的安全有責任。他的中國員工是西門子洋行的技師團隊，負責維護城內主要電力設施的渦輪機、每個部門的電話和時鐘、警局和銀行的警報器，以及中央醫院的大型 X 光機。「我當時只是一種預感，」拉貝寫道，「但我現在知道，如果我離開，他們全部會被殺掉，或是受到嚴重傷害。」

## 曾向希特勒求援

年初，拉貝在南京經歷了無數次空襲，只能以小戰壕或是幾塊木板做為掩護。衣物也很匱乏，尤其拉貝在九月底做出一個錯誤的決定——將他所有的衣服都存放在運送德國公民離開南京的庫特號船上。船到了漢口之後，就把這只無人認領的行李丟掉了。拉貝因此只剩下兩套衣服，他還將其中一套送給一個中國難民，他認為這名難民比他更需要這套衣服。

他最關心的不是個人安危，而是建立安全區。安全區成員希望整個區域都不要有軍事活動，但日軍悍然拒絕承認這塊區域是中立區。安全區委員會也發現，幾乎不可能把唐生智的部隊驅離──因為唐生智的別墅就坐落其中。中國部隊不僅拒絕撤離安全區，還在區內街道上架設槍砲塔。這對拉貝而言，不啻是壓死駱駝的最後一根稻草。拉貝失去耐心，威脅除非唐生智立刻撤出部隊，否則他就要辭去安全區主席的職位，並向全世界昭告原委。「他們承諾會尊重我的願望，」拉貝說，「但是要完成我這個願望，還要再拖一段時間。」

拉貝意識到，需要尋求更高當局的協助。十一月二十五日，他發了一封電報給希特勒，請求大元首希特勒「代為說項，懇請日本政府同意為那些沒有參加南京戰鬥的人們設立一個中立區」。拉貝同時也送了一封電報給他的朋友，總領事克里伯爾（Kriebel）：「誠摯地懇請代向大元首請求……否則將無可避免地發生一場恐怖的殺戮。希特勒萬歲！西門子駐南京代表暨南京國際委員會主席拉貝。」

希特勒和克里伯爾都沒有回覆，但是拉貝不久就注意到，日軍轟炸城市的模式已有不同。在他發出電報之前，日本飛機恣意轟炸南京各個區域；發出電報之後，他們只攻擊軍事目標，像是軍校、飛機跑道及兵工廠。拉貝寫道：「這……正是我發電報的目的，這讓我的美國同僚留下了深刻的印象。」

## 衛生與糧食問題

他的勝利感非常短暫，因為危機接踵而至。最初，拉貝和同僚希望將安全區裡的空屋，保留給南京最貧困的居民。為了避免人潮湧進，委員會還在城裡各處張貼海報，敦促難民向親友租屋居住。但有太多人擠進這二點五平方英里的區域，拉貝很快就發現他多了五萬名難民，比他原本預期的最糟狀況還要多。難民不僅擠滿了建築物，還四散在草地上、壕溝裡，以及防空洞之中。全家人睡在露天大街上，數百張床墊蔓延到美國大使館旁。城市淪陷時，安全區的四周邊界插著白旗，以及象徵紅十字的標誌，這裡已經是二十五萬難民蜂擁而至的「人形蜂巢」。

衛生問題很快就成為另一個夢魘。營地骯髒不堪——尤其是廁所——使得拉貝暴跳如雷，他發了一頓脾氣，才使西門子基地的難民中心恢復了稍可接受的整齊。後來，當拉貝檢查西門子營地時發現，不僅廁所的狀況好多了，西門子基地的每一面牆都修復了。「沒有人告訴我這些漂亮的新磚塊是從哪裡弄來的，」拉貝寫道，「我後來才發現，區域內許多新建築物，都要比以前矮很多。」

糧食短缺的問題讓安全區的領導人最頭痛。十二月初，南京市長送給國際安全區委員會三萬擔稻米（約兩千噸），以及一萬袋麵粉，做為民眾食糧。但是食物儲放在城外，委員會沒有必備的卡車將糧食載回區內。中國軍隊早已徵用該區大部分交通工具，來運送兩萬名部隊和五千箱北京故宮寶物離開首都；而孤注一擲的平民與個別的士兵，則將僅剩的車輛全數偷走。拉貝與其他外國人別無選擇，只能瘋狂駕車穿過南京，以自己的私人汽車盡可能把米搬運到區內。當日本人轟炸城市的時候，外國人仍持續運送物資，其中一名司機還被飛濺的砲彈碎片弄瞎了一隻眼睛。最後，安全區領袖只保住了所有食物的一小部分——一萬擔稻米與一千袋麵粉——但這些食物仍無法使區內大多數難民免於饑餓之苦。

## 紫金山焚燒之日

十二月九日，委員會意識到未來的嚴峻情勢，試圖透過談判達成停火三天的協議（詳見第三章）——在這三天之內，日本人可以維持他們現有的陣地，中國人則可以和平地從城裡撤出。然而，蔣介石不同意停火，使得日軍隔天開始更猛烈地轟炸南京。十二月十二日，委員會又來到中國部隊，這次是協議投降，但是這個計畫又再度失敗。

從那時開始，拉貝幾乎什麼也做不了，只能眼睜睜看著無可避免的事情發生。他一小時一小時地記錄事情的發展。十二月十二日晚上六點半，他寫道：

「紫金山上的大砲持續開火，四周都是閃電和雷聲。突然間，整座山都陷入火海，一些房屋和彈藥庫都起火了。」那時，拉貝想起一句預言南京城毀滅命運的中國古諺：「紫金山燒……南京陷。」

晚上八點，拉貝看到城市南邊的天空因火光而發紅。後來他聽到有人瘋狂敲打他家的兩扇門：中國婦孺哀求讓他們入內，男人則攀上他德國學校花園的圍牆，拚命擠進花園裡的散兵坑，甚至躲在巨幅德國國旗底下，這面國旗是拉貝用來警告日本飛行員，不要轟炸他的財產。哭喊聲和敲門聲愈來愈大，最後拉貝再也受不了，他把門打開，讓群眾進來。當夜色漸深，喧鬧聲更加劇烈；惱怒之餘，拉貝頭戴一頂鋼盔，跑過花園，大叫眾人閉嘴。

晚上十一點半，來了一個意外的訪客。他是拉貝的納粹同黨，三十幾歲、替德國卡羅維茲工程公司（Carlowitz & Company）工作的克魯茨（Christian Kröger）。這位身材高大、金髮碧眼的工程師到中國來監督大型煉鋼廠的興建，卻發現自己和拉貝一樣，陷入南京的狂亂中。國際安全區委員會委任克魯茨管理帳目。

克魯茨路過這裡，順道告訴拉貝，中山路上散置了一堆武器與其他軍備用品，都是中國軍隊在撤退時遺留下來的東西。有人甚至要拋售一輛公車，賣二十美元。

「你認為會有人接收嗎？」克魯茨說。

「但他們怎麼會呢？」拉貝說。

「不會。我要那個人早上到我辦公室來。」

最終，拉貝家四周的喧鬧聲漸漸平靜。筋疲力竭的拉貝兩天來連換衣服的時間都沒有。他躺回床上，試著放輕鬆，但這個他熟悉與熱愛的社會正在他身邊逐漸崩潰。他知道通訊部大樓已經燒毀了，城市隨時就要淪陷。拉貝安慰自己，從現在開始，事情只會更好，不會更糟了。他的中國同僚告訴他：「你不用怕日本人。一旦他們拿下南京，就會恢復和平與秩序。和上海的鐵路連線很快就會暢通，商店將恢復正常營業。」在入睡之前，拉貝想：「感謝上帝，最糟的情況已經過去了！」

## 到處是屍體

翌日清晨，拉貝被猛烈的空襲聲吵醒。他想，顯然並不是所有的中國部隊都已經撤離城市。那時只有早上五點，所以他又倒回床上。就像城裡許多人一樣，拉貝對空襲已疲憊不堪，爆炸的巨響再也不能干擾他。

那天早上稍晚，拉貝到城裡，四處檢查受損的程度。街上躺著許多中國人的屍體，其中有許多是平民，他們都是在逃亡時，從背後遭到射殺。他看到一群日本士兵闖入一家德國咖啡館。拉貝指著房子上的德國國旗斥責他們搶劫時，一名說英文的日本人大吼：「我們餓了！如果要抱怨，去找日本大使館。他們會付錢！」日本士兵還告訴拉貝，他們的食物補給隊還沒有到，即使到了，也不指望它能提供什麼食物。後來拉貝得知，這些士兵將咖啡館洗劫一空，放火燒了它。

更糟的事情還在後頭。拉貝在遠處看到日軍從南京南側往北走，占領整個城市。為了避開他們，他很快把車往北開，到達城裡的主要街道中山路，停在外交部的紅十字會醫院前。中國醫護人員已逃出建築物，到處是屍體——房間、走道，甚至醫院的出口，都堆滿了屍體。

那一天，拉貝遇到中國部隊的殘部——這些又累又餓的脫陣散兵，沒能安全地渡過長江。駛過山西路的圓環，他又碰到四百名中國士兵，他們依然「全副武裝」，正朝先前那批日本軍隊的方向前進。就在那時，拉貝突然產生了一股「人道主義的衝動」，這股衝動在之後數月甚至數年的時間裡，一直糾纏著他的良知。他警告中國士兵，日本軍隊在南面，並忠告他們把機關槍丟掉，加入安全區難民的行列。經過短暫討論後，中國士兵一致同意並跟隨拉貝進到安全區裡。

其他的安全區委員會成員也面臨到同樣處境。數百名中國士兵困在城市北郊，無法安全渡江時，有許多人闖進安全區，乞求安全區歐美管理人員救他們一命。安全區成員不確定到底要不要伸出援手，畢竟，他們設立的區域是要給平民做避難所，並不是針對軍人。委員會試圖透過連繫日軍總部來解決這個兩難的困境，但除了漢中路上的一名上尉，沒有任何進展。

中國士兵的困境最後感動安全區委員會同意他們的請求。就跟拉貝一樣，他們告訴士兵，如果放下武器，日本人就會善待他們。他們協助士兵解除武裝，並將他們安置在中立區各棟建築物裡。在混亂中，許多士兵脫下軍服，混入平民堆裡。

## 日軍違背諾言

隔天，拉貝寫了一封長信給日本軍隊司令官，解釋整個情形。他央求日軍要善待這批過去的士兵，按照公認的戰爭法，人道地對待他們。一位日本軍官允諾會饒恕中國兵的性命，這讓拉貝大大鬆了一口氣。

但是當日本人背叛拉貝，將解除武裝的士兵抓去處決時，他的欣慰轉變為恐懼。要是拉貝奢望日本人無法從數十萬平民中，分辨出軍人來，那他就大錯特錯了。事實上，日本人只要檢查每個人的手，就可以發現誰曾經是軍人，他們知道軍人每天用槍，手指的某些部位會長繭。他們還檢查民眾的肩膀是否有背包的痕跡，檢查前額和頭髮是否有軍帽壓凹的痕跡，甚至檢查腳上是否有行軍數月而留下的水泡痕跡。

十二月十四日晚上的幹部會議中，安全區委員會得知，日本人在安全區總部附近一個營地，喝令一千三百個中國人排好隊伍，準備槍殺他們。「我們知道其中有一些人過去曾是軍人，但是當天下午，一位日本軍官才承諾過拉貝會饒恕他們的性命。」基督教青年會中國區負責人費吳生（George Fitch）在日記中寫道，「現在他們要做什麼已經很明顯了，這些人被要求排列整齊，大約每一百名一組，被拿著刺刀的士兵以繩子綑綁在一起；對那些有戴帽子的人，日軍粗暴地將帽子扯掉，丟在地上——在我們車頭燈的燈光下，我們看到他們一步步走向死亡。」

「我有權利那樣做嗎？」拉貝後來寫到他在安全區安置士兵的決定，「我那樣做到底對不對？」

接下來幾天，拉貝無助地看著日本人把數千名中國士兵拖出安全區並處決他們。日本人也殺了數千名無辜的人，他們只是恰好在手指上、額頭上或腳上長有老繭——他們是人力車夫、苦力和警察。拉貝後來目擊城內佛教慈善機構「紅卍字會」從一個池塘打撈出超過一百二十具屍體（在後來一篇報告中，拉貝指出，南京的幾個池塘實際上已經消失了，因為裡面填滿了屍體）。

## 致函日本大使館

身兼安全區委員會主席與納粹黨當地領導人，這種身分當然對日本當局有一定影響力，拉貝寫了一封又一封的信給日本大使館。起初他非常客氣，緩和自己的憤怒，因為他覺得身為德國公民和納粹領袖，有義務維持兩國大使館之間的關係。他要求安全區委員會的美國成員，把他們寫給日本大使館的信先讓他過目，好讓他為他們加些「甜言蜜語」。他個人造訪大使館時，也保持禮貌的語氣。

日本外交官收到拉貝的信與拜訪，也以優雅的微笑與官式禮貌回敬他，但最後總是得到相同的回覆：「我們一定會通知軍方當局。」日復一日，每天都有持續不斷的暴行發生，拉貝給日本人的信函也逐漸升高敵意，不時出現憤怒的口吻：

當時在城裡的所有西方人，以及我們的中國民眾，都對貴軍隊在十四日發動的搶劫、掠奪與殺戮，感到震驚！

在安全區或在入口大門的地方，我們看不到一個日本士兵在巡邏！

昨天，光天化日之下，神學院的幾名婦女，就在一間擠滿男人、女人與小孩的大房間當中被強暴！我們二十二個西方人沒辦法養活二十萬名中國平民並同時日夜保護他們。這是日本當局的職責。如果你們可以保護他們，我們就幫忙養活他們！

如果這種恐怖主義的行為繼續下去，就不可能找到工人來展開基本服務。

拉貝及其他國際安全區委員會成員，逐漸開始從日本外交官的答覆中讀出真正的訊息——發號施令的是軍方，而不是大使館。日本大使館祕書福田篤泰坦白地告訴拉貝：「日本軍方想給這座城市好看，但是我們大使館會努力阻止的。」在大屠殺期間，一些日本大使館官員的確建議安全區委員會直接向日本公開真相，讓輿論迫使日本政府採取行動。但同時，另一位大使館官員極力要求拉貝保持沉默，並警告他：「如果你告訴報紙記者任何壞消息，整個日本軍隊都會和你作對。」

## 親赴地獄

最後，拉貝唯一的護身符，就是軸心國官員的身分。他做出今天看來很不可思議的事情：他開始在城裡四處遊蕩，試圖親自阻止暴行。

當他驅車經過南京時，總會有人跳出來，攔住他的車，哀求拉貝阻止正在進行的強暴案——通常是涉及姊妹、妻子或女兒的強暴案。拉貝就讓他們上車，帶他到強暴現場。只要到了現場，他就會驅趕日本士兵離開他們的獵物，有一次他甚至親自拉起一個正壓在年輕女孩身上的士兵。他知道這些舉動有著高度的危險（「日本人有手槍和刺刀，而我……只有黨的標誌和我的納粹黨徽臂章。」拉貝在寫給希特勒的報告這樣寫道），但沒有什麼能阻止他去做這些事情——即使冒著生命危險。

他一九三八年一月一日的日記，就是一個典型的例子：「一位年輕迷人的女孩的母親大聲呼喚我，跪下來哭著求我幫助她。我走進屋內，看到一個日本士兵赤條條地壓在年輕女孩的身上，女孩歇斯底里地哭喊。我對這個畜生大喊，以任何他可能聽得懂的語言說『新年快樂！』然後他就提著褲子，光溜溜地逃離現場。」

拉貝對城裡發生的強暴案感到震驚。在街上，他經過數十具遭到強暴和肢解的女屍，旁邊就是受害者已經燒得焦黑的家。拉貝在給希特勒的報告中寫道：

三至十人一組的士兵開始在城裡四處走動，到處打家劫舍，強奪任何東西。他們會繼續強暴婦人和女孩，任何抵抗、試圖逃走或是當時碰巧不幸出現的人，都被日軍格殺。八歲以下的小女孩和七十歲以上的老嫗都無法免於強暴，然後以最殘酷的方式將她們擊倒和毆打。我們發現一些被啤酒瓶或是竹棍刺死的婦女屍體，我親眼看到這些受害者——我在其中一些人臨死前還跟她們說過話，並把她們的屍體送到鼓樓醫院的太平間，所以我個人確信所有的相關報導都是事實。

當拉貝走過這座他鍾愛、卻已處處斷垣殘壁的城市時，幾乎在每個街角都可以看到美麗的日本海報，上面寫著：「信賴我們的日本軍隊——他們會保護你，給你食物。」

## 納粹臂章成了護身符

拉貝鐵了心要拯救中國人的性命，他竭盡所能地保護所有的中國人。他把他的家和辦公室變成西門子員工及其家眷的避難所；並且將數百名中國婦女安頓在他家後院的小茅草屋裡。拉貝開發出一套警報系統，保護這些婦女免受日本人的侵襲。只要日本士兵翻過他家庭院的圍牆，婦女就吹哨子，拉貝就會跑過來將入侵者趕走。這種事經常發生，所以拉貝晚上幾乎足不出戶，擔心日本士兵會趁他不在的時候，犯下醜惡的強暴罪行。他向日本軍官抱怨這種情況，然而他們並不認真看待。甚至當拉貝逮到一名在他家後院強暴婦女的士兵時，日本軍官除了賞這名強暴犯一個耳光，並沒有施以任何懲罰。

就算拉貝對這種情況感到無能為力，深受挫折——因為他和其他二十幾個人在保護數十萬平民免遭五萬多名日本士兵毒手這方面，所能做的非常有限——他也沒有把這種情緒表現出來。他知道，對日本人隱藏任何軟弱的跡象是很重要的，他只能以「盛氣凌人的氣勢和精力」去壓倒日本人。

很幸運地，他的納粹身分讓許多日軍在施行更進一步的傷害時，都有所顧忌——至少他在場時。當地基督教青年會負責人費吳生寫道：「如果有任何日本士兵抗議，拉貝就會把納粹臂章丟在他們臉上，並指著象徵全德國最高榮譽的納粹勛章，質問他們知不知道這代表什麼。這招總能奏效！」日本士兵似乎很尊敬——有時甚至是害怕——南京的納粹黨人。

日軍私下會毫不留情地毆打美國人，舉起刺刀對準他們，甚至還曾將一名美國傳教士推下樓梯。但他們在和拉貝與他的同胞交涉時，卻表現得相當自制。

有一次，四個日本兵正在強暴、打劫時，看到史波林的納粹黨徽臂章，竟尖叫著「德國人！德國人！」然後逃逸無蹤。另一次，納粹黨徽臂章可能救了拉貝一命。有一天晚上，日本士兵闖進他家，拉貝拿著手電筒與他們對峙，其中一人掏出手槍，似乎準備要向拉貝開槍，但當這名日本士兵意識到「槍殺德國人可能是件壞事」時，他停了下來。

## 廣受中外人士景仰

如果說日本人尊重拉貝，那麼中國難民社區則是崇敬他。對他們而言，他是拯救女兒免於淪為性奴役、拯救兒子免於死在機關槍下的救星。拉貝的出現，有時會引發安全區內難民營的騷亂。有一次他到安全區內巡視，數千名中國婦女跪倒在他面前泣求保護，宣稱她們寧可當場自殺，也不要離開安全區，以免遭受強暴和凌虐。

在難民的恐懼之中，拉貝試圖讓他們仍保有希望。住在他家後院的難民婦女生產後，拉貝會為新生兒舉辦慶生會，每個新生兒都可以得到禮物：男嬰十塊錢，女嬰九塊半。（拉貝在給希特勒的報告中解釋：「在中國，女孩子沒有男孩子值錢。」）在安全區內通常是，如果生了小男孩，就取名叫拉貝；如果是小女孩，就用他太太的名字，朵拉。

拉貝的勇氣和慷慨，最終贏得安全區國際委員會其他成員的尊敬，甚至那些從根本上反對納粹主義的人，也很尊敬他。費吳生在寫給朋友的信中表示，為了和拉貝及南京其他德國人保持友誼，他「幾乎願意戴上納粹徽章」。就連徹底反對納粹主義的威爾遜醫生（Robert Wilson），也在寫給家人的信中讚揚拉貝：「他在納粹圈子裡混得很好，但過去幾週和他密切接觸後，我們發現他是個了不起的人，有一副好心腸。實在很難把他崇高的人格，和他對『元首』的崇拜調和在一起。」

## 南京唯一的外科醫生

當所有外科醫生都離開南京時，威爾遜會留下來並不令人意外。南京是威爾遜出生、童年成長的地方，在他心中一直占有特殊的地位。威爾遜生於一九〇四年，從小生長在衛理公會教派家庭，南京許多教育機構都是由這個教派創立的。他的舅舅福開森（John Ferguson）是金陵大學的創辦人；他的父親在城裡擔任牧師和中學老師；他的母親則是受過大學教育的希臘學者，精通好幾種語言，並在南京經營一所傳教士子弟學校。在青少年時期，威爾遜甚至追隨賽珍珠（Pearl Buck, 1892-1973，美國小說家，一九三八年以中國為背景的小說獲得諾貝爾文學獎）學習幾何學。威爾遜在這種環境下茁壯成長，展現出過人的智力潛質，他十七歲就獲得普林斯頓大學獎學金。大學畢業後，他在康乃狄克州一間高中，教了兩年的拉丁文和數學；後來入讀哈佛大學醫學院，又在紐約聖路加醫院實習，並在那裡和護士長戀愛、結婚。但威爾遜並沒有在美國發展事業，而是決定回到故鄉南京發展未來。一九三五年，他帶著新婚妻子回到南京，並在金陵大學醫院懸壺行醫。

對威爾遜家人而言，在南京的頭兩年是他們一生中最美好的時光。時間緩步而行，充滿慢生活的魅力——和傳教士夫婦共進晚餐，在外國大使館參加優雅的茶會和招待會，在配有私人廚師和苦力的鄉間別墅舉行宴會。晚上，他閱讀中國古書原文，跟隨私人家教學習，擴展他對中文的知識領域。每週三下午休假，他會去打打網球。有時他和妻子會一起到湖邊，在船上吃晚餐，飄蕩過紅蓮盛開的水巷，呼吸空氣中飄散的芳香。

然而，戰爭卻粉碎了威爾遜一家在南京享有的無窮寧靜。七月盧溝橋事變之後，南京民眾開始帶著防毒面具上街，隨身還攜帶著化學溶劑和層層紗布，以防日本發動毒氣攻擊。一九三七年八月，日本開始轟炸首都，威爾遜太太帶著還在襁褓中的女兒依莉莎白登上砲艇，安全抵達牯嶺（Kuling，譯音）。威爾遜擔心，如果戰爭持續下去，妻女可能會餓死，所以堅持要他們返回美國。威爾遜太太順從他的心願，回到紐約聖路加醫院工作，小孩交給她母親照顧。威爾遜則留在南京，「他認為這是他的職責，」威爾遜太太在將近六十年之後回憶道，「中國人是他的同胞。」

那年秋天，為了排遣寂寞，威爾遜搬進賽珍珠前夫卜凱（J. Lossing Buck）的家中，卜凱家很快就住滿了朋友：外科醫生布萊迪（Richard Brady）、麥卡倫牧師（James McCallum），以及其他一些後來擔任安全區國際委員會成員的朋友，他們大都跟威爾遜一樣，已將妻兒送離南京。

病患較少的時候，威爾遜經常寫信回家。他在許多封信上都描述了日軍轟炸下的受害者慘狀，像是一個女孩在爆炸時蹲著，結果臀部被炸掉。他從戰爭中受傷者身上，取出成堆的炸彈碎片和子彈——他諷刺地寫道，多得足夠在戰爭結束之前開「一家體面的博物館」。

## 危機四伏

雖然知道日本人對於轟炸醫院並不手軟，威爾遜還是繼續堅守崗位。九月二十五日，南京經歷到最猛烈的空襲，日軍不顧屋頂上漆著醒目的大紅十字，瞄準中央醫院與衛生部投下兩顆一千磅重的炸彈。炸彈掉落的位置，距離一百名醫護人員躲藏的防空洞，只有五十英尺遠。

在醫院裡，威爾遜盡一切可能減低招致日本轟炸的風險。他在窗戶上垂放厚重的黑色窗簾，避免讓日本飛行員看到亮著燈的房間。但是城內謠言滿天，說有間諜在晚上提著紅色和綠色的燈籠，為飛行員帶路到主要的轟炸目標。在一次空襲中，曾有一個陌生人提著紅色手電筒（並非一般使用的綠色或黑色手電筒）爬進醫院，當他企圖打開窗戶時，引起懷疑，因為這扇窗戶為了防止有毒氣體滲入，過去一直是緊閉的。當這名陌生人向一位中國飛行員病患，問一大堆中國轟炸機的飛行高度與涵蓋範圍等不尋常的問題時，就更加引人側目。

秋天即將結束，威爾遜發現自己的工作負荷過於沉重。需要醫療照顧的人比過去還要多——醫院不只有日本轟炸的平民受害者，還有從上海來的老兵。將近十萬名中國傷兵，散布在上海與蕪湖間的醫院。火車一列列將他們載到南京北郊的下關車站，有些人在車站地板上奄奄一息，有些則在首都漫無目的地跛行。傷癒的士兵又回到前線去，但是那些失去手腳、終生殘跛的士兵，僅僅拿到兩美元的補償金，就被打發回家。大多數軍人的家鄉都非常遙遠，有錢或有體力返鄉的人極少。數千名中國老兵被領袖遺棄，滯留在寧滬地區陷入困頓，他們雙眼失明、殘廢、身體因傷口感染而日益衰敗，最後只能淪落在街頭乞討。

## 烽火中手術刀起落

時局愈來愈壞，醫院裡的職員也愈來愈少。中國醫生和護士都已逃出城外，加入數十萬南京居民的西遷行列。威爾遜盡力挽留他的醫事助手，堅稱城市淪陷後，在戒嚴法之下，沒有什麼好擔心的。然而，最終還是無法說服他們留下來。十二月第一週結束時，金陵大學醫院只剩下三個醫生：威爾遜、特里默（C.S. Trimmer），以及一位中國內科醫生。當另一位美國外科醫生布萊迪也因為小女兒在牯嶺病重而離開南京時，威爾遜變成唯一能進行長時間截肢手術的人，他在十二月七日寫著：「在被戰火摧殘的大城市，身為唯一的外科醫生，讓我非常感動。」

第二天，日本軍人成群在街上遊蕩，威爾遜差點性命不保。那天下午，他決定為一名在爆炸中眼睛嚴重受傷的病患，進行一次精密的手術。為了保住另一隻眼睛，威爾遜必須把眼睛的殘餘物移除。手術進行到一半，他正把病患的眼球取出來時，一顆砲彈落在五十碼以外的地方起火爆炸，震碎玻璃，房間散落一地炸彈碎片。幸好並沒有人傷亡，但威爾遜注意到護士們「出於本能地全身發顫」，想知道手術是不是還要繼續下去。「我們顯然沒有其他事可做，」威爾遜寫道，「但我不認為有哪一隻眼睛可以那麼快取出來。」

十二月十三日晚上，日本人已經完全控制這座古老的首都，威爾遜看到日本國旗在全城飄揚。隔天，勝利的軍隊開始接收城裡所有的醫院，他們闖進收容中國軍隊的主要醫院（位於外交部裡面，由已組成紅十字地方分會的安全區委員會成員經營），捕獲院內數百名中國兵。日本人嚴禁醫生進入醫院或是送食物給傷兵，這些傷兵最後被帶出醫院並有系統地執行槍決。之後，有四分之三的紅十字會醫院落入日本人手中，安全區國際委員會於是集中全力保衛金陵大學醫院。

在日軍剛開始占領南京的頭幾天，威爾遜目睹日軍四處洗劫、焚燒城市。他看到他們搶劫金陵大學醫院，對自己無力阻止備感挫折，在心裡對那個偷護士相機的日本士兵飛快踹上一腳。他還看到士兵在街上焚燒一堆樂器，他想知道把中國人財產毀掉是不是日本人的陰謀，想強迫南京人往後購買日貨？

威爾遜甚至目睹自己家裡遭到掠奪。他冒險回到家中，查看有無損壞，當場逮到三名正在洗劫他家的日本士兵。他們闖進閣樓裡，打開一只大箱子，把裡面的東西全部倒在地上。當威爾遜走進來時，其中一個人正仔細地在看顯微鏡，三名士兵一看到他就跳下樓梯跑出門外。「最大的侮辱是在二樓，一名士兵剛把他的『名片』（指排泄物，威爾遜反諷的寫法）放在距離馬桶不到一英尺的廁所地板上。」威爾遜寫道，「他還拿了一條掛在房間裡的乾淨毛巾蓋在上面。」

但是打劫遠比不上他在城裡親眼目睹的強暴與屠殺。即使已是一名疲憊不堪的戰地外科醫生，威爾遜對日軍暴行的嚴重程度仍然感到驚訝萬分。

## 人間煉獄

十二月十五日：對平民的屠殺十分令人震驚。我可以一連寫上好幾頁，講述令人難以置信的強暴案和殘暴行為。

十月十八日：今天可比為但丁《神曲．地獄》裡的第六天，以巨大的字寫著血腥與強暴。大規模的屠殺，數千件的強暴事件。殘暴、貪欲、野蠻行徑似乎永無止盡。起初我還和顏悅色，以免觸怒他們（日軍），但是笑容已逐漸消失，我瞪著他們，眼神就跟他們一樣冷酷而可疑。

十二月十九日：窮人的所有食物都被偷光了，他們陷入了驚恐、歇斯底里的恐慌之中。這種情形到底什麼時候才會停止！

聖誕夜：現在日軍告訴我們，安全區裡還有兩萬名中國兵（沒有人知道他們這個數字是怎麼來的），他們要把這些中國兵都抓出來，全部槍斃。這就意味著，現在城裡還有這麼多十八到五十歲的壯丁。問題是，他們如何找出這些人呢？

到了年底，他寫的信就帶著宿命的論調。「唯一的安慰，就是事情不能再更糟了，」十二月三十日他寫道，「他們殺不了那麼多人了，因為沒有更多的人可以殺了。」

威爾遜和其他人經常看到日本人圍捕中國兵，槍殺他們，然後把屍體填入防空洞裡，防空洞成了萬人塚。但威爾遜聽說，許多中國人被殺，不是因為他們對日軍有威脅，而是因為他們的屍體另有實際用途。南京淪陷後，中國人從前挖來誘陷日本坦克車的大壕溝，都被日本人填滿了死傷士兵的屍體，現已經滿到邊緣處。當日本人找不到足夠的士兵屍體，讓坦克車可以壓在他們身上通過時，他們就射殺附近居民，把他們的屍體也丟到壕溝裡。告訴威爾遜這件事的目擊者，還去借來一台照相機拍下照片，證實他的說法。

想要阻止這些屠殺事件，威爾遜能做的事很有限。他遇到的日本士兵經常故意玩弄著武器——子彈上膛、退出子彈——以此恐嚇他和其他外國人。威爾遜已經早有預期，背後隨時都有可能捱上一槍。

威爾遜在南京看到最慘的景象之一——這幕景象讓他永誌難忘——是在街上大規模輪暴少女。日本人將一群十五至十八歲的年輕少女排成一排，整個師團在泥地上輪暴她們。有些女孩大量出血而死，其他女孩則是稍後就自殺。

在醫院的景象比街上更恐怖。威爾遜痛心地看到肚破腸流而被送進急診室的婦女、被日軍活活燒成焦黑且嚴重毀容的男人，還有無數他幾乎沒有時間寫在紙上的恐怖景象。他告訴妻子，他永遠不能忘記那個頭部幾乎被砍掉的婦女，她的頭部吊在脖子上搖搖欲墜。

「今天早上又來了另一位悲慘的婦女，她的故事很可怕。」一位醫院裡的志工，在一九三八年一月三日的日記上寫道，「她是被日本兵帶到醫療隊的五名婦女之一——白天替他們洗衣服，晚上被他們強暴。其中兩名婦女每晚被迫滿足十五至二十個士兵，最漂亮的那個婦女一晚要接待多達四十個士兵。這個被送到醫院的婦女，是被三名士兵叫到荒郊野外，企圖要把她的頭砍掉。日本士兵把她脖子上的肌肉切掉了，但是沒能切斷脊髓。她佯裝死了，然後拖著自己的身軀來到醫院——這是日本士兵暴行的眾多目擊者之一。」

雖然病患處於痛苦與磨難之中，威爾遜對於某些病患的意志力卻感到驚訝萬分。一九三八年元旦，他寫給家人的信上談到一段不可思議的故事。中國士兵在南京南方一個小鎮，燒掉一個二十九歲婦女的家，迫使她帶著五個小孩徒步前往首都。在夜晚來臨之前，一架日軍飛機向他們俯衝而來，並用機關槍掃射他們，子彈貫穿婦人的右眼和脖子。她當場嚇昏了，第二天清早醒過來，躺在血泊之中，身旁的孩子正在哭泣。婦人無力去抱她才三個月大的嬰兒，便把他留在附近一間空屋子裡，然後使勁全力，帶著剩下的四個小孩前往南京，成功到達醫院。

## 堅守崗位無怨尤

威爾遜和其他留守在醫院的義工，始終堅守著崗位，直到幾乎面臨崩潰邊緣。安全區國際委員會本來可以尋求城外的醫療協助，但是日本人不准醫生或醫療志工進入南京。因此，照顧病患及管理安全區的重擔，全落在這個不超過二十人、陷入困境的委員會上。他們輪流工作以確保醫院二十四小時至少都有一位外國人防守日本人。他們有些人工作過度，不是傷風、感冒，就是有一些其他的疾病。在大屠殺期間，城裡另一位外國醫生特理默，還曾與華氏一〇二度（約攝氏三十九度）的高燒奮戰。

由於威爾遜拒絕讓無處可去的病人出院，金陵大學醫院很快就變成另一個難民營。出院的病患則都由外國人護送，確保他們安全返家。麥卡倫牧師還充當醫院司機，開著一輛沒有上漆、匆促拼裝而成的救護車，載著病患在城裡四處奔波。大屠殺倖存者還記得，筋疲力竭的麥卡倫為了保持清醒，在送病患回家的路上，把冰毛巾壓在臉上。但是當冰毛巾也沒辦法消除睡意時，他就咬舌頭，一直咬到舌頭出血。

很少人像威爾遜在醫院那樣，把自己逼得那麼緊。當大屠殺與強暴事件逐漸減少時，其他幾位醫師每個週末都前往上海度假，紓解壓力。但是威爾遜無怨無悔地為病患動手術，夜以繼日，二十四小時從不間斷。

六十年之後，生還者猶記得他無私的奉獻，提到威爾遜時，都帶著崇高的敬意。當中還有人詳細談到威爾遜動手術前的周詳準備與成功結果。他免費為病患動手術，因為很少有病患有錢付給他，然而手術卻讓他的健康付出了沉重的代價。

他的家人相信，身為虔誠的衛理公會教徒，他的宗教信仰揉合了對中國的熱愛，才讓他有勇氣撐下去，能安然度過南京大屠殺。

## 南京活菩薩

金陵女子文理學院教育系系主任、代理校長魏特琳（Wilhelmina Vautrin，大多數人稱她明妮，Minnie Vautrin）是少數在大屠殺的最初幾週還留在南京的西方女性。多年以後，她不只因為曾經奮勇保護數千名婦女免於日軍攻擊而被人們銘記，也因為她所寫的日記，一些歷史學家認為，這本日記就像安妮的日記一樣，在照亮戰爭大屠殺期間一名目擊者的精神方面具有重要性。

鐵匠之女魏特琳，一九三七年已五十一歲。她在伊利諾州塞克（Sector）農家長大，六歲那年母親過世，被送給鄰居撫養。在鄰居家中，魏特琳受到的待遇比奴僕和佃農好不了多少，在酷寒的冬天照樣要看守牛群。童年雖然慘淡，她還是靠著自己的努力完成了學業，在一九一二年以優異的成績畢業於伊利諾大學厄巴納—香檳分校。

年輕時的魏特琳，身材高䠷且面貌姣好，一頭深色頭髮又長又亮，她個性活潑廣受歡迎，追求者眾。但當她從伊利諾大學畢業後，便決定終身不婚。*後來她加入基督教聯合傳教會，前往安徽省合肥市，在一所女校擔任校長七年，並學會說中文。之後她來到南京，接下了大屠殺發生時的職位。

魏特琳在南京顯然過得很開心。回到伊利諾家鄉時，她滔滔不絕地提到中國——中國的文化、人民、歷史。她送給家人蠶繭，並教他們如何烹煮及享用中國食物。在日記上，她對南京的美景讚不絕口。她是個辛勤的園丁，在金陵女大遍植玫瑰、菊花，造訪中山陵公園中的溫室，漫步在明十三陵附近，飄散著梅樹和桃樹香味的小巷。

## 星條旗是保護傘

一九三七年夏天，魏特琳和友人到青島海邊的避暑勝地度假，她聽說一個日本士兵在北京南方數英里的地方失蹤。這次失蹤事件在該地區引發了中日之間的幾場戰鬥，她的一個朋友因此陰沉地評論，一九一四年塞拉耶弗有兩個人被暗殺，最終卻導致一千一百多萬人死亡。

儘管如此，魏特琳仍然拒絕加入其他美國人撤離南京的行動。美國大使館於是借她一面九英尺長的巨幅美國國旗，飄揚在金陵女大綠草如茵的中庭，保護校園免受日本飛行員轟炸。他們還給她和其他安全區國際委員會成員一些可以綁成梯子的繩子，告訴他們，一旦載著美國大使館官員的班奈號駛離南京，

——

＊ 譯注：魏特琳在接掌金陵女大代理校長之前，曾定有婚約，爾後解除。

——

中國軍隊把城門關上以後，他們唯一的希望就是攀過城牆。

但是魏特琳幾乎無暇想到逃亡。學校大多數教師都已經離開南京，大部分逃到上海、成都和四川，魏特琳現在成為代理校長。她在校園裡努力為女性難民打造避難所，並疏散這塊區域的傷兵。為了掩飾他們的軍人身分，魏特琳利用學校焚化爐燒掉他們的軍事文件和衣服。在她的指揮下，學校家具被搬到閣樓上，並清空保險箱，清掃宿舍，把貴重物品以油紙包裹並藏起來。他們同時製作南京安全區的海報、標誌、臂章，並分發給志工。魏特琳還委託別人縫製第二面美國國旗，這面國旗長二十七英尺，但是中國裁縫卻不小心將帶有星星的藍底誤縫在左下角，而非正確位置。

## 難民湧入金陵女大

十二月的第二週，金陵女大的大門為婦幼敞開，數千人一湧而入。難民以每天一千人的速度越過南京城，其中許多人筋疲力盡、又睏又餓，來到安全區時，背上只背著衣物。「從早上八點半到下午六點，除了吃午飯的時間，我都站在大門口，看著難民洶湧而入。」她接著說：「許多婦女的臉上都帶著驚懼的神情——昨晚城裡很恐怖，許多年輕婦女被日本士兵從家裡抓走。」

魏特琳允許婦孺自由進入，但央求老婦人待在家裡，好把空位留給年輕的婦女。很少有老婦人接受她的建議，她們大都哀求只要能坐在草地上就好了。到十二月十五日那天晚上，金陵女大難民營的人數已經增加到三千多人。*

翌日，日軍湧入學校。十二月十六日上午十點，一百多名日本士兵闖進金陵女大校園，檢查建築物裡是否藏有中國兵。他們要求打開每一扇門，如果不把鑰匙交出來，在一旁準備的士兵就會以斧頭強行破門而入。魏特琳想到日軍

---

* 譯注：另一說法是一萬人左右。

如果發現樓上地理系辦公室藏著數百件軍服，心就往下沉；但是很幸運地，另外一間收容了兩百名中國婦女和兒童的閣樓，轉移了日軍的注意力（魏特琳後來把衣服埋起來，以免被日本人發現）。

那天，日軍兩度抓走校工，把他們拖出去。如果魏特琳沒有大喊：「不是軍人，是苦力！」他們一定會被殺掉。後來她才知道，日本人至少以六枝機關槍瞄準校園，有許多士兵在外守衛，隨時準備射殺任何想逃跑的人。

那天晚上，魏特琳看到婦女在街上被押走，聽到她們絕望的哀求。一輛卡車載著八至十名女孩從她身邊呼嘯而過，她聽到他們大叫：「救命啊！救命啊！救救我們。」

## 調虎離山之計

隔天，一九三七年十二月十七日，情況更糟了。當日軍如潮水湧進城裡時，婦女更大舉遷移到金陵女大。「這景象真讓人心碎！」魏特琳寫著，「疲倦的婦女、受到驚嚇的女孩，背著床鋪和衣服包袱，帶著孩子艱難跋涉而來。」她想，如果有人有時間寫下每個難民的故事該有多好——尤其是那些把臉抹黑、頭髮剪短的女孩。當她接待這群「憤怒的婦女」時，聽到日本人強暴十二歲小女孩與六十歲婦人，甚至用刺刀強暴孕婦的故事。焦頭爛額的魏特琳整天都在努力為難民提供食物，把中國男人帶到安全區其他營地，或是奔走在校園裡發現日本士兵的區域。

但魏特琳對那天傍晚即將發生的事情，毫無準備。兩名日本兵猛拉中央大樓的門，要求她立刻開門。她堅稱自己沒有鑰匙，也沒有中國兵躲在裡面，其中一名日本兵打了她一耳光，同時揮拳打了站在她身邊的中國男人。然後，她看到兩名日本兵將三個被綑綁的校工帶出校園外。她跟著他們到前門，日本士兵強迫一大群中國人跪在馬路邊。日本人要求和學校校長說話，知道校長就是魏特琳以後，就命令她指認每個跪在地上的人。隊伍中有一個人主動出聲協助魏特琳，為此遭到日軍重摑耳光。

此時有三名安全區國際委員會成員驅車上前：基督教青年會負責人費吳生、金陵大學社會學教授史邁士（Lewis Smythe），以及長老教會米爾士牧師。士兵喝令三人站好，搜查他們身上是否有手槍。突然間，他們聽到尖叫聲、哭喊聲，看到日本人將婦女拖出側門。這時魏特琳才發覺，這整個審問其實是調虎離山之計，好把外國人都引到前門，而其他日本士兵則在校園裡搜捕婦女，以供強暴。「我永遠忘不了那一幕，」憶起自己的憤怒與無助，魏特琳寫著，「跪在路邊的人，瑪莉、曾女士和我站在一起，枯葉紛飛，風聲哀鳴，婦女的哭聲愈走愈遠。」

## 上了日本人的當

接下來幾個月，魏特琳發現自己儼然是金陵女大難民營唯一的守護者。日軍不斷騷擾難民，把男人抓起來槍決，或把婦女抓去充當軍妓。有時，他們的抓人伎倆十分厚顏無恥。有幾次，日軍直接開卡車進校園，要求交出女孩子。但大多數時候，都是偷偷摸摸綁架婦女去強暴。士兵在半夜跳過籬笆，打破側門或後門，在黑暗中隨機抓走婦女——這種行為開始被民眾稱為「抓鬮」。

一九三八年元旦，魏特琳救了一名被日軍拖進圖書館北邊竹林的女孩。有幾次，魏特琳的英勇行為差點斷送了自己的性命。許多士兵對她「既凶暴又不可理喻」，揮舞著被鮮血染紅的刺刀，對她耀武揚威。魏特琳寫道：「有時他們目中無人，對我怒目而視，有時手上還拿著匕首指著我。」有一次，當她試圖阻止日本士兵打劫時，他們拿槍瞄準她。

和日本人交涉時，魏特琳偶爾也會犯下錯誤。就像拉貝和其他安全區成員被日本人欺騙而把難民交給他們處決，魏特琳似乎也上了日本人的當，將無辜的婦女送入日本軍人的魔掌。十二月二十四日，魏特琳被叫進辦公室，和一個日本高階軍官及一個年長的中國通譯會面，他們和她討論日本軍隊需要妓女。「他們要求允許他們從一萬個難民婦女當中挑出妓女。」魏特琳後來在日記上寫道，「他們說要一百個人。他們認為如果可以讓士兵定期到有執照的軍妓院，士兵就不會去侵犯無辜的良家婦女。」

說來奇怪，魏特琳竟然同意了這項請求。或者她別無選擇，或者她是真的相信，只要日本人把妓女帶到軍妓院，就會停止騷擾難民營裡的處女和為數眾多的已婚婦人。不管背後是什麼原因，最可信的是，魏特琳是在壓力下，做出這個決定。當日本人展開搜查的時候，她一直在等待，經過很長一段時間，他們終於找出二十一名婦女。日本人是如何分辨出誰是妓女，魏特琳並沒有說，但她提到，日本人並不滿意，因為他們相信還有更多妓女藏在別的地方。「成群的婦女問我，日本人是不是要從良家婦女裡另外挑出七十九個人，我只能回答，如果我有能力阻止，他們就不會這麼做。」她這樣寫著。

## 日軍全面清查人數

城市淪陷一週後，日本人開始有系統地規範安全區裡的活動。日軍軍警司令官發布命令，自十二月二十四日起生效，所有平民都要從日本軍隊的發照辦公室領取護照（亦稱良民證）。民眾不准替別人領取護照，沒有良民證的人就不准待在南京城裡。軍隊在大街小巷張貼布告，通知民眾去登記，否則就要面臨被處決的危險。

十二月二十八日，開始男性居民的登記。在金陵女大裡，民眾排成四排，循序領取表格，他們走到校園東邊的一個房間，日本士兵登記他們的姓名、年齡和職業。魏特琳注意到，前來登記的男人，主要都是老人或傷殘者，大多數年輕男子不是逃離城市，就是已經遇害。在場有許多被認為曾當過中國兵的人被帶走，留下的婦女和老人哀號著跪在安全區領導人面前，懇求他們確保丈夫和兒子能獲釋歸來。有幾次，安全區領導人取得成功，但他們也留意到，日軍對他們的干預愈來愈不滿。

來登記的男性人數太少，讓日本人很不高興，他們脅迫全體居民要服從。十二月三十日，他們宣布下午兩點以前沒去登記的人，第二天都要被槍殺。「這根本就是在唬人，」一位傳教士寫到這件事時說道，「但是民眾都嚇壞了。」

隔天清晨，一大群人乖乖出現在登記區，許多人凌晨三點就起來排隊，以免排不到位置。日軍嚴峻的威脅，令他們很害怕，到了一月十四日，到日軍當局完成登記的人，至少有十六萬人。

然後婦女開始去登記，十二月三十一日早上九點，數千位中國婦女在金陵女大中央大樓前集合，日本軍官對著她們演講。演講先以日文進行，然後由翻譯翻成中文：「你們應該遵守婦道。」魏特琳回憶他們所說的話，「你們不應該學英文或是看電影。中國和日本是同一家。」婦女排成兩行縱隊前進，經過賣米的窗口，並拿了票。魏特琳觀察到，日本士兵像是趕牛那般地趕著婦女，並以此為樂，有時還把戳章蓋在她們臉頰上。士兵還強迫婦女對著日本記者和攝影師強顏歡笑，佯裝高興。單單想到要去登記，就讓一些婦女覺得害怕。

有時候，在魏特琳看來，日本人登記婦女，根本就是大規模檢查最有吸引力的強暴人選。在婦女登記的第一天，日本人就仔細端詳安全區裡一些婦女，想把她們帶走。他們挑出二十個女孩，說她們無疑是煙花女子，因為她們把頭髮燙捲，或是穿著太考究。但這些婦女之後都被釋放了，魏特琳後來寫道：「因為女孩們的母親或其他人出面替她們擔保。」

登記之後，日本人試圖消滅安全區。一月下旬，日本人宣布每個人都要離開難民營，在月底前各自回到住處。二月四日是撤離安全區的最後期限。最後期限到了，日軍開始搜查金陵女大，下令剩餘的女孩與婦女離開。魏特琳告訴檢查員，她們無法離開，因為她們是從別的城市來，或是家園已被燒毀，日本人就宣布，軍警會負責保護她們。魏特琳對他們的承諾持謹慎態度，隨日軍一同前來、替日軍傳遞消息的一個中國通譯，甚至還偷偷告訴魏特琳，他覺得年輕女子並不安全，應該繼續待下來。

## 悍衛婦女義無反顧

龐大的難民人數最終擊垮了魏特琳。數百名婦女擠在走廊上，頭貼著腳占據通道；有許多婦女夜晚則睡在草地上。金陵女大科學大樓的閣樓上，容納了超過一千名婦女，魏特琳的一位朋友說，這些婦女「摩肩擦踵地睡在水泥地上好幾個星期，甚至在嚴寒的冬天也如此。建築物的每一級水泥石階，都是一個人的家——這些石階還不到四英尺長！有些人很高興能在化學實驗桌上覓得一塊棲身之處，對於水管與其他設備，一點也不以為意。」

南京浩劫耗盡了魏特琳的身體健康，但她每天所承受的精神折磨，遠比日益惡化的健康狀態更嚴重。「噢，上帝啊！今晚請控制士兵在南京城裡的殘酷獸行……」她在日記上寫道，「如果日本婦女知道這些恐怖故事，會有多麼羞愧啊！」

在這種壓力之下，魏特琳卻仍有精神毅力去安慰別人，重新灌輸他們愛國情操。有一次，當一位老婦人走到金陵女大的紅十字會廚房要拿一碗粥時，發現已經鍋底朝天。魏特琳馬上把自己正在吃的粥給她，告訴她：「你們不要擔心。日本人會打輸的，中國不會滅亡。」又有一次，當她看見一個小男孩手上戴著日本人的太陽旗臂章，以確保自身安全，魏特琳便斥責他說：「你不需要戴著這個太陽旗。你是中國人，你的國家不會滅亡。你要記得你戴著這玩意兒的日子，永遠都不要忘記。」魏特琳再三敦促校園裡的中國難民，永遠不要對未來失去信心。「中國還沒有滅亡，」她告訴他們，「中國永遠不會滅亡。日本注定最後要失敗。」

大家可以看到她如何賣力地工作。一位中國倖存者回憶：「她日夜都不睡覺，一直監視著日本士兵有沒有進來……她會盡全力把他們推出去，然後跑去找他們的軍官，請求他們不要對中國婦幼做出那麼多壞事。」另一位目擊者寫到他親眼目睹的南京大屠殺：「有人說，她有一次被一個禽獸般的日本士兵搧了好幾個耳光。每個人都替她擔心，並且想要安慰她。她仍然自始至終勇敢堅定地捍衛中國婦女。」

## 亂世浮生錄

管理安全區的工作不僅在體力上很繁重，對精神也相當耗損。安全區國際委員會的納粹黨人克魯茨說，他在街上看到太多屍體，很快就為這種夢魘所苦。但最後，在令人難以置信的處境下，安全區拯救了無數條人命。以下是一些震攝人心的事實：

——因為日本人搶劫與縱火，使得糧食嚴重短缺，一些中國難民就啃食長在金陵女大校園裡的紫苑和秋麒麟草，或靠在城裡找到的蘑菇維生。就連安全區領導人也因食物不足而挨餓。他們不僅在施粥場免費送米給難民，甚至直接把米送到難民營裡，因為安全區裡很多中國人嚇得都不敢離開建築物一步。

——大部分安全區領導人，都是文質彬彬的書呆子，沒有處理一大群強暴犯、殺人犯、街頭流氓的經驗。但是，他們甚至要充當城裡中國警察的保鏢。他們就像戰士一樣，充滿精力與勇氣，將自己推到在火線上——將中國人從刑場上拉出來，把日本人從婦女身上撞下來，甚至跳到大砲和機關槍前面，阻止日本人開火。

——在這過程中，有許多人差點被槍殺，還有一些人捱了日本士兵幾刀。例如：金陵大學農業工程系教授里格斯（Charles Riggs）試圖阻止一名日本軍官把一群被誤認為中國兵的平民帶走時，被這名軍官揮拳痛揍。這名憤怒的日本軍官「拿刀威脅里格斯三次，最後還揮舞拳頭重擊他的心臟兩下」。一位日本士兵則以手槍威脅貝德士教授。有一名日本士兵試圖爬上三個女孩的床，威爾遜醫生出面制止，打算把他踢出醫院，這名日本士兵便拔槍對著威爾遜。還有另一名士兵以步槍射殺麥卡倫與特里默，但沒有射中。當貝德士去拜訪日軍軍警總部，想知道被士兵綁走的金陵大學附屬中學學生的下落時，日本人竟把貝德士推下樓梯。即使納粹黨人像佩帶護身符一樣隨身攜帶黨徽臂章，有時也難免受到攻擊。十二月二十二日，拉貝曾寫到克魯茨和另一個叫做哈茨（Hatz）的德國人，在拯救一個被酒醉的日本士兵打傷喉嚨的中國人時，遭到攻擊。哈茨抓起一張椅子抵擋，但是克魯茨最後被綁起來毒打一頓。

——安全區最後收容了約二十至三十萬難民，當時留在城裡的中國人，幾乎有一半都躲在安全區裡。

當我們把最後這個統計數字放在南京大屠殺的研究架構下來看，這個數字就特別令人心驚。在大屠殺之前，約有一半的居民離開南京。留下來的民眾，約有半數遇害（城市淪陷時，城內約有六十至七十萬名南京居民與中國士兵，其中可能有三十五萬人被殺害）。

在大屠殺最激烈的期間，如果城裡有半數的人口都逃到安全區裡，這表示另一半人口——幾乎是所有來不及逃到安全區的人——可能都喪命在日本人手下。

1937 年 12 月 13 日，南京淪陷。欣喜若狂的日本人在城牆上歡呼慶祝。（圖片來源：*Pictorial History of Sino-Japanese War*。）

1937 年 12 月 13 日上午，日本坦克車隆隆作響地駛過南京。（圖片來源：新華社。）

12 月 12 日，日軍海軍在南京附近的長江上擊沉美國砲艇班奈號，儘管船上載滿了來自西方國家的外交官員、記者、商人和難民。（圖片來源：UPI/Corbis-Bettman。）

松井石根將軍進入南京城時，向勝利的部隊行禮致意。（圖片來源：UPI/Bettmann。）

日本文宣。日本人在南京各處張貼這樣的海報，上面畫著一名親切的日本士兵，抱著一個中國幼兒，並提供食物給幼兒充滿感激的父母。海報上呼籲：「回到家鄉來！給你飯吃！信賴日本軍！可得救助！」其中許多海報是在發生暴行的房子附近發現的。日本軍機還空投傳單，允諾：「所有返回家中的中國良民，將會得到食物和衣服。那些沒有被蔣介石魔兵愚弄的人，日本希望做你們的好鄰居。」在這些空投之後，數千名南京市民離開安全區返回家園。（圖片來源：拉貝收藏，耶魯大學神學院圖書館。）

當日本人橫掃中國時，搜捕了成千上萬名婦女。其中許多人被輪暴或被迫成為軍妓。（圖片來源：台北軍事委員會政治局。）

日本人將城裡年輕人的手腕綑綁起來，其中許多人被卡車載運到南京郊區進行大規模處決。（圖片來源：《每日新聞》。）

1937 年 12 月 16 日，17 名日本憲兵正在檢查一大群中國平民，他們被城裡的大屠殺嚇壞了，沒有人敢對搜查提出任何異議。（圖片來源：台北中央社）。

這張照片原本的說明文字是：日軍占領中國首都後，讓新兵在南京進行刺刀操練。他們以中國囚犯為目標。中間一名不幸的（或者我們應該說是幸運的）囚犯剛剛接受了致命一擊。在前景中，一名被綑綁的中國人正在被刺刀「輕輕」刺中，以便讓他就位接受致命一擊。至於這張照片的真實性——它是由漢口的法默（W. A. Farmer）寄給《展望》（*Look*）雜誌的，說是由一名日本士兵拍攝的。底片被送到上海沖洗。日資商店裡的中國員工多沖洗了一張並偷運出來。（圖片來源：UPI/Bettmann。）

這個可憐的人被蒙住眼睛，以兩根木棍支撐著，成為日本軍官練刀的活靶。此處，一名步兵以刺刀完成了刺擊任務，甚至在受害者死後仍繼續刺擊。（圖片來源：台北軍事委員會政治局。）

中國首都淪陷後，五名中國囚犯在南京郊外被日本俘虜活埋。這是法默發給《展望》雜誌的另一張照片，由一名日本士兵拍攝，並由中國照相館的員工「出於本能地超做沖洗訂單」而偷運出來。（圖片來源：UPI/Bettmann。）

在南京，流行以刀斬首。照相機捕捉到了受害者被斬首的瞬間。（圖片來源：新華社。）

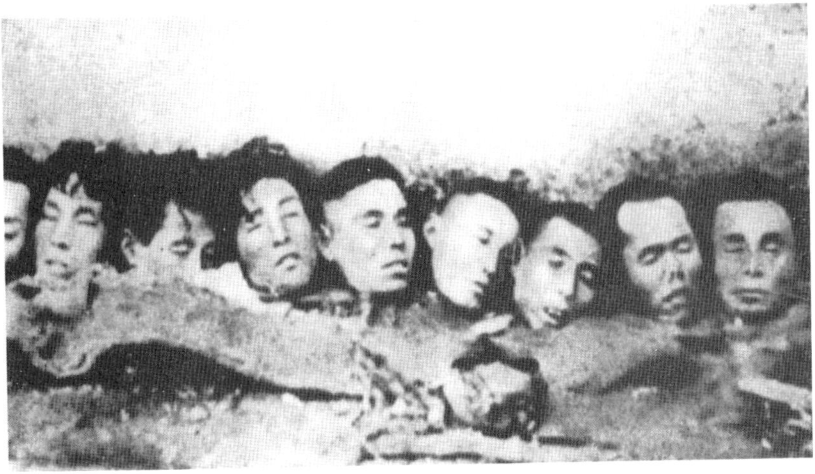

京大屠殺受難者被砍下的頭顱。（圖片來源：新華社。）

一名中國士兵的頭顱被放置在南京城外的鐵絲網路障上，嘴裡夾著一個菸頭，當作一個玩笑。（圖片來源：抗日戰爭史實維護會，Alliance for Preserving the Truth of Sino-Japanese War。）

在南京，日本人把殺人變成了競賽。請注意背景中日本人臉上的笑容。（圖片來源：革命文獻，台北。）

戰線の流行語

南京へあと何里

南京で祝は

進軍の

百人斬り大接戰

勇壯！向井、野田兩少尉

百人斬り"超記錄"

向井106－105野田

兩少尉さらに延長戰

百人斬り"競爭"の兩將校

日本媒體熱衷於報導軍隊在南京一帶的殺人競賽。最惡名昭彰的事件之一，是兩名日本少尉向井敏明與野田毅所進行的斬首競賽，看誰可以先殺死一百個人。《日本報知者》以大膽的標題刊登了他們的照片，「以刀砍殺一百個中國人的比賽延長，兩名戰士都超出目標——向井砍殺 106 人，野田砍殺 105 人。（圖片來源：《日本報知者》。）

南京市民的屍體被拖到長江岸邊，丟進江裡。（圖片來源：村瀨守保。）

南京北邊港口郊區下關的碼頭上，成堆的屍體等待處理。（圖片來源：村瀨守保。）

日本士兵有時會強迫受害者拍攝色情照片，做為強暴紀念品保存起來。（圖片來源：費吳生家人。）

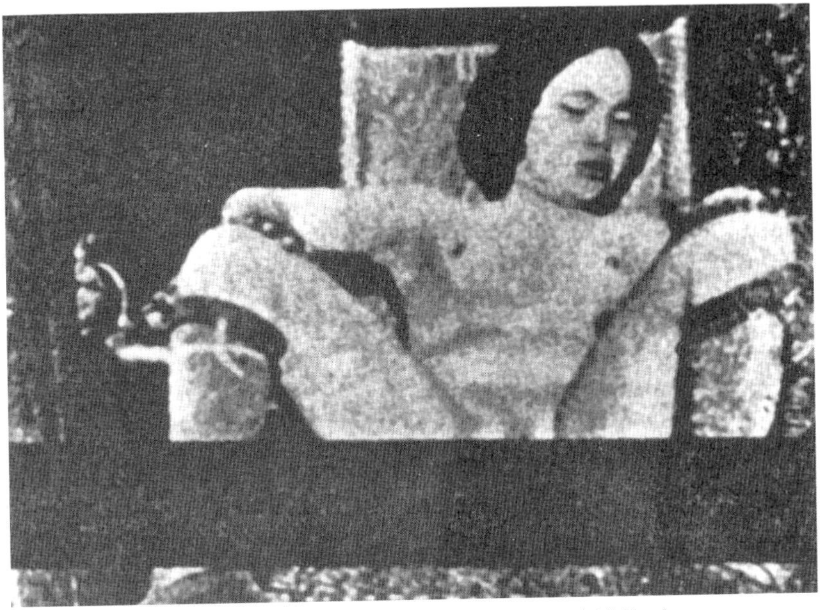

日本人將這名年輕女子綁在椅子上，反覆侵犯。（圖片來源：新華社。）

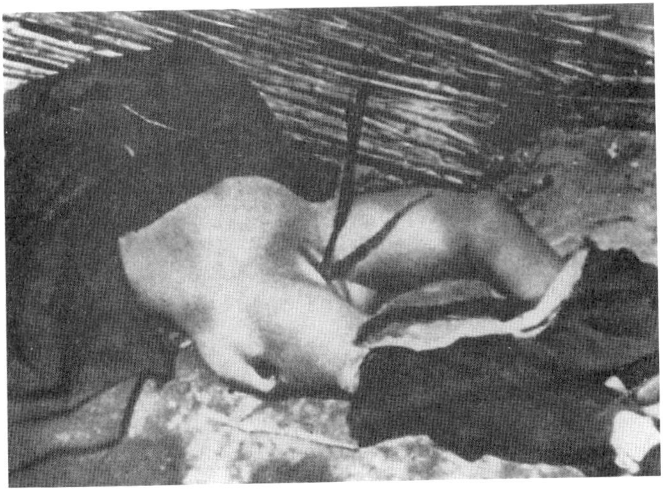

南京的婦女不僅遭到強暴，也遭到凌虐和支解。（圖片來源：Modern China Publishing。）

大屠殺期間，日軍縱火燒毀大約三分之一的南京城。圖為日軍在郊區放火燒屋。（圖片來源：新華社。）

日本士兵乘車穿過滿目瘡痍的南京街區。（圖片來源：史詠、尹集鈞，《南京大屠殺：歷史照片中的見證》。）

大屠殺期間，成千上萬的中國難民逃入由少數西方人守護的南京安全區。這個安全區對留在城裡的中國人來說，意味著生與死的區別，它最終收容了超過 30 萬人。（圖片來源：南京市檔案館。）

外國人也在南京郊區成立了鄉村安全區。（圖片來源：傅師德，Ernest H. Forster；耶魯大學神學院圖書館。）

約翰・拉貝（John Rabe），南京的納粹英雄。（圖片來源：拉貝的外孫女賴因哈特。）

南京安全區國際委員會主席拉貝與同僚在寧海路5號的安全區總部前合影。（圖片來源：耶魯大學神學院圖書館。）

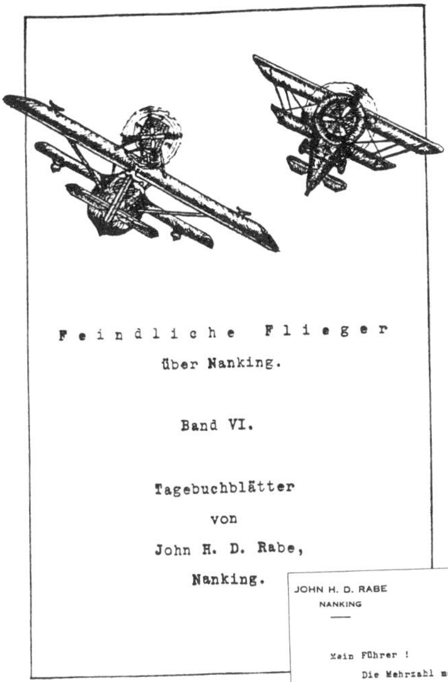

Feindliche Flieger
über Nanking.

Band VI.

Tagebuchblätter
von
John H. D. Rabe,
Nanking.

拉貝的南京大屠殺日記其中一頁。（圖片來源：耶魯大學神學院圖書館。）

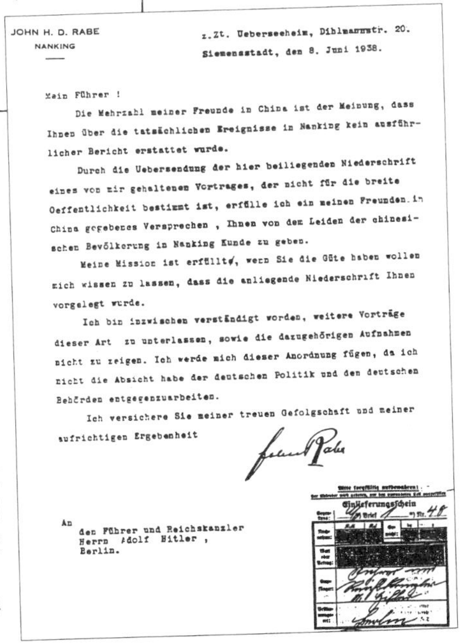

JOHN H. D. RABE
NANKING

z.Zt. Ueberseeheim, Dihlmannstr. 20.
Siemensstadt, den 8. Juni 1938.

Mein Führer !

Die Mehrzahl meiner Freunde in China ist der Meinung, dass Ihnen über die tatsächlichen Ereignisse in Nanking kein ausführlicher Bericht erstattet wurde.

Durch die Uebersendung der hier beiliegenden Niederschrift eines von mir gehaltenen Vortrages, der nicht für die breite Oeffentlichkeit bestimmt ist, erfülle ich ein meinen Freunden in China gegebenes Versprechen , Ihnen von dem Leiden der chinesischen Bevölkerung in Nanking Kunde zu geben.

Meine Mission ist erfüllt, wenn Sie die Güte haben wollen mich wissen zu lassen, dass die anliegende Niederschrift Ihnen vorgelegt wurde.

Ich bin inzwischen verständigt worden, weitere Vorträge dieser Art zu unterlassen, sowie die dazugehörigen Aufnahmen nicht zu zeigen. Ich werde mich dieser Anordnung fügen, da ich nicht die Absicht habe der deutschen Politik und den deutschen Behörden entgegenzuarbeiten.

Ich versichere Sie meiner treuen Gefolgschaft und meiner aufrichtigen Ergebenheit

An
den Führer und Reichskanzler
Herrn Adolf Hitler ,
Berlin.

Einlieferungsschein
Brief 1 Nr. 48

拉貝寫給希特勒的信，他將這封信連同日軍暴行的報告和照片一起提交。幾天後，拉貝在柏林被蓋世太保逮捕並審問。（圖片來源：拉貝藏品，耶魯大學神學院圖書館。）

# 南京安全區的起源

克魯茨（Christian Kröger），德國工程師、納粹國際委員會成員。1937 年 12 月至 1938 年 2 月期間，為南京安全區國際委員會管理財務。（圖片來源：耶魯大學神學院圖書館。）

馬吉（John Gillespie Magee），聖公會牧師，在南京大屠殺期間擔任國際紅十字會主席。馬吉在金陵大學醫院記錄了許多重要的影像。（圖片來源：耶魯大學神學院圖書館。）

左上：史邁士（Lewis Strong Casey Smythe），國際委員會祕書，《1937 年 12 月至 1938 年 3 月南京地區的戰爭損害》（War Damage in the Nanking Area, December 1937 to March 1938）這篇研究報告的作者。（圖片來源：耶魯大學神學院圖書館。）

右上：傅師德（Ernest Forster），聖公會傳教士，國際委員會祕書。（圖片來源：耶魯大學神學院圖書館。）

中間：麥卡倫（James Henry McCallum），基督教聯合傳教會成員，也負責安全區的財務管理。在大屠殺期間，駕駛一輛拼裝救護車在城裡穿梭，將病人從醫院送回家。（圖片來源：基督門徒歷史學會，Disciples of Christ Historical Society。）

左下：米爾士（Wilson Plumer Mills），長老會傳教士，首先提議成立南京安全區的人。（圖片來源：安吉．米爾士，Angie Mills。）

右下：費吳生（George Ashmore Fitch），南京基督教青年會主席，國際委員會行政主任。他將他和馬吉所拍攝的南京暴行相關影像偷運出城。（圖片來源：伊迪絲．費奇．史瓦普，Edith Fitch Swapp。）

威爾遜醫生（Dr. Robert Wilson），大屠殺期間南京城裡唯一的外科醫生。（圖片來源：耶魯大學神學院圖書館。）

魏特琳（Wilhelmina Vautrin），南京的活菩薩。（圖片來源：艾瑪・里昂，Emma Lyon。）

貝德士（Miner Searle Bates），金陵大學歷史學教授，1939年5月之後的南京安全區國際委員會主席。（圖片來源：耶魯大學神學院圖書館。）

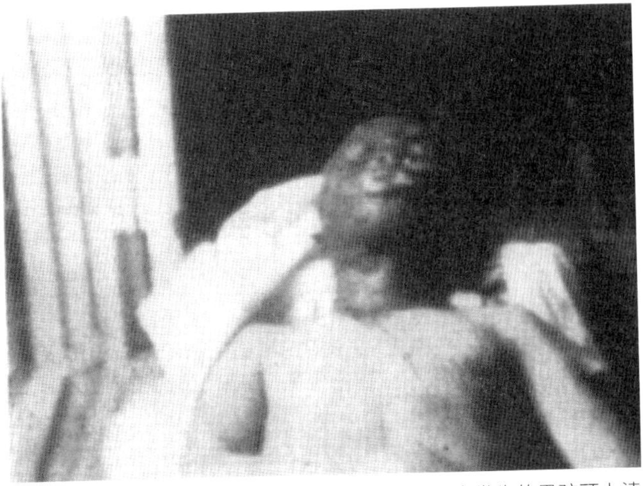

威爾遜工作的金陵大學醫院一景。日本人在這個十幾歲的男孩頭上澆淋汽油並點火，他的頭被燒得焦黑一片。（圖片來源：馬吉、）

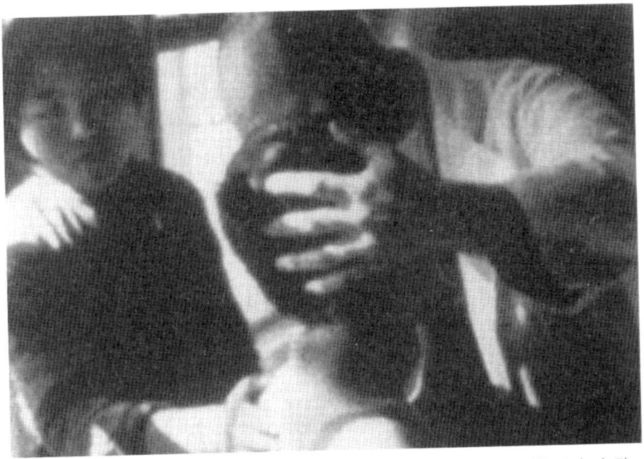

威爾遜醫生正為一名遭輪暴的受害者檢查，她的頭幾乎被日本人砍掉。在一間廢棄的校舍裡，兩名士兵以刺刀猛刺這名婦女十次——手腕上一次，臉上一次，背部四次，脖子上四次，把她的肌肉一直割到脊椎骨。（圖片來源：馬吉）

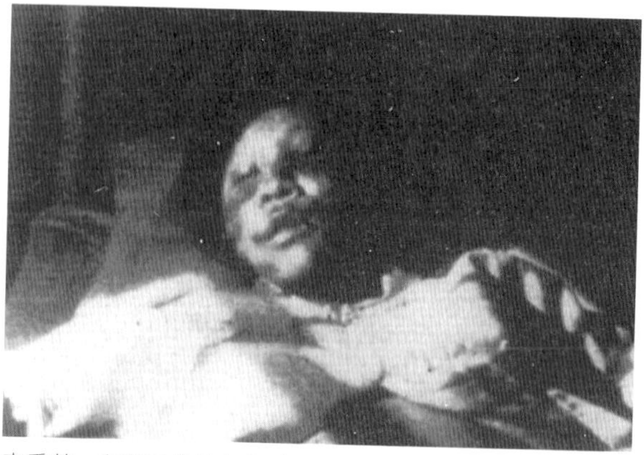

李秀英，在與三名日本士兵奮戰後，身上有 37 處刀傷，勉強逃脫了被強暴的命運。奮戰時懷有七個月身孕，後來不幸流產。她的傷勢經過了七個月才痊癒。（圖片來源：馬吉）

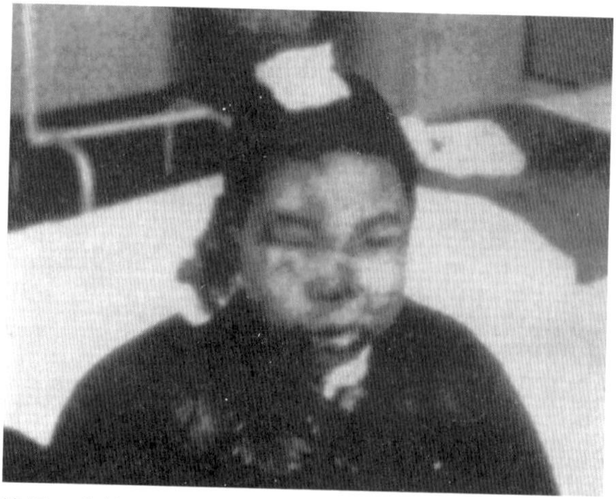

這個 14 歲的男孩被日本人囚禁、挨餓，當他乞求回家時，遭鐵棍毒打。（圖片來源：馬吉）

1946年戰爭罪審判期間，一些亂葬崗中的骸骨被挖出來供中國軍事法庭檢察官檢查。（圖片來源：抗日戰爭史實維護會。）

# 第二部

是什麼力量讓一些歷史事件流傳下來，
又讓其餘的事件湮沒於世？
「南京大屠殺」到底是如何從日本人，
甚至是全世界的集體記憶中消失殆盡？

# 第六章　世界所知道的事實

關於南京大屠殺，世界並非一無所知。屠殺事件展開之後，大屠殺的消息便不斷傳向全球公眾。在南京陷落前幾個月，許多派駐在首都的外國記者就已經報導了日本飛行員的空襲事件。後來，當日軍在十二月初逼近首都時，記者幾乎每天都提供鮮活的報導，包括戰爭、大火、最後一分鐘撤退，以及國際安全區的設立。令人訝異的是，大屠殺之初，日本的報紙也刊登各種照片，包括中國人被圍起來槍決、河邊成堆待處理的屍體、日本士兵殺人比賽的照片，甚至還包刮日本記者自己震驚萬分的評論。

在國際輿論聲討之前，大屠殺的頭幾天，日本政府顯然還很自豪。當日本民眾聽到軍隊攻下南京之後，舉國歡騰，各地都出現了慶祝活動。東京人特別準備了「南京麵條」；日本各地的兒童在夜晚手持圓形的紙燈籠遊行，裡面點了蠟燭，象徵旭日東升。後來，美國班奈號砲艇被擊沉和屠殺南京居民的消息受到國際譴責，日本政府才迅速粉飾軍隊的行徑，並以戰爭宣傳取代戰爭消息。多虧了少數美國記者的報導，日本才無法一手遮天。

## 美國記者的見證

當時對西方輿論最有影響力的記者，是三名美國駐外特派員：《紐約時報》的德丁（F. Tillman Durdin）、《芝加哥每日新聞報》的史蒂爾（Archibald Steele），以及美聯社的麥克丹尼爾（C. Yates McDaniel）。這三個人都充滿了冒險犯難的精神。二十九歲的德丁，是從休士頓來的記者，他曾幫貨船清洗甲板和絞輪，用來交換到中國的免費船票。到了上海之後，他在一家英文日報工作，隨即換到《紐約時報》，報導中日戰爭的新聞。史蒂爾年紀較長，曾經報導過日本占領滿州國，以及正在迅速蔓延的亞洲戰事。麥克丹尼爾可能是三人當中最勇敢的一個：在大屠殺之前，他駕車親赴位於鄉間的戰場，在「尋找戰爭」的採訪過程中差點因為炸彈爆炸而喪命。

這三人在大屠殺開始沒幾天就離開南京了，但他們在南京這麼短暫的時間裡，卻產生巨大的影響。他們不僅撰寫精采的報導，刊登在美國最重要、最負盛名的報紙上，更親身參與安全區國際委員會，努力拯救民眾的性命。

南京大屠殺迫使記者脫離中立觀察者的角色，成為「戰爭劇」中重要的參與者。有時他們選擇保護中國公民免受日本侵略者的威脅，成為自己報導的主角。比如，麥克丹尼爾承擔了保護美國大使館中國僕傭的工作。在大屠殺期間，許多僕傭嚇得不敢離開大使館去取水，最後，麥克丹尼爾花了好幾個小時，在水桶裡裝滿井水，載回大使館給這些僕傭喝。他替他們尋找失散的親人（通常只能取回屍體），並且趕走企圖闖進大使館的日本士兵。

這些記者甚至試圖挽救那些垂死的人們，或慰撫他們的心靈。在大屠殺期間，德丁遇到一個躺在人行道的中國兵，顎骨被打掉，身體血流如注。中國兵伸出手來，德丁接住他的手，緊緊握著。「我不知道該把他帶到哪裡，也不知道該怎麼辦，」德丁多年以後回憶道，「只是很愚蠢地決定做點什麼。我把一張五塊錢的美鈔放在他手上，這當然對他毫無用處，但無論如何，我有股衝動想做些什麼。他僅有一息尚存。」

十二月十五日，大多數記者都離開南京，前往上海採訪。他們待在城裡的最後一天非常恐怖。在開車前往江邊的路上，記者必須行駛過挹江門下高達數英尺的屍堆，狗群已經開始在啃食這些屍體。後來，在等船的時候，他們看到日軍將一千名中國人排成幾排，喝令他們一群群跪下來，對著每個人的後腦勺開槍。處決過程中，有些日本士兵還大笑不止、頻頻抽菸，好像非常享受這整個場面。

美聯社記者麥克丹尼爾在登上開往上海的驅逐艦之前，還在南京多待了一天。十二月十六日，他待在中國破敗的首都的最後一天，看到更多屍體，並經過一長列雙手被捆綁起來的中國人身邊。其中一人跑出隊伍，下跪央求麥克丹尼爾救救他。「我無能為力，」他寫道，「我對南京最後的記憶就是——垂死的中國人，垂死的中國人，垂死的中國人。」

## 影像說明一切

在南京附近也有兩名美國攝影師，冒生命危險拍攝轟炸班奈號的影片。轟炸期間，環球影業的亞歷（Norman Alley）和福斯電影的梅耶（Eric Mayell）碰巧正在班奈號上，拍攝到絕佳的動作畫面。他們在攻擊中毫髮無傷（亞歷從砲彈攻擊及機關槍掃射中脫險，只有手指輕微擦傷，帽子被子彈打穿了），但其他的記者就沒有這麼幸運了。當義大利記者桑德禮（Sandro Sandri）隨著亞歷登上班奈號階梯時，被一塊碎片砸到眼睛，幾小時後便溘然辭世。

亞歷和班奈號其他乘客一同躲在河岸蘆葦叢中時，以為日本人會上岸來殺他們，便用帆布將他和梅耶的膠卷一起包起來，埋在泥地底下。後來，膠卷安全地被挖出來並運到美國，在全美各地戲院放映這起事件的部分新聞片段。

班奈號被炸沉在美國造成的騷動，更甚於南京大規模的屠殺和強暴。十二月十三日，羅斯福總統宣布他對轟炸事件感到「震驚」，並要求裕仁天皇立即賠償。幾天以後，當筋疲力竭的倖存者終於回到文明世界後，公眾的反應更加激烈。這些倖存者又髒又冷，只裹著毛毯、中國棉被和破爛的衣服，有些人仍處於驚嚇之中，或是已瀕臨死亡。他們的故事連同照片很快出現在美國各家主要媒體，標題是「日軍砲火轟炸下的班奈號生還者」及「南京的燒殺擄掠」。亞歷與梅耶的影片上映後，引起美國人更大的憤怒與反日情緒。

外國記者一離開南京，日本人就全面封鎖了這座城市，防止其他記者進入。費吳生在十二月十五日目睹了封鎖的開始，那天他載著一些外國記者出城到河邊，搭乘一艘前往上海的砲艇。當費吳生從下關開車回南京時，日本哨兵在城門將他攔下，拒絕讓他再進入。就連陪同費吳生的上海日本大使館官員岡村先生，也無法說服這個哨兵讓他們通過：「大使館也拿日本皇軍沒辦法。」最後，岡村只得借了一輛車到軍隊總部，為費吳生取得一張特殊通行證。

日本人最後允許少數外國人進城，並且小心翼翼地控制他們的行動。二月，他們允許幾名美國海軍軍官在南京上岸，但是必須由日本大使館代表陪同，乘坐日本大使館的汽車。一直到了四月，日本最高統帥部仍禁止大多數外國人自由進出南京城。

日本人甚至阻止外國使節返回南京城，企圖掩飾日本軍隊令人作嘔的暴行。但最終他們再也無法隱瞞真相——尤其是對德國人和美國人。

## 美德政府袖手旁觀

希特勒政府很快就知道日本人拖延外交官返回南京的動機。「正如我在前一份報告中所預料的，日本人推遲我們回去的時間，是為了不讓任何官員目睹他們犯下的暴行，這個假設已經證實無誤。」一位德國外交官一月時向柏林報告，「根據當時在南京的德國人和美國人表示，只要外交代表告知返回南京的意圖，他們就會開始瘋狂清理，消除自己毫無人性地大規模屠殺平民、婦女、兒童的證據。」

美國政府也知道日本人企圖隱瞞的事實。一種機器密碼保護了日本外務省的高層外交訊息，但是，一九三六年，美軍電訊情報局的解碼專家破解了這種被美國人稱為「RED」的日本密碼。這讓美國情報局在南京大屠殺期間得以攔截並解讀東京的領導人和日本駐華盛頓特區代表之間往來的祕密訊息。一九三七年十二月二十六日，日本外相廣田弘毅發出一則訊息給日本駐華盛頓大使齋藤博，強調必須盡力防止美國大使館人員立刻返回南京。「如果他們回去了，收到他們國民對軍隊活動抱怨的報告，而且又將報告傳回他們國內，那對我們的處境會極為不利。」訊息這樣寫著，「因此，最好的方法就是盡力拖延，拖得愈久愈好。即使這樣做會引起反感，但是與其冒著當場衝突的危險，我們相信這樣做還是比較妥當。」

但當時美國政府並未向公眾揭發他們所知的一切，甚至還促成了日本政府對真相的審查。例如：環球電影公司的攝影師亞歷，拍攝了五十三卷一百英尺長的日軍攻擊班奈號影片，但是影片在戲院放映之前，羅斯福總統卻要求他剪去其中三十英尺，這段影片內容顯示了幾架日本轟炸機曾飛到接近甲板的高度，近距離射擊砲艇。亞歷同意了，雖然這三十英尺可能是整部影片中最精采的畫面，也對日本政府最具殺傷力。《班奈號事件》（*The Panay Incident*）一書的作者裴利（Hamilton Darby Perry）認為，羅斯福這麼做是因為他急於和日本人達成金錢賠償與外交和解，希望讓日本人相信美國人認為這次攻擊純屬誤會，並非故意為之；而那三十英尺的影片內容會讓這個和解方案變得不可能。

## 日本媒體製造假象

日本人試圖影響公眾輿論並不是什麼新鮮事。甚至在南京大屠殺之前，美國情報人員就看過日方標記著「最高機密」的計畫，亦即向美國散播對他們有利的宣傳。日本政府編列大筆預算，收買有影響力的媒體人士，在主要報紙和廣播電台刊登廣告，並印行手冊和傳單。

在南京大屠殺期間，日本面臨一場巨大的公關災難，還試圖去掩飾，在今天看來似乎可笑至極。日本政府不去要求在南京的士兵嚴守紀律，反而是集中資源發起閃電戰式的宣傳，奢望以此掩蓋這場世界歷史上最嚴重的大屠殺之一的相關細節。

日本媒體首先宣稱南京城一切順利安好。十二月二十日，威爾遜醫生聽到日本的「同盟通訊社」報導，說南京民眾正在返回家園，一切都恢復正常。「如果這就是從南京傳出的所有消息，那麼當真實的消息爆發出來後，將發生巨大的震動。」威爾遜寫道。

隨後，日本政府批准了為日本旅客精心準備的城市旅遊活動。「同盟通訊社」刊出報導的一週後，一艘日本商船從上海抵達南京，船上滿載日本觀光客。「他們被小心翼翼地引導到一些已經把屍體清除乾淨的街道，」費吳生談及這次旅遊時寫道，「他們親切地把糖果遞給中國兒童，拍拍他們驚魂甫定的頭。」

有一些婦女陪伴日本商社代表遊城，費吳生觀察到他們看起來「極度自滿，也滿意日本的偉大勝利，但他們當然聽不到真相——全世界也是如此，我想」。

一九三八年一月，日本記者來到南京拍攝這座城市的畫面，以便傳送到日本各地和全世界。除夕夜，日本大使館召集難民營裡的中國管理人員開會，告訴他們隔天城裡要「自動自發地」舉行慶祝活動。他們命令中國人製作數千面日本國旗，並攜帶這些國旗參加遊行，以拍攝一部影片，顯示居民歡欣雀躍地迎接日本軍隊。日本攝影師也來到南京，拍攝中國兒童接受日本軍醫照料、從日軍手上接下糖果的照片。「但是，」史邁士寫給朋友的信上表示，「沒有照相機在旁邊的時候，這些舉動根本就不會發生。」

日本宣傳最典型的案例是一九三八年一月八日刊登在上海《申報》的一篇文章，《申報》當時是由日本人控制。這篇文章的標題是「南京城氣氛和諧，進展令人欣慰」，內容宣稱「皇軍進城，將刺刀收進刀鞘裡，伸出友愛的雙手，為民眾檢查、治療，並為又饑又病的南京大眾提供醫療照顧和食物。」

男男女女，老老少少，跪在地上向皇軍表達崇高的敬意。一大群民眾，在太陽旗和紅十字旗下，圍在士兵四周，高喊「萬歲」來表達感謝。士兵和中國孩童一起愉快地玩溜滑梯，其樂融融。南京現在是最適合世界各國觀摩的好地點，在這裡，人們可以感受到安居樂業的氛圍。

## 傳教士的日記

日本人企圖曲解整個大屠殺是欺騙、噱頭，此舉激起一些倖存的傳教士在日記裡提出許多質疑的回應。

一九三八年一月九日，麥卡倫的日記：

現在日本人企圖詆毀我們在安全區的努力。他們威脅可憐的中國人，讓他們否認我們所說的話。一些中國人甚至準備證明所有的打劫、強暴與焚燒都是中國人自己做的，不是日本人所為。我有時覺得我們是在和瘋子和笨蛋交涉，我很驚訝我們這些外國人竟能經歷這場磨難而存活下來。

一九三八年一月十一日，費吳生的日記：

……我們看過幾份上海的日本報紙和兩份《東京日日新聞》。他們說早在十二月二十八日，商店就已經迅速開張，生意恢復正常，日本人正和我們合作，送食物給可憐的難民，在城裡打劫的中國人已經被肅清，現在一切恢復和平與秩序！如果不是這麼悲慘的話，我們早就大笑了。這是自戰爭開始以來，日本人一直向國外散布的典型謊言。

《讀者文摘》轉載費吳生的日記：

三月，東京的一家政府廣播電台向全世界發布了這樣一條消息：「造成南京多起死亡及財物嚴重損毀的不良幫派已被逮捕，並遭處決。事後證實，這幫人都是蔣介石部隊中心懷不滿的士兵。現在一切都恢復平靜了，日本軍隊正在提供糧食給三十萬難民。」

史邁士和妻子在一九三八年三月八日寫的信：

日本報紙刊登的最新消息說他們發現十一名武裝搶匪是罪魁禍首！好吧，如果他們每個人都在兩週內日夜強暴一、兩百個婦女，並且帶著報導所說的五萬美元逃走，那麼他們真是相當厲害的中國人……

# 日本媒體「馬戲團」

傳單是日本宣傳的另一種手法。在大屠殺期間，日軍飛機將傳單空投給南京民眾，已達氾濫的地步。像是：「所有返回家中的中國良民，將會得到食物和衣服。那些沒有被蔣介石魔兵愚弄的人，日本希望做你們的好鄰居。」傳單上還有一張彩色圖片，一位英俊的日本士兵手裡抱著中國小孩（「像基督一樣，」一位觀察者形容），一旁則有一位中國母親向他鞠躬，謝謝他送來的一袋袋米。根據費吳生的說法，的確有數千個中國人看了空投的傳單後，當天就離開難民營，返回殘破的家園。

日本人還在發生過悲劇的房屋上，或其四周，張貼明亮的彩色海報。有一張海報上畫著一名日本士兵抱著一個小孩，送給小孩的母親一桶米，送給小孩的父親一些糖和其他食物。一位德國外交官在報告上形容，海報描繪著「一個迷人、可親的士兵，手裡拿著煮飯的工具，肩上背著一個中國小孩，小孩貧窮而誠實的農民父母抬眼凝視著士兵，滿懷感激與家庭幸福之情，一切要歸功這位好叔叔」。海報的右上角寫著：「回到家鄉來！給你飯吃！信賴日本軍！可得救助！」

同時，日本人在南京與上海，舉辦迷人的招待會與新聞發布會，企圖轉移大眾對暴行的注意力。二月初，一位日本將領邀請外國外交代表到南京日本大使館喝茶。他吹噓日本軍隊的紀律舉世聞名，在日俄戰爭及滿州國事件期間，並沒有發生任何一起違反軍紀的事件。這名將領說，要是有日本人在南京犯下罪行，那一定是因為中國人在外國人的教唆之下違抗他們，這指的當然就是安全區國際委員會的人。奇怪的是，這名將領的言論，又和他先前所說互相矛盾，他承認日本士兵將他們的憤怒發洩在中國人民身上，因為他們在進攻南京時，並沒有發現任何可吃可用的東西。

然而，像馬戲團般的日本媒體卻無法愚弄外國使節，因為他們對於日軍在南京肆虐的縱火與屠殺早有所聞。二月中，日本在上海舉行一場軍隊音樂會，會場上還有藝妓與媒體攝影記者。一個德國外交官注意到，就在舉行音樂會的同時，「一個十一歲女孩的母親，因為不願將女孩交給士兵強暴，結果和房子一同被火燒掉了。」

## 安全區領導人反擊

安全區國際委員會對日本密集的宣傳全力反擊。在大屠殺發生的最初幾天，安全區領導人獲得了美國駐外特派記者像是德丁、史蒂爾、麥克丹尼爾的協助。但是他們離開之後，國際委員會就要靠自己了。日本政府阻撓其他記者如《芝加哥論壇報》的科本寧（Max Coppening）進入南京，當軍隊知道沒有外國媒體在一旁觀察時，他們的行為就更變本加厲了。

但是日本政府低估了國際委員會的宣傳能力。安全區領導人的共同特質，就是他們受過高度的語言藝術訓練。他們無一例外，都是能言善道的作家和演說家。傳教士都是從歐美最好的大學畢業，成年之後把大部分時間奉獻於布道、寫文章，以及基督教巡迴演講。安全區委員會的一些教授還寫過書。再加上，他們善於和媒體打交道，早在南京淪陷之前，他們就在南京廣播電台發表演講，或是為大眾媒體撰寫有關中國的文章。最後，傳教士還有一個日本人始料未及的優勢：他們這一輩子都在思索所謂「地獄」的真正意義。他們在南京找到了地獄，便立刻將它公諸於世。他們以穩重、中肯的文筆，再現了自己親眼目睹的恐怖景象：

> 連續十天，完全處於無政府狀態——簡直就是人間地獄……即使是最窮的人也被奪走了最後一點東西——他們的最後一分錢、最後一塊破床墊（此時正值隆冬），可憐的黃包車夫也失去了他的車子——而你卻只能袖手旁觀。數千名業已繳械、向你尋求避難之處的士兵，以及數百名無辜的平民，在你眼前被帶去槍斃或用來練習刺刀，而你只能聽著將他們射殺的槍聲。一千多名婦女跪在你面前，歇斯底里地哭喊，乞求你拯救她們逃出野獸的魔爪。自己國家的國旗被降下來且受到侮辱——不止一次，而是十幾次。你的家園遭到洗劫時，你只能站在一

邊，什麼也不能做，然後看到自己熱愛的城市，以及打算終身奉獻的機構被蓄意破壞、陷入火海——這是我以前從未想像過的地獄。（費吳生，一九三七年十二月二十四日）

要敘述這則恐怖的故事，我不知道該從哪裡開始，也不知道該從哪裡結束。我從未聽聞過這麼殘暴的事。強暴！強暴！強暴！我們估計，每晚至少有一千件強暴案發生，白天也有很多。若有人反抗，或是看起來不服從，就要捱上一刀或是一顆子彈。我們每天都可以寫下數百件案例，人們歇斯底里，每當有外國人出現時，他們就跪下來磕頭，哀乞幫助。被懷疑是士兵的人，連同其他人被拖出城，集體槍決，有數百——應該是數千人。即使一些救難中心的可憐難民，也一再遭到洗劫，連僅剩的最後一分錢、一件衣服、一塊床墊都不放過。婦女不分晝夜地被帶走。（麥卡倫，一九三七年十二月十九日）

我想，這些恐怖事件，我已經說得夠多了——有數十萬件那麼多。實在太多了，讓人腦子都麻木、遲鈍了，幾乎不再感到吃驚。我從來沒想過現代世界還有如此殘忍的人存在……似乎只有像開膛手傑克（Jack the Ripper）這樣罕見的瘋子才會做出這種事。（馬吉，John Gillespie Magee，一九三八年一月二十八日）

## 引起世界輿論回響

關於日軍暴行的詳細描述，不只出現在安全區領導人的日記裡，也出現在書信、新聞稿之中，一再被油印或重新繕打，因此親友、政府官員及媒體都是人手一份。當安全區領導人把大屠殺的細節郵寄出去後，他們通常要求收件者，如果要發表，不要透露作者的身分，因為他們擔心個別國際委員會成員會遭到報復或被逐出南京。有一次，馬吉在寫給家人的信裡說：「請務必小心處理這封信，如果它被發表，我們可能全會被趕出去，這對南京的中國人將是一場大災難。」他解釋，日本人會「很樂意」允許外國人離開，但不會允許任何一個人返回。

最終，安全區領導人的堅持、努力和謹慎，獲得了回報。費吳生的日記第一個從南京流出去，在上海造成轟動。他和其他人的故事（通常刪去關鍵人名）很快地出現在《時代週刊》、《讀者文摘》、《遠東雜誌》等主流印刷媒體，引起美國讀者廣泛的憤怒。有些文章最終在書上重新出現，像是《曼徹斯特衛報》（*Manchester Guardian*）記者田伯烈（Harold. John. Timperley）一九三八年出版的《日本人在中國的恐怖暴行》（*Japanese Terror in China*），以及一九三九年徐淑希出版的《南京安全區檔案》。

為了讓讀者有心理準備，安全區領導人通常會在文件的序言提出警告。「我要敘述的絕對不是一則愉快的故事；事實上，它會令人非常難受，因此我建議胃口不好的人最好別讀它，」費齊在日記出版前如是說，「因為這則故事充滿令人難以置信的罪惡與恐怖，是一群泯滅人性的罪犯，對一群和平、友善、守法的群眾，犯下不可思議的劫掠獸行……我相信這在現代歷史上是絕無僅有的。」

正如他們的預測，安全區國際委員會的報告引起了美國大眾的懷疑。當〈南京劫〉（"The Sack of Nanking"）一文在《讀者文摘》刊登後，一位訂戶寫道：「真是不可思議，居然會有人相信這麼明顯的宣傳，這讓人不禁回想到在戰爭期間政府餵食給公眾的訊息。」其他訂戶也有類似的評論。但是《讀者文摘》的編輯群堅持這些故事都是真實的。為了捍衛他們的公信力，編輯群「煞費苦心」地蒐集更多安全區領導人的信，於一九三八年十月號雜誌刊登。「我們所看見的材料，」編輯群急忙補充：「足可填滿整期雜誌，所有的資料都跟以下所節錄的一樣，可以獲得證實。」

## 鐵證如山

很幸運地，南京暴行不只被記錄在紙上，也被記錄在影片裡，因此無法否認。擁有一台業餘攝影機的馬吉，在金陵大學醫院拍了一些纏綿病榻的受害者。這些畫面令人難以忘懷——有日本士兵試圖活活燒死、面貌因而焦黑的人；有被日軍以刺刀重重敲擊頭部的塘瓷器店員（進入醫院六天以後，他的腦部脈搏跳動仍清晰可見）；還有遭到輪暴的受害者，頭幾乎要被日本士兵砍下來。

費吳生最終冒著生命危險將這些影像偷渡出中國。一月十九日，費吳生獲准離開南京，乘坐日本軍用火車到上海，他和「一群人們可以想像的令人厭惡的士兵」同坐三等車廂。他將八卷十六釐米南京暴行的負片膠卷，縫在駝毛大衣的內襯裡。他後來告訴家人，他已做好心理準備，如果日本人對他搜身、查到影片，他一定會立刻被殺。但費吳生很幸運地安抵上海，他把負片拿到柯達公司，沖出四份相片。在納粹黨人拉貝要離開南京返回德國之前，費吳生把其中一份交給他。其餘影像最終抵達了美國，費吳生和其他傳教士演講時，把這些影像展示給各宗教、政治團體觀看。其中一些畫面轉載於《生活》雜誌（*Life*）；而影片的部分片段後來出現在卡普拉（Frank Capra）的新聞紀錄片《我們為何而戰——中國的戰爭》（*Why We Fight—The Battle in China*）裡。數十年後，影片又再度出現在一九九〇年代發行的兩部歷史紀錄片中：《馬吉的證言》與《奉天皇之命》。

我們只能想像，當這些書面報告、照片、影片在世界媒體上揭露日軍暴行時，日本的軍事領袖會有多麼憤怒。許多安全區領導人一直生活在恐懼之中，他們相信，如果日本人可以放手去做，一定會把他們統統殺掉。有些人將自己關在層層防禦的房間裡，天黑之後就不敢出門，除非有三兩個人結伴。費吳生甚至懷疑自己的項上人頭是有懸賞價碼的。雖然害怕，他們還是繼續在夜晚輪流戍守安全區的重要區域，並且堅持公布日軍暴行。「日軍恨我們更勝於恨他們的敵人，因為我們把他們的罪行公諸於世。」馬吉在一三八年一月二十八日寫道，「我們很驚訝，我們之中沒有一個人被殺，但我們是否能平安出去，還是個問題。」

# 第七章　日本占領下的南京

南京浩劫持續了數月之久，最慘烈的部分集中在最初的六至八週。一九三八年春天，南京人民知道大屠殺結束了，城市雖遭到占領，但他們不一定會全部被殺。南京在日本人統治之下，軍隊開始實施各種統治手段來壓制全體中國人。

起初並沒有什麼好壓制的。「你無法想像這座城市有多混亂，」一位外國人寫道，「到處都是傾倒的穢物與各式各樣的廢棄物。」民眾任由垃圾與屍體在街上腐臭，因為沒有日本人允許，什麼事也不能做，即使是處理垃圾和屍體也不行。事實上，幾天以來，軍用卡車載運了幾英尺高的屍體到挹江門下，將屍體碾碎，對民眾以儆效尤——這就是反抗日本的下場。

觀察者估計，日本人損毀的公共財產，總數約有八．三六億美元（以一九三九年的幣值計算），私人財產損失至少達一．三六億美元。這些數字還不包括被日軍奪走、無可取代的文物的損失。

在社會學家史邁士的指導下，安全區成員對南京地區的財產損失做了系統性調查。調查人員走訪了城裡每五十戶有人居住的房子，還走訪了農村每三個村莊中的每十戶人家。一九三八年六月，一份長達六十頁的報告出爐，史邁士總結，南京經歷的一百二十次空襲和四天之久的攻城行動，只是日本進入南京後所造成損害的一％。

## 搜刮所有值錢物

大部分破壞是縱火造成的。城市淪陷後就開始有大火，持續超過六週。士兵在軍官的帶領下，縱火燒毀建築物，甚至使用特殊的化學物質放火。他們焚毀教堂、大使館、百貨公司、商店、華宅與茅屋，甚至連安全區也不放過。安全區領導成員無法撲滅這些火災，因為抽水機和滅火用具都被日本人偷走了。南京大屠殺的最初幾週結束時，軍隊已燒毀整座城市的三分之一和所有商店的四分之三。

他們還燒掉了俄國公使館，破壞了美國大使館，洗劫了幾乎每一棟外國人的住宅，即使是那些清晰標記著國旗與印章的建築物也都沒有逃過一劫。日本人對美國人的財產特別侮辱：他們在金陵大學扯下美國國旗六次，並在泥地上踐踏，威脅要殺掉任何膽敢再把它掛上去的人。雖然納粹和日本政府結為軸心國，德國人財產受損的程度絕對不亞於美國人。日本人扯下納粹旗幟，燒毀德國人的住家和營業場所，甚至還偷走希特勒與興登堡（Hindenburg）的照片，一位德國人寫道，「有鑑於日本人對天皇玉照的尊崇」，這真是一種「驚人的」行為。

日本人不只在南京城內劫掠肆虐，就連城外也不放過。日本士兵破壞南京附近鄉下，燒毀整個村莊，放火燒稻草房，並把家具、工具、農具都集中在磚房裡面，好把所有東西一次燒光。城市附近區域的農場動物，無論是家畜或其他動物，都被掠奪一空。

日本人還用乙炔火炬、手槍和手榴彈，爆破銀行保險庫，其中包括德國官員與居民的個人保險箱。士兵獲准將一些戰利品寄回日本，但大多數物品都被充公，集中交給官方使用。倉庫很快就堆滿稀有的玉器和瓷器藝術品、地毯和畫作、金銀珍寶，還有兩百多架鋼琴存放在一間儲藏室裡。十二月底，日本人開始將偷來的寶物——珠寶、藝術品、家具、金屬、古董——堆在碼頭上，準備運回日本。

日本搶匪通常搜尋價值不菲的貨品。他們覬覦外國車，這讓安全區委員會成員相信，如果沒有外國人坐在車上，軍隊就會把車子都搶走（用來運送屍體的卡車也被偷了）。日本人還侵入金陵大學醫院，從護士那裡偷走一些小東西——鋼筆、手電筒、手錶——並經常闖入安全區，偷走無家可歸者的床鋪、廚具和食物。一份德國的報告指出，十二月十五日，日軍強迫五千個難民排隊，從他們身上總共搜刮了一百八十美元。「甚至連他們（難民）手上的一把髒米都被士兵搶走，」費吳生寫道，「難民若有任何抱怨，就會被殺死。」

## 城市機能表面復甦

一九三八年一月，除了軍用商店和安全區國際委員會的米鋪，南京沒有一家商店開門營業。港口內空無一船。城市的大部分地區都缺乏電力、電話和供水服務，因為日本人處決了當地發電廠的大約五十名員工。由於缺水，民眾幾乎無法洗澡，但許多婦女也寧可不洗澡，希望骯髒的身軀能夠擋開日本士兵的強暴。

城市慢慢恢復生機。南京處處可見民眾洗劫房舍——拆掉屋子的地板和木窗當柴火，運走金屬和磚塊來修補自己的家或是賣給街上的人。在安全區的上海路上，密密麻麻一群人擠在數百名小販前面，這些小販出售任何你想像得到的贓物，包括門窗。這項活動帶動了地方經濟，因為路邊的贓物小飯周圍，如雨後春筍般迅速冒出各種茶館和飯館。

一九三八年一月一日，日本人成立了一個新的市政府——南京自治委員會（或是城裡一些西方人所謂的「自治政府」）。自治委員會由中國傀儡官員組成，控制著市區的行政、社會福利、財政、警察、商業與交通事務。到了春天，南京表面上已經開始像正常城市般運作。供水、電力，以及日常郵遞服務，都已經恢復了。日本人經營的市內公車開始營運，黃包車重現街頭，民眾可以搭火車到上海。南京很快就成為日軍繁忙的貨運中心，每天都有小火車、馬匹、野戰砲、卡車與其他物資從城裡運到鄰近的浦口。

但是野蠻占領的景象仍四處可見。中國商人要忍受重稅和租金勒索，以支付當權新貴的薪水。日本人也開放軍用店鋪給中國民眾，搾乾城內的黃金與金錢，代之以不值錢的軍用貨幣。即使物主還在城裡，傀儡政府仍把有價物品和公司存貨沒收充公，使得民眾更形窮困。一些低階的中國官員，私底下彼此嘲諷：「我們現在是在進行合法的搶劫。」

## 以鴉片奴役中國人

更驚人的是，城裡又再度出現鴉片，這比起抽重稅與沒收充公對人民的剝削，有過之而無不及。在日本占領之前，鴉片是一種地下麻藥，南京上流貴族和商人只能在密室裡偷偷地抽，而且不可以在街上明目張膽地公開兜售，或是張狂地出現在年輕人面前。但在城市淪陷之後，人們可以自由進出鴉片煙館，不受警察干預。這些煙館以中文招牌廣告促銷鴉片，上面寫著「官土」（即指鴉片）。

為了鼓勵人們上癮，好進一步奴役民眾，日本人在南京經常以毒品做為勞動和賣淫的酬勞。他們還提供海洛英香菸給年僅十歲的孩童。金陵大學歷史教授貝德士根據他的研究得出結論，南京地區約有五萬人吸食海洛英——占當時人口的八分之一。

許多受到壓迫的南京居民會淪為毒品的受害者，因為吸毒可以讓他們從悲慘的生活中解脫，即使只是暫時的。有些人甚至企圖吞食大量鴉片自殺。其他人則透過犯罪來維持自己的毒癮，導致南京強盜行為猖狂。南京的盜行猖獗之後，日本人就以此為理由宣揚南京需要帝國的法律與秩序，以此證明他們的占領是正當的。

日本雇主對待當地廣大的中國勞工，比奴隸還不如，稍有過錯就殺了他們。一些倖存者後來說，日本人刻意在工作場所製造嚴厲的環境和反覆無常的處分，讓中國員工經常處於恐懼狀態。一位被日本人抓去工廠的中國人，描述了他幾個月來所目睹的恐怖事件。日本工頭誣指一名員工偷了他的毛衣，以繩子把這名員工捆得像木乃伊一樣，從腳捆到喉嚨，然後拿一堆磚頭將他活活砸死。日本工頭丟完石頭以後，就把支離破碎的屍體連同纏繞在身上的繩子，一起丟去餵狗。又有一次，日本人發現工廠裡少了四塊小墊肩，後來查出這些墊肩被人拿來當作衛生紙使用。一名二十二歲的婦女坦承她那天上過廁所，就被拖到工廠後面，日本人拿刀砍了她的頭。就在同一天下午，殺害這名年輕婦女的日本兇手，還殺了一名十幾歲的男孩，他指控那名少年偷了一雙拖鞋。

## 人體醫學實驗

日本人甚至對南京人民進行醫學實驗。一九三九年四月，他們在城裡設立實驗設施，對他們稱為「原木」的「人體天竺鼠」進行研究。在中山東路上，離長江只有幾步遠的地方，日本人將一幢六層樓高的中國醫院，改建為傳染病研究實驗室，他們稱之為「榮第一六四四部隊」。雖然實驗室坐落的位置，附近有軍用機場、藝妓區、電影院，以及醒目的日本中心如日本領事館、軍警辦公室與中國遠征軍司令總部，但實驗室還是非常隱密。建築物以高高的磚牆圍起來，上面布滿鐵絲網；設施內有守衛巡邏；職員被勒令在寫回日本的信上不准提及「榮第一六四四部隊」。裡面的科學家為中國囚犯注射或餵食各種有毒物、細菌及致命氣體，包括一定劑量的丙酮、砷酸鹽、氰化物、亞硝酸鹽，與各種毒蛇的毒液如眼鏡蛇、響尾蛇等。日本科學家每週以這種方法殺掉十幾個人，然後把他們丟進「榮第一六四四部隊」的焚化爐。

一九四五年八月日本人投降時，「榮第一六四四部隊」的職員銷毀了所有的實驗設備和數據資料，炸掉實驗室，在中國軍隊到達南京之前就已逃逸無蹤。我們能夠得知這個祕密實驗室，是因為這個單位的一些科學家，在戰後面對審問時，對他們進行的活動坦承不諱。

## 金字塔式監控系統

那些僥倖躲過身體凌虐、醫學實驗及毒品誘惑的中國人，生活在令人窒息的軍隊脅迫氛圍中。日本當局發明一種大規模控制的方法，將人民組織成金字塔階層。每十戶一甲，任命一位甲長；每十甲一保，任命一位保長，以此類推。在這種嚴密的系統之下，南京的每個人都需要攜帶一張登記卡，上面有甲長、保長、里長等人的簽名，證明他對新政府的忠誠。家中有任何身分不明或沒有登記的人，就要即刻跟甲長報告，甲長再向直屬上司報備，層層上報，最後到達市政府的地區官員。這種制度並不是日本人的發明，而是中國傳統的保甲制度，日本人重新採用這個制度，無疑是要讓他們對南京居民的統治更具正當性。

日本人經常會測試這個保甲制度。有時在城裡故意放過沒有通行證的人，看看他們能不能找到地方住。如果這個人在兩小時之內沒被抓到並報告上級，這個社區的甲長、保長等人就會受到嚴厲處分。國際委員會成員史都華（Albert Steward）在一九三九年的日記上寫道：「這就是對新政權保持忠誠的日式作風。」

## 從廢墟中站起來

儘管面臨戰爭、大火和屠殺，南京依舊慢慢復原了。可怕的饑荒並沒有發生，這是因為日本人最後允許商船將食糧運進城裡，而且大多數日軍都離開南京去追擊內陸的中國部隊，當地農民因此得以收割冬麥。在一年之內，肥沃的長江三角洲大多數的農作物產量已經接近戰前水準。但南京並不是完全沒有遭受食糧短缺之苦。城牆內的菜園和農田無法豐饒生產，就是因為日本士兵不但沒收蔬菜，還強迫農民提前把農作物挖出來供日本人使用。再加上戰事持續拖延，南京日本當局加強了物資控制，嚴格配給煤炭和米等各種必需品。不過，我們並沒有證據證明南京比中國其他地區面臨更嚴重的饑荒或營養不良問題。中國其他城市，像是陪都重慶，在戰爭期間的食物短缺情況更加嚴重。

雖然在日本統治之下，買賣鴉片、海洛英的情形十分猖獗，但南京民眾還算相對健康。在占領之後，城裡的日本當局制定嚴格的政策，焚燒因病而死的屍體。他們還積極進行針對霍亂和傷寒的疫苗接種計畫，一年命令民眾注射好幾次疫苗。中國醫務人員在街上和火車站待命，為進城的行人或訪客注射疫苗。這讓民眾大感不滿，許多人害怕這些針會把他們害死。一些西方傳教士的小孩還記得，在火車站，到南京的中國旅客被命令站在消毒盤上面，許多人都覺得這是一種很大的羞辱（西方人進城時，通常也要噴灑消毒水）。

幾年之內，南京就從斷瓦殘垣之中站了起來。一九三八年春天，人們開始冒險回城——有些人回來檢查損失情況；有的人錢花光了，回來找工作；有的人則來探路，看看全家人是否能夠安全回來。重建工作開始，對勞工的需求日增，很快地，更多人被吸引回來，不久，他們的妻小也隨著返鄉潮回到南京。在一年半之內，南京人口倍增，從一九三八年三月的大約二十五萬至三十萬人，暴增到一九三九年十二月的五七．六萬人。雖然南京總人口無法回到一九三六年的一百萬人水準，但一九四二年，人口數到達約有七十萬人的高峰，在戰爭期間一直維持穩定。

## 苦難告終

在日本人統治下的生活，一點也不快樂，但是城市裡籠罩著認命的氛圍，許多人相信征服者會一直留下來。城裡偶爾出現一些零星的地下反抗活動——偶爾會有人跑到坐滿日本軍官的戲院投擲炸彈——但整體而言，這類反抗活動仍屬稀疏罕見。在南京，對日本人的敵意大都以非暴力的方式表達，像是利用反日海報、傳單和塗鴉。

一九四五年夏天，南京居民的苦難終於到了尾聲。一九四五年八月六日，美國在日本第八大城廣島，投下一枚未經測試的鈾彈，第一天就導致該市二四・五萬人口中的十萬人死亡。日本人還不投降，八月九日，美國人又在長崎丟了第二枚鈽彈。之後不到一星期，八月十四日，日本最終決定投降。

日本人一直在南京停留到投降的那一天，然後匆忙離城。目擊者指出，到處可見日本士兵酩酊狂飲，或在街上號啕大哭；有傳言說，手無寸鐵的日本人被罰跪在路邊，遭到當地居民毒打。然而，對日本駐軍的報復行為似乎很有限，因為許多居民在這混亂時刻都躲在家中，害怕日本戰敗的消息不是真的，他們甚至不敢慶祝。日軍撤退行動很迅速，南京民眾對日本士兵並沒有大規模的迫害或是囚禁。有一位南京市民回憶，日本投降後，她還躲在家裡好幾個星期，等她出來街上時，日本人已經走光了。

# 第八章　審判日

早在二戰結束之前，盟軍就已經組織了戰爭法庭，將日本戰犯交付法律制裁。在完全預期日本將會戰敗之際，美國與中國國民政府達成審判的初步協議。一九四四年三月，聯合國成立「戰爭犯罪調查委員會」（Investigation of War Crimes Committee），南京淪陷後，在中國戰時首都重慶設立遠東與太平洋戰爭犯罪小組委員會。日本投降後，雙方就積極展開戰爭法庭的規畫工作，在日本的盟軍最高司令部和中國國民政府密切合作，蒐集日軍在中國暴行的各項資料。在南京大屠殺期間所犯下的罪行，日本當權派成員必須在南京與東京二地接受審判。

## 一吐怨氣審戰犯

南京大屠殺是南京民眾心靈中一道深沉、潰爛的傷口，這道傷口隱藏著多年來被壓抑的恐懼和仇恨。一九四六年八月，當乙級與丙級戰犯開始在南京城裡接受審判時，這道傷口陡然撕裂，戰時累積的憤懣與怨毒，一股腦地傾瀉出來。

只有一小撮日本戰犯在南京接受審判，卻給了當地中國民眾一個傾訴怨懟委屈和參與大規模宣洩的機會。審判一直持續到一九四七年二月，在這期間，有一千多人出庭作證，控訴約四百六十件謀殺、強暴、縱火、搶劫案件。*中國

*譯注：控訴案件中，集體屠殺有二十八件，零散屠殺有八百五十八件，共八百八十六件。

政府在南京街頭張貼告示，促請目擊者挺身作證，全城有十二處辦事處蒐集民眾的證詞。目擊者一個接一個出現在法庭上，聽著中國法官警告他們，做偽證將判刑五年，然後在文件上簽名、蓋章、蓋手印，或畫十字來宣誓如實作證。目擊證人不只包括中國倖存者，還包括安全區領導人，像是貝德士和史邁士。

在審判期間，苦心隱藏多年的證據陸續出爐。一個最著名的例證，就是一本裝著十六張由日軍自己拍攝暴行照片的小相本。這些底片在大屠殺期間送到沖印店沖洗時，店員偷偷複製了一份，放入相本裡，藏在浴室的牆壁中，後來又偷偷藏在一尊佛像下面。*相本經過一手又一手，即使日軍發出威脅並積極搜查，人們還是冒生命危險將這本相簿藏起來。有一個人甚至為了這十六張照片而逃離南京，在幾年之間像個通緝犯般從一座城市流浪到另一座城市（這些照片從沖印店到戰爭法庭，最後安放在檔案館，這段冗長繁複的旅程，為許多篇文章提供了靈感，甚至在中國還拍了一部紀錄片）。

並不是所有送到法庭的證據，過程都這麼聳動、迂迴。有些證據是直接從舊報紙剪報得來。審判兩名日本少尉野田毅、向井敏明時，《日本報知者》的一篇文章在法庭傳閱，這兩人參與了本書第二章描述的著名殺人競賽。審判期間，這兩名士兵當然否認各自殺了一百五十多人，其中一人抱怨那篇文章完全是外國記者的想像，另一人則堅稱自己謊稱有殺人比賽是希望將來回到日本比較容易娶到老婆。一九四七年十二月十八日，庭上宣讀兩人的判決書，中國聽眾歡呼吶喊，喜極而泣。這兩名少尉都被判處槍決。

## 殺人魔罪有應得

南京戰爭罪審判的焦點，都集中在谷壽夫。一九三七年，他身兼南京日軍

---

＊譯注：另有一說是指相本先放在佛像下，然後才藏在浴室的牆壁中。

第六師團中將師團長，這個師團在城裡（尤其是中華門附近）犯下許多暴行。一九四六年八月，谷壽夫被帶回中國審判，坐上囚車送達南京拘禁所。為了起訴他，穿著白色工作服的法醫專家，在中華門附近挖開了五處受難者埋葬地，露出數千具骨骸、頭骨，其中許多是受到槍傷而裂開，屍骨上仍染著深色血跡。

面對全城怒氣鼎沸，谷壽夫一定很害怕。他站在被告席上，黃色日本軍服上的星星和臂章已被摘除，超過八十名證人來到法庭，詳述一連串的恐怖暴行。檢察官的起訴書很長，列舉谷壽夫師團犯下的數百件刺殺、焚燒、溺斃、絞刑、強暴、偷竊、破壞等案件。鐵證如山，令人髮指，中國檢察官甚至請來一組專家，在法庭的桌子上展示成堆的頭骨，更加提升戲劇張力。一九四七年二月六日，宣讀谷壽夫判決的那天，法庭不夠大，無法容納所有想要進來的人。有兩千多名觀眾擠在法庭內，另外還架設一台擴音機，向外面聚集的數萬民眾廣播庭審過程。

谷壽夫被判有罪，沒有人會感到驚訝。一九四七年三月十日，法庭總結，他的部隊違反《海牙公約》中的《陸戰法規和慣例公約》，並協助進行一場造成約三十萬南京人死亡的屠殺，因此決議判處谷壽夫死刑。城裡有許多人去觀看他被處決。四月二十六日，街道兩旁與人行道上擠滿了圍觀者，警衛押著雙手反綁在背後的谷壽夫來到雨花台的行刑場。在南京南方的雨花台，谷壽夫被槍決了——許多倖存者認為，他的下場比許多犧牲在他手上的受害者，還要合乎人道得多。

## 世紀大審判

遠東國際軍事法庭，亦稱東京戰爭罪審判，一九四六年五月三日在日本首都開庭。審判的規模令人震驚。這場審判吸引了超過二十萬名觀眾與四百一十九位證人。判決書長達四萬九千頁、一千萬字，其中還包括七百七十九份宣誓書和證詞，以及四千三百三十六件證物。這個號稱「世紀大審」的審判，歷時兩年半，是紐倫堡大審的三倍。* 事實上，遠東國際軍事法庭是有史以來最長的戰爭罪審判。

遠東國際軍事法庭雖然總共只控訴了二十八名日本軍人和政府官員，卻吸引了許多媒體與法界人士的注意。不管是在哪一天開庭，法庭裡總是擠滿了一千多人，包括法官、律師、外國記者、攝影師、司法人員、軍警、書記官和翻譯官。媒體席的左邊，來自十一個同盟國的法官坐在高台上，右邊則是被告。觀眾坐在旁觀的樓台上，律師、助理、職員則坐在底下。每個人都戴上耳機，因為訴訟過程中使用的是英文和日文。

布拉克曼（Arnold Brackman）在他的著作《另一個紐倫堡：東京戰爭罪審判幕後的故事》（*The Other Nuremberg: the Untold Story of the Tokyo War Crimes Trial*）中寫道：「在遠東國際軍事法庭上，出現了相當於一千多件的美萊村屠殺案（My Lai，美軍在越戰期間所犯下的屠殺事件）。」審判期間，數千件日軍在亞洲的恐怖行徑的細節，伴隨著大量的新聞報導、調查、統計數據及證人證詞一起出現。遠東國際軍事法庭不僅製作了南京大屠殺的口述歷史紀錄，還證實南京大屠殺只是日軍在戰爭期間所犯下的全部暴行中的一小部分。檢方掌握的罪行還包括：日軍對俘虜進行醫學實驗；在行軍（例如惡名昭彰的巴丹島死亡行軍）過程中讓囚犯病重、饑餓，最後力竭而死；在殘酷的條件下興建暹邏到緬甸的死亡鐵路；日軍的「水刑」，將水或煤油灌進受害者的鼻子或嘴巴，直到他們腸子破裂；鉤住戰犯的手腕、手臂、大腿把他們吊起來，直至關節裂開；強迫囚犯跪在尖銳的器皿上；將指甲拔掉；電擊折磨；喝令婦女裸身坐在炭爐上面；每一種想像得到的毆打和鞭笞（日本軍警最喜歡的酷刑，就是把囚犯綁在樹上，士兵圍在四周，把他們踢到死為止。這個方法日軍委婉地說是「三重攻擊」，或是「從三個方向圍攻」）。他們甚至進行活體解剖和吃人肉。後來法庭判定，日本人對待戰俘的殘暴手段，凌駕於納粹。遭納粹俘虜的美國戰俘，每二十五人中只有一人死亡；而在日本俘虜之下，每三人就有一人死亡。

---

* 譯注：紐倫堡（Nuremberg）是位於德國南部的城市，盟軍在此審判納粹戰犯。

---

南京大屠殺——恐怕是遠東國際軍事法庭中最吸引人的部分——足可說明日本在整個戰爭期間的行為。年輕時曾替美聯社報導遠東國際軍事法庭新聞的布拉克曼指出，「南京大屠殺並不是所有戰爭中常見的那種獨立事件。南京大屠殺是刻意而為，是日本的一項政策，這在東京人盡皆知。因此，它應該是世界媒體的頭條新聞。這就是遠東國際軍事法庭的意義所在。」審判期間提出的罪證，徹底擊敗日本方面的抗辯。一些南京安全區國際委員會成員飛到東京，宣讀他們的日記，呈上他們的研究成果，並回答有關南京大屠殺的問題。遠東國際軍事法庭的判決書，明確地公開譴責日本在南京的罪行。判決書引用一名觀察員的話，指稱日本軍人「像野蠻人一樣肆意褻瀆這座城市」。法庭還做出結論，認為日本政府對發生在南京的暴行瞭若指掌。畢竟，這些罪行是在日本大使館眼前毫無掩飾地發生。南京安全區國際委員會每天去拜訪日本外務省與日本大使館的代表，報告相關情況，甚至在大屠殺的最初六週裡每天提出兩次抗議。美國駐東京大使格魯（Joseph Grew）與日本高層官員（包括外相廣田弘毅）會面，告知他們日軍的暴行。一九三七年與一九三八年，在中國代表全日本的公使伊藤，也曾遞送日本人在中國暴行的報告給廣田弘毅。

## 代罪羔羊

對南京暴行排山倒海的責難都落在松井石根身上。身為日軍華中遠征軍的總司令，松井石根是最明顯的箭靶：在入侵南京前一個月，松井石根曾吹噓他的任務是要「懲戒南京政府和蠻橫的中國人」。一九三七年十二月十七日，他騎著一匹棕栗色駿馬，士兵夾道歡呼，在盛大的排場中進入南京城。但歷史學家認為，松井可能是南京大屠殺的代罪羔羊。他那時罹患肺結核，又病又弱，南京淪陷時，他甚至不在城裡。

因為缺乏相關文獻資料，松井在南京大屠殺中應負的責任，還有待更進一步的研究和討論。然而，有證據顯示，這個為肺結核所苦的將領，對整個事件深感內疚，這無疑是因為他在朝香宮鳩彥接掌兵符（上海派遣軍）之後就無法維持軍隊秩序的緣故。為了彌補在南京的罪孽，松井在距離東京五十英里外的海灘度假聖地、家鄉熱海的山丘上，興建了一座懺悔神社。他特別從長江岸邊運來一袋袋泥土，混合著日本泥土，然後雕塑、烘乾、上釉，製成佛教慈悲女神觀音像。在觀音像前，松井家族聘請一位女尼，為中國戰爭死難者誦經祈禱並哀泣。

但是，在公眾前自責是一回事，願意為蒙冤者伸張正義又是另一回事。直至今日，松井石根在遠東國際軍事法庭的行為，還是很令人困惑。他在審判期間，不願透露南京事件發生的始末，因為這樣做將會讓皇室捲入其中。他在謊言和不時的自責之間搖擺不定。他企圖為南京暴行找藉口，有時甚至完全否認。他拐彎抹角的說詞，以及神祕兮兮地討論佛教和中日關係的本質，都讓檢察官很惱火。但他從未舉發皇室成員的錯誤，反而譴責自己沒能正確地指導朝香宮鳩彥親王與天皇。然後他告訴檢察官，為皇室而死是他的職責。「我很高興能以這種方式了結，」他說，「我真的隨時準備一死。」

如他所願，法庭結辯認為南京大屠殺「要麼是祕密下令，要麼是刻意而為」，判處松井石根死刑。他不是唯一被定罪的人，包括日本外相廣田弘毅在內，總共有七名日本甲級戰犯，都被遠東國際軍事法庭判定有罪，後來在東京巢鴉監獄執行絞刑。

## 罪魁逍遙法外

不幸的是，許多該為南京大屠殺負起主要責任的人，或者說是那些可以運用皇室權力阻止這場悲劇的人，從來沒有上過一天法庭。

在日本投降後不久，中島今朝吾就去世了，他的部隊在南京犯下許多最敗德的暴行。中島在一九四五年十月二十八日過世，顯然是死於尿毒症和肝硬化。謠言盛傳中島是一個酒鬼，並且是自殺身亡的，但他的長子表示，中島的疾病是肇因於他進行化學武器研究與教育時，吸入過量的氣體。巧合的是，一位負責審問中島戰爭罪行的美國眾議院議員來到中島家門口時，正巧碰到醫生通知中島家人，他已經病故。中島的傳記作者木村久邇典相信，中島是奉行南京「不留任何一個犯人」的政策，他引述中島兒子的話：「如果我父親仍健在，他也許無法逃脫被處決的命運。」

柳川平助也是在一九四五年去世。在他死於心臟病發之前，曾接受友人菅原豐的採訪，菅原以他們的七冊談話筆記出版了一本書。雖然這本書大都是在褒揚柳川的軍事功績（菅原寫道：「他是一個難能可貴的人，一位偉大的天才」），卻也談到了南京大屠殺的議題。柳川對整起事件嗤之以鼻，他向菅原保證，有關他部下暴行的報導都是「毫無根據的謠言」。他吹噓他的士兵在南京是多麼嚴守軍隊紀律，當他們分配到在中國人家裡住宿時，甚至都還會穿上拖鞋。

## 天皇是幕後黑手？

裕仁天皇在日本投降後，還活了很長一段時間，但他在戰爭期間的行為從未面臨過道德清算。做為日本投降的交換條件，美國政府同意裕仁天皇享有審判豁免權，因此，裕仁不須以被告或是證人的身分被傳喚出庭。正因為投降條款免除了所有日本皇室成員的罪責，裕仁的叔叔朝香宮親王（「殺死所有俘虜」的命令就是在他的指揮下偽造的），也逃過了法律制裁，根本不必出席遠東國際軍事法庭。

裕仁享有戰爭責任的審判豁免權，更糟糕的是還讓他繼續坐在皇位上，因而妨礙了後來日本人民對其二戰罪行的歷史認知。裕仁天皇傳記作者、著名日本學者畢克斯（Herbert Bix）指出：「許多日本人很難相信他們是侵略與幾近滅種的大屠殺的共犯，而他們忠心擁戴的天皇卻從未為自己的言行負責……在麥克阿瑟的協助下，為日本保守派未來對戰後君主政體的解釋奠定了基礎，這種解釋否認昭和天皇曾經掌握實權。」

因為缺乏可供參考的原始素材，裕仁天皇在南京大屠殺所扮演的角色，仍是個頗具爭議性的議題。不像納粹政府的紀錄被盟軍沒收充公並製成微縮膠卷，事後成為戰爭罪審判的證據，日本人在麥克阿瑟將軍到達之前，刻意銷毀、隱藏或是僞造他們戰爭期間的機密文件。就連美國接管部隊在一九四五年取得的許多日本高階軍事紀錄——一位教授稱這些文件是「無價的歷史珍寶」——也在十年後被美國政府莫名其妙、不負責任地歸還給日本，都還沒來得及完全製成微縮膠卷。正因為這些原因，使得今日根本不可能證實裕仁天皇是否計畫、同意，或甚至知道南京的暴行。

伯格米尼的《日本的帝國陰謀》（*Japan's Imperial Conspiracy*），也許是唯一試圖解釋裕仁涉入南京大屠殺的英文著作。伯格米尼在書中聲稱，日本人為征服世界制定了精密的藍圖，決定要入侵南京的人，正是裕仁本人。伯格米尼以動人的敘述（顯然完整引用了日本最高機密訊息）來闡述導致南京悲劇的一連串事件，不幸的是，伯格米尼的書，遭到著名歷史學家的嚴厲批評，他們宣稱伯格米尼引用了根本不存在的消息來源，或是引用一些不具名報導人提供的訊息，這些消息來源提及了一些驚人卻無法證實的事情。

## 《田中奏摺》是假的？

學者之間對於日本皇室是否真的密謀征服世界爭論不斷，使得情勢更加混亂。多年來，大家都相信首相田中義一在一九二七年「遠東會議」時曾遞交一份祕密報告給天皇，這份被稱為《田中奏摺》的報告，可能真的概括了日本當時的野心。據稱，這份報告寫道：「如欲征服世界，必先征服中國。但欲征服中國，必先征服滿蒙……如果成功征服中國，其他亞洲國家與南海諸國將懼怕我國，向我國投降。世界就會了解到東亞是我們的，就不敢侵犯我們的權利。這是明治天皇留給我們的計畫，成功與否，攸關我們國家的存亡。」

現今學者普遍認為這份報告是偽造的，可能源自俄國。但是當一九二九年九月這份報告首度在北京出現時，它讓許多人相信日本侵略中國是其精心策畫的征服全球計畫的一部分。英文版的《田中奏摺》後來出現在上海的一家報紙上，甚至激發好萊塢拍攝出一部經典名片《太陽上的鮮血》（*Blood on the Sun*），在這部電影中，卡格尼（James Cagney）試圖竊取日本的整體計畫以拯救全世界。

時至今日，《田中奏摺》仍然盤據於全世界的想像空間：許多中國歷史學家相信《田中奏摺》確有其事，中國的百科全書與辭典，以及英文報紙、新聞通訊社文章，仍繼續將《田中奏摺》當作歷史事實來引用。

目前，沒有一位聲名卓著的日本史學家相信，日本曾預先密謀要征服全世界。只要檢視日本行政部門在一九二〇年代與一九三〇年代的混亂狀況，就可以發現他們不太可能有這種陰謀：日本陸軍痛恨海軍；東京最高司令部知道東北的關東軍做了什麼時，通常都為時已晚；外務省和武裝部隊之間的關係很不友善，幾乎到彼此不說話的地步。

## 裕仁難辭其咎

不過，許多學者相信，裕仁肯定知道南京大屠殺暴行（畢克斯個人認為，裕仁如果不知道，實在「難以置信」）。首先，南京大屠殺是世界媒體的頭條新聞。其次，他的親弟弟也可以告訴他這些暴行的詳情。一九四三年，裕仁天皇最小的弟弟三笠宮崇仁親王，在日本皇軍中國遠征軍的南京總司令部擔任參謀一年。他在那裡聽到一名年輕的軍官提及，日本利用中國囚犯來練習活體刺刀術以訓練新兵。「這有助於訓練他們的膽量。」軍官這樣告訴親王。震驚的三笠宮崇仁親王形容這種練習「真是恐怖的景象，只能以屠殺來形容」。出於「讓戰爭結束的迫切渴望」，他發了一份調查問卷給年輕的參謀人員，詢問他們對戰爭的意見，並準備一份演講稿，公開譴責日本對中國的侵略，他還寫了一份報告〈一個日本人對中日戰爭的省思〉。這份報告相當具爭議性及危險性，但是三笠宮親王因為具有皇室血統而倖免於難。日軍後來沒收了這份報告，並銷毀大部分副本，但還是有一份副本倖存下來，後來在國家議會檔案館的微縮膠卷中被發現。

如果在遠東國際軍事法庭審判期間，這份資訊能夠曝光的話，也許會更進一步牽連到皇室與軍隊的司令官，因為當惡劣行徑傳到他們耳裡時，他們並沒有嚴厲地阻止戰爭犯罪。三笠宮親王後來坦承他向天皇哥哥「零零碎碎地」報告了中國的情況，甚至和哥哥一起觀看了日軍在中國暴行的新聞影片。然而，三笠宮親王的自白書直到一九八九年才出現——離遠東國際軍事法庭已過將近半世紀之久。

我們也許永遠無法得知，南京大屠殺發生時，裕仁到底收到了哪些消息，但是根據紀錄顯示，他異常開心。南京淪陷後的第二天，裕仁向皇后的叔公兼陸軍參謀總長閑院宮載仁親王表示他「滿意極了」，親王後來發電報恭賀松井石根，褒揚他「有史以來，從未有過這麼傑出的戰績」。裕仁甚至邀請松井石根、朝香宮鳩彥、柳川平助到他的避暑別墅，御賜刻有皇家菊花標誌的銀花瓶。

最後，皇室成員不僅躲過戰爭法庭的審查，餘生還安享悠閒的生活，繼續受到舉國崇敬。其中，朝香宮親王退休後每週和裕仁天皇一起觀看新聞影片，共同出席「皇室血親議會」（Council of Princes of the Blood），還一起打高爾夫球，直到生命的最後一刻（朝香宮親王不僅擅長這項運動，對高爾夫球場的開發也興致勃勃，他成為日本東海岸度假勝地箱根的大箱根鄉村俱樂部高原高爾夫球場的建築師）。裕仁本人則一直平靜、尊貴地生活著，直到一九八九年辭世。

# 第九章　倖存者的命運

不止一位研究南京大屠殺的學者評論過遠東國際軍事法庭伸張正義的慘淡方式。戰後，許多凌虐南京居民的日本人，業已得到日本政府全額的軍隊退職俸和津貼，而數千名的屠殺倖存者卻痛苦地生活在無聲的貧困、恥辱之中，或是飽受慢性身心病痛的摧殘。

造成正義大逆轉的關鍵原因，就是冷戰的出現。美國原本要在日本施行民主，清除日本領導階層中涉入戰爭的人。但是在戰後，蘇聯違背雅爾達會議的承諾，奪取了波蘭和一部分的德國領土。東歐籠罩在共產主義的「鐵幕」下，中國亦是如此。一九四九年，毛澤東的共產黨部隊擊敗蔣介石，迫使蔣氏政府退守台灣。一九五〇年韓戰爆發，最終造成一百萬韓國人、二十五萬中國人和三．四萬美國人死亡。

隨著中國、蘇聯與北韓成為戰後的新敵人，美國政府在頃刻間將日本視為戰略地位重要的國家。華盛頓方面決定維持日本政府的穩定，以挑戰亞洲的共產主義。美國幾乎原封不動地保留了日本戰前的官僚體系，讓許多日本戰犯逍遙法外。因此，當納粹政權被徹底審查與整頓、大量納粹戰犯倒台並送交審判時，許多日本戰時高官卻可以重返權力核心、仕途繼續興盛。一九五七年，日本甚至推選一名曾身陷囹圄的甲級戰犯為首相。*

同時，絕大多數南京大屠殺的倖存者也從公眾面前消失。在冷戰期間與毛澤東統治的狂暴時代，南京和其他中國地方一樣，與國際社會完全隔離。中國共產黨政府不只與西方切斷溝通長達數十年，甚至驅逐了許多留在南京的外國人，即使是拯救了成千上萬中國人性命的國際安全區委員會成員也遭到驅逐。

## 華城下幽暗之處

一九九五年夏天，我成為西方第一批以錄影帶記錄部分南京大屠殺倖存者口述證詞的人之一。說來難過，如果早十年拜訪南京，我就會發現許多完好無損的大屠殺現場，因為當時南京是中國保存歷史古蹟的典範，許多一九三〇年代的建築物還屹立不搖。但到了一九八〇年末期和一九九〇年代，南京城經歷土地炒作狂飆與興建施工，破壞了古老的景觀，取代的是，在灰濛濛濃煙下的豪華酒店、工廠、摩天大樓和公寓大廈。甚至最有名的南京城牆也大都消失了，只留下幾扇城門，充作觀光景點。**

* 譯注：此指日本首相岸信介，他創建滿州國，日本戰敗後，以甲級戰犯被捕，一九四八年被祕密釋放，一九五二年重返政壇，三年後當選為自民黨總裁，擔任副首相。一九五七年，當選為日本首相。

** 譯注：南京城牆總長三三．六七六公里，現剩二一．三五公里。

如果在來到這座擁擠、交通堵塞、繁榮的城市之前，我不知道南京大屠殺的話，我甚至會懷疑它是否曾經發生過，因為南京的人口總數至少比大屠殺剛結束時多出十倍。在這片繁華景象之下，隱藏在視線之外的是與過去歷史相連的最後一群人——南京大屠殺垂垂老矣的倖存者。城裡的學者帶領我去拜訪散布在南京城各處的一些受害者。

我所發現的事情令人震驚而沮喪，大多數倖存者住在陰暗、骯髒的公寓裡，四周凌亂地散布著貧窮的痕跡，霉氣和溼氣很重。我知道在大屠殺期間一些人受到嚴重的身體傷害，使他們數十年來無法過上體面的生活。大多數人如此貧窮，即使日本只給他們最低微的金錢賠償，都將大大改善他們生活狀況。日本人即使給一百美元的補償金，只夠買一台冷氣，對他們當中的許多人來說，也能產生很大的改變。

## 主政者雙重背叛

戰爭過後，一些生還者還抱持希望，期盼政府會支持他們促使日本賠償，並正式道歉。然而，這個希望很快就破滅了。中華人民共和國急著和日本締盟，贏得國際承認，多次宣布已經寬恕日本人；一九九一年，中國政府甚至還邀請日本首相訪問中國大陸。聽到這種消息，就好像被二度強暴一般，有些人認為他們是遭人雙重背叛的犧牲者——首先是在南京淪陷之前就逃走的國民黨部隊，再來就是把他們的未來出賣給日本人的中華人民共和國政府。

根據國際人權律師派克（Karen Parker）的說法，雖然中華人民共和國對日本發表了和解聲明，但從未和日本簽訂放棄戰爭犯罪求償權利的條約。派克進一步宣稱，即使未來兩國簽訂這種協定，也不能侵犯中國人民為其戰時所受苦難求償的個人權利。

但是我在南京訪談的大多數倖存者，並不了解錯綜複雜的國際法律，因此他們以為中華人民共和國已經喪失求償的權利。任何有關中日政府友好的消息，都會對他們造成情感上的打擊。一位在南京大屠殺期間幾乎被日本人活活燒死的男子告訴我，當他聽到中華人民共和國已經寬恕日本過去罪行的傳言時，不禁痛哭失聲。另一位父親在南京大屠殺時遭到處決的婦女說，當她母親聽到收音機廣播日本首相來訪的消息時，當場昏厥過去。

當然，並非所有南京大屠殺的倖存者都有著悲慘的命運。我發現許多出人意料的結局，像是南京衛戍司令官唐生智的人生結局。雖然他在南京慘敗，最後卻在中國過得風光無限。剛開始他過得並不好，南京潰敗讓他在國民黨中留下臭名，被迫回到湖南老家，無官可做。但是後來共產黨掌權，新領導人接納了他——儘管他曾位居敵營高階軍官。唐生智很快便竄起，晉升為湖南副省長，擔任人大代表、國家軍委、中共國家革命委員會委員等職務。他在漫長的政治生涯中頗具聲望，最後在一九七〇年四月六日逝世——當時八十多歲，是位高權重的官員。

## 遲來的受難者

許多組織南京安全區的外國人，命運同樣令人唏噓。他們奉獻一己的精力與健康來協助南京的中國人，卻沒有得到相應的回報。沒有一本名著專門介紹這群二戰被遺忘的英雄，當然也沒有一部像《辛德勒的名單》（*Schindler's List*）那樣贏得舉世關注的電影描繪他們。他們的精神大半長存於從柏林到美國桑尼維爾（Sunnyvale）的檔案館與閣樓裡，也存在中國少數倖存者的心中。在倖存者記憶中，他們是拯救南京的活菩薩。

南京倖存者大都知道安全區成員的功業，卻鮮有人知道他們最終的命運。我在中國訪問到的倖存者，聽到他們的保護人最後承受屈辱被逐出中國時，都很難過；安全區的成員或在他們的家鄉接受審問、流放，或承受著永遠無法復原的身心傷害——有人甚至自殺了。其中有些人應當被視為南京大屠殺遲來的受難者。

貝德士和史邁士的經驗，足可說明他們在南京大屠殺期間的英勇行徑，如何遭到政治目的扭曲。韓戰期間，中華人民共和國在報章為文扭曲大屠殺歷史，將美國人描寫成在南京協助日本人進行大屠殺的惡棍。史邁士看到當地報紙大幅報導，指控安全區外國人拱手將城市交給日本人，並交出數千名婦女以供強暴。全國性報紙《新華月報》的文章也如出一轍地指控一九三七年留在南京的美國人，「不僅應和美國政府的帝國主義政策，更不惜以中國人民的血肉之軀保護他們的公司、教會、學校和住所。」作者堅稱，安全區國際委員會是帝國主義者的組織，和日本侵略者「忠實地勾結」，文章並引述一位中國倖存者的話說：「美帝魔鬼大聲把名字叫出來，日本魔兵就執行處決。」南京暴行的圖片上，甚至還印著一行標語：「記住南京大屠殺，阻止美帝為日本重整軍備！」

這種宣傳讓史邁士又驚又怕，雖然他的中文教師確保他安全無虞。「史邁士博士，城裡有十萬人知道你為人民所做的事情，」教師說，「沒什麼好擔心的。」然而，史邁士待在中國的日子已經屈指可數了。一九五一年他辭去金陵大學職位，翌年即回美國肯塔基州萊克星頓神學院（Lexington Theological

Seminary）擔任教職。貝德士也離開了南京，但在此之前，他實際上已遭共產黨軟禁。

## 心力交瘁，英年早逝

比起一些同僚的遭遇，史邁士和貝德士所遭受的痛苦，就不算太大。對於一些安全區成員而言，南京大屠殺事件奪走他們好幾年的壽命。馬吉牧師的兒子大衛（David Magee）確信，和日本人交涉的龐大壓力造成他父親英年早逝。其他一些安全區成員則長年忍受精神折磨，例如：基督教青年會負責人費吳生的女兒依笛絲（Edith Fitch Swapp）就說，她父親在南京受到極大的精神創傷，使他在做這個議題的演講時，不時會完全失去記憶。費吳生在美國大眾面前談論中日戰爭時，這種情形至少發生過兩次。

金陵大學醫院的外科醫生威爾遜也為南京付出健康的代價。他的遺孀回憶，安全區委員會的其他醫生小心翼翼地調整自己的步調，一週至少到上海去補眠一次，威爾遜卻毫不休息，不顧一切地持續工作。白天的手術消耗掉他大部分的精力，到了晚上，日本士兵的騷擾常打斷他的睡眠，他不時被叫出家門去阻止正在進行的強暴案。他幾乎是全靠腎上腺素來應對這一切。最後，他的身體也開始抗議了。一九四〇年，劇烈的癲癇發作，甚至精神崩潰，迫使威爾遜必須返回美國，在加州聖塔芭芭拉休息了一年。他從此再也沒有回到中國，也無法完全從壓力中復原。在美國，威爾遜不僅要忍受病發和夢魘，早上還要面對眼睛無法聚焦的問題。

## 屠殺夢魘揮之不去

魏特琳則付出了生命代價。南京大屠殺對她的精神打擊，比安全區其他成員和難民當時所意識到的還要嚴重。很少人覺察到，在她神話色彩日增的傳奇之下，是一個脆弱、精疲力竭的女性，每天暴露在日本人的暴力中，不論在身體還是情感上，她從未恢復過來。她在一九四〇年四月十四日寫下的最後一則日記中，揭露了自己的心境：「我的精力即將枯竭。我無法再積極進取並為工作制定計畫，手上每件事似乎都存在某種障礙。我多希望能夠立刻休假，但是誰可以分擔這些永遠做不完的工作呢？」

兩週後，她精神崩潰了。在她日記最後一頁的最底下，有一句話，無疑是別人加上去的：「一九四〇年五月，魏特琳小姐健康狀況惡化，她需要回到美國。」她的姪女回憶，魏特琳的同事送她回美國接受醫療照顧，但在橫跨太平洋上的航程中，她竟數度試圖自殺。陪同魏特琳的友人，幾乎無法制止她從船上跳海。到了美國之後，魏特琳住進愛荷華州的精神病院，接受電擊治療。出院後，魏特琳又為美國基督教聯合傳教會到印第安納波利斯（Indianapolis，印第安納州首府）工作。她的家人想去看她，但她寫信勸阻他們，說她很快就會回到密西根州老家去看他們。兩週後，魏特琳逝世。一九四一年五月十四日，在離開南京一年後，魏特琳以膠帶封緊家中門窗，開瓦斯自殺。

## 拉貝蹤跡杳然

然後是拉貝的命運。多年來，他的生平對歷史學家來說一直是個謎。在被召回德國前，拉貝允諾南京的中國人，他將會在德國公開日本的暴行，向戈林（Herman Göring, 1893-1946，德國陸軍元帥，納粹黨人）甚至希特勒報告。人們祈禱拉貝的報告會促使納粹領導人向日本政府施壓，以制止大屠殺。在拉貝離開之前，有一位中國醫生請求他告訴德國人，中國人不是共產黨，而是愛好和平、希望與鄰國和平共處的人民。一九三八年二月，在一連串含淚餞別的宴會後，拉貝帶著馬吉拍攝南京暴行的影片前往德國。從此以後，他就在所有紀錄中消失了，數十年來，他的下落讓許多學者感到困惑不已。

出於兩個原因，我決心對拉貝的故事追根究柢。首先，一個好心的納粹黨人和美國傳教士合作，從日本士兵手中拯救中國難民，這個反諷實在太吸引人，使我無法視若無睹。其次，我相信拉貝回到德國後，一定遭遇了一些可怕的事情。畢竟，拉貝並沒有和他的同僚一樣，到遠東國際軍事法庭為南京暴行作證。

此外，在一個拉貝友人的口述歷史訪問中，指出拉貝和希特勒政府多少有些扞格衝突。不過，這位朋友未能提出具體細節，當我偶然看到這份口述資料時，他已不在人世，無法告訴我詳情。

問題時時刻刻都困擾著我。拉貝是不是真的向希特勒展示了影片和報告？或者，上帝保佑，他是否更深地被捲入德國納粹機器裡，並參與消滅猶太人的工作？（以他在南京的英勇事蹟來看，我很懷疑他會這樣做，但還是不能排除這個可能。）也許在戰後，他就鋃鐺入獄了。也許，他變成通緝犯，餘生都在中南美洲的某個國家度過，從此渺無音訊。我還懷疑，他在南京大屠殺期間是否有寫日記。但如果他有這些日記，一定會遭戰火摧毀，也許是在某次空襲中被焚毀了。否則，這份日記現在一定會在檔案櫃中，對全世界公開。不過，我認為寫幾封信到德國應該無傷大雅，或者可以找到些什麼也說不定。

## 輾轉尋獲其後嗣

我掌握了一條關於拉貝的重要線索：他在本世紀初期時，曾在漢堡當學徒。也許他在那裡出生，在城裡仍有親人。

我必須想辦法跟漢堡的一個重要消息來源建立連繫，因此我向一位老友求援。學者稱之為「國寶」的約翰．泰勒（John Taylor），他在華盛頓特區的國家檔案館裡已經工作超過半世紀，幾乎認識世界上所有治學嚴謹的歷史學家。如果地球上有任何一位專家研究過二戰期間在華德人社區的歷史，泰勒也許會知道這號人物。

泰勒建議我先聯絡加州芬岱爾（Ferndale）的歷史學家柏迪克（Charles Burdick）。柏迪克又建議我寫信給漢堡市歷史家，還給了我貝齊曼（Martha Begemann）的地址，貝齊曼是他的朋友，他向我拍胸保證，貝齊曼是一位「可愛的女士」，不僅在城裡人脈很廣，而且樂於助人。幾天之內，我就寫信給貝齊曼，詢問有關拉貝的謎團。我還寫信給漢堡第一大報的編輯，希望他在報上刊登我的尋人啓事。我當時並未預期兩人會很快回信，就把注意力轉到其他事情上。

但出乎我意料之外，貝齊曼立刻就回了信。經過一連串偶然的事件，她已經找到拉貝的家人。她在一九九六年四月二十六日寫信給我：「我很高興能夠幫助你，這並沒有多大困難。首先，我寫信到巴伐利亞給慕勒牧師（Pastor Müller），他收集了所有過去在中國的德國人的下落。不久之後他迅速回電給我，告訴我拉貝的兒子奧圖．拉貝博士（Otto Rabe）和他妹妹瑪格麗特的名字。」她在信上還附了拉貝在柏林的外孫女賴因哈特的訊息。

從那時開始，事情進展得很快。我得知賴因哈特在中國出生，當時還是小孩子的她，甚至在南京城淪陷前幾個月還去過南京。她是拉貝最疼愛的外孫女。令人欣慰的是，賴因哈特對我的研究助益良多，她對我的問題知無不言，還寫了許多長信給我。藉由手稿、照片和新聞報導，賴因哈特填補了拉貝生活中一些缺失的細節。

## 返國後旋遭逮捕

拉貝信守對中國人的承諾，打算將日本人在南京的恐怖行徑告知德國當局。四月十五日，他偕妻子返回德國，他的成就獲得許多讚揚。在柏林，德國國務祕書正式表揚了拉貝在中國的工作；拉貝被授予紅十字服務十字勳章。在司徒加特，他獲頒更高勳章——德國銀質服務勳章，以及中國政府頒發的紅白藍項鍊「鑽石勛章」。同年五月，拉貝在柏林各地演講，公布南京大屠殺並播放馬吉的影片。在西門子公司、德國外交部、遠東協會及陸軍總部的演講會上，座無虛席。拉貝未能晉見希特勒，於是在六月八日寫了一封信給元首，還附上一卷影片，以及一份南京大屠殺的書面報告。

如果拉貝期待元首看了這些報告會萌生惻隱之心，那麼他就大錯特錯了。幾天後，兩名蓋世太保（納粹德國的祕密警察）來到他家門口，將他逮捕。事情發生時，賴因哈特也在場。她當時才七歲，正在門口試穿新溜冰鞋，看到兩個穿黑制服、白色翻領，像是官方的人，將拉貝帶上車。「祖父看起來很窘迫，這兩個人十分嚴肅，我不敢擁抱他，跟他道別。」

拉貝在蓋世太保總部被審問了好幾個小時。他的雇主卡爾．弗里德里希．馮．西門子（Carl Friedrich von Siemen）以人格擔保，保證拉貝永遠不會再公開談論日本人，拉貝才被釋放。蓋世太保警告拉貝不得再針對這個議題演講、討論或寫作，更重要的是，絕對不能播放馬吉的影片給任何人看。

拉貝獲釋後，西門子公司立刻送他出國，可能是為了保護他。接下來幾個月，拉貝遠赴阿富汗工作，協助德國公民經由土耳其撤出阿富汗。

十月，德國政府退還他的報告，但是扣下馬吉的影片（拉貝永遠不會知道希特勒是否讀了他的報告或看過影片，雖然他的家人至今仍相信希特勒的確看過）。德國政府告知拉貝，他的報告已被送到經濟部，交由政府高層官員閱讀，但他不該期望德國對日本的外交政策會因此有所改變。

## 生活陷入困頓

接下來的幾年對拉貝來說像是場惡夢。他的公寓被炸毀，蘇聯入侵柏林使他的家庭陷入貧困。賴因哈特堅信，他們能夠倖存的唯一原因，是因為他們住在柏林的英國區，而不是蘇聯區。拉貝繼續接西門子公司的一些零星工作，將公司金融方面的信件翻譯成英文。但是微薄的薪資實在不夠維持家計。

大戰結束之初，拉貝必定面臨了一長串憤怒的指控。他先是遭到蘇聯逮捕，在刺眼的強光照射下，對他進行三天三夜的審訊。然後他又被英國人逮捕，對他嚴加盤問一整天，但是後來給了他一張工作許可證（對拉貝而言，這張工作許可證並沒有多大價值，因為西門子公司還是沒有給他永久的職位）。最後的羞辱，是來自拉貝過去一位熟悉的朋友，他公開斥責拉貝曾加入納粹，將拉貝推向一段冗長的「訴請脫離納粹」過程。在這期間，拉貝必須自付訴訟費用，他失去了工作許可證，並傾盡所有積蓄與精力。拉貝和家人一同擠在一間小房間裡，饑寒交迫，他被迫將心愛的中國藝術收藏品一件件賣給美軍，換錢去買豆子、麵包和肥皂。營養不良使他罹患皮膚病，而悲傷與壓力幾乎摧毀了他的健康。在南京，他是一個傳奇人物，但在德國，他是一個垂死之人。

以下摘錄幾段拉貝在一九四五至一九四六年的日記，透露出他當時的心境：

西門子沒工作給我做——我失業了……根據軍政府的規定，我必須拿我的標準人壽保險單到斯潘道（Spandau，位於柏林西北部）的史達康圖銀行（Stadtkontor bank）去註冊。保險單只能領到一〇二七．一九英鎊（原本有五千英鎊），是我工作多年積攢下來的。保險單存放在邦德（Bunde）的葛麗泰（Gretel，拉貝的女兒）那裡。就我所知，這筆錢現在已經拿不回來了！

上星期天我和媽咪（拉貝的妻子朵拉）到桑毯納（Xantener Straße）（拉貝被轟炸的公寓）去。他們打破我們地下室的門，偷走了打字機、收音機，還有許多東西！

媽咪現在只有四十四公斤——我們都變得非常瘦弱。夏天要結束了——冬天會帶來什麼？我們的燃料、食物和工作要從哪裡來？我現在正在翻譯田伯烈的《戰爭的意義》（*What War Means*）（一本有關南京大屠殺的書籍）。此刻這份工作還不能領到錢，不過，也許我可以得到一張比較好的食物配給卡……所有德國人都和我們一樣受苦。

我們一再地忍受著饑餓——我沒什麼好說的，所以什麼也沒寫。除了微薄的食物，我們還喝了橡子粉湯。秋天時，媽咪偷偷收集了橡實。供應品即將吃光，我們每天吃蕁麻，它的嫩葉吃起來像菠菜。

昨天我訴請脫離納粹黨的聲明被駁回了，雖然我曾是南京安全區國際委員會的領導人，拯救了二十五萬中國人，但我的請求還是被拒絕了，因為我曾短暫擔任過南京地區的納粹領導人，像我這樣的聰明人不應該加入這種組織的。我要上訴……如果他們不給我在西門子公司工作的機會，我不知道該如何維生。所以我一定要戰鬥下去——但我已經很累了。現在，我每天都得接受警察的盤問。

如果我聽說過任何納粹黨人在中國的暴行，我絕對不會加入納粹組織；如果我這個德國人的觀點，和南京其他外國人諸如英國人、美國人、丹麥人等各國人的觀點不同，他們就絕對不會選我當南京安全區國際委員會的主席！在南京，我是數十萬人的活菩薩，而在這裡，我只是一個「賤民」，一個被遺棄的人。啊！我多麼希望能夠治療我的鄉愁！

六月三日，夏洛登堡（Charlottenburg）的「脫離納粹委員會英國分部」，終於准許我脫離納粹。

判決文如下：「雖然你曾是南京地區納粹的副領導人，而且你返回德國後並未退出納粹組織（賴因哈特指出，這樣做無異是自找死路），

> 委員會仍決定同意你的上訴，因為你在中國成功的人道工作……」
>
> 有了這個判決，精神折磨終於結束。許多朋友和西門子公司的主管都來道賀，公司還給我一段假期，以紓解壓力。
>
> 今天媽咪帶著一尊中國木雕像出去，送給克瑞柏博士（Dr. Kerbs），因為他經常送食物給我們，並且很喜歡這尊木雕。龔先生（Mr. Kong，譯音）送我們的一張中國地毯，我們也送給了托普佛太太（Mrs. Toepfer），換來三百斤馬鈴薯……

## 南京人民報恩

一九四八年，拉貝困頓的消息很快傳到中國，當南京市政府向人民宣布拉貝需要幫助時，引起廣大回響，這令人不禁想起卡普拉的經典名片《美妙人生》（*It's a Wonderful Life*）的結局。

幾天之內，大屠殺倖存者就募集了一億元，相當於當時的兩千美元——在一九四八年，可說是為數不小。南京市長在同年三月親赴瑞士，買了大量的奶粉、臘腸、茶、咖啡、牛肉、奶油、果醬，分裝四大箱寄給拉貝。

從一九四八年六月到共產黨掌權之前，南京居民每個月還會郵寄大批食物給拉貝，表達他們由衷感激他在國際安全區的領導。如果拉貝選擇回中國，當時的國民黨政府甚至要提供他免費住宿和終身俸。

這些包裹對拉貝與家人來說是上天賜予的禮物。一九四八年六月，南京民眾收到拉貝的幾封感謝信，才得知拉貝有多麼需要他們的援助，這些信至今仍存放在中國的檔案之中。在包裹寄達之前，拉貝一家已經開始收集野草給小孩配湯吃，大人則只靠乾麵包維生。當拉貝寫信給南京時，柏林市場裡也已經沒有麵包了，使得這幾箱食物更顯珍貴。拉貝全家人都很感激南京人民的資助，拉貝在信上提到，這些舉動讓他重拾對生命的信心。

## 迫害下保持緘默

一九五〇年拉貝因中風病逝。臨終前，他為自己在中國的工作留下了一份書面遺產：超過兩千頁的南京大屠殺文件，經過他細心地打字、編號、裝訂，甚至配上插圖。這份文件包括他和其他外國目擊者的報告、報紙文章、電台廣播、電報和暴行的照片。拉貝無疑認定這份紀錄極具歷史價值，甚至預測到將來可能會出版。

拉貝去世十年之後，賴因哈特的母親在眾多文件中找到拉貝的日記，本來打算送給賴因哈特，但這個禮物來得不是時候，賴因哈特當時正懷孕，而且正為學校的考試焦頭爛額；更重要的是，她很怕讀到日記裡駭人聽聞的內容。賴因哈特禮貌地婉拒後，拉貝的兒子奧圖繼承了這些文件。半世紀以來，這些文件一直不為世人所知，甚至連德國歷史學家也無從得知。

拉貝的文件被隱匿起來，可能有許多原因。根據賴因哈特的說法，拉貝本人曾警告兒子不得揭露這些日記的存在。這很可能跟拉貝在蓋世太保手下所遭受的待遇有關。但是家人不願公開這些日記，還有另一個更深刻的原因。拉貝過去的納粹身分使家人擔憂，在戰後立刻出版納粹份子的文件，或是吹捧他的成就，不管他多麼值得褒揚，在當時都是政治不正確的舉動。

南京安全區國際委員會的其他納粹份子，對他們的紀錄也同樣保持緘默。在拉貝的文件被發現後不久，我又得知有另一份關於南京大屠殺的納粹日記存在——作者是克魯茨，命名為「在南京的災難日子」。克魯茨享年九十一歲。他死後，兒子彼得．克魯茨在書桌上發現這份日記。彼得寫信告訴我，很幸運地，我的信是那個時候到達的。如果早一個月收到我的信，他就會告訴我，關於這個議題，他的父親只保留了一些報紙文章。

直到今日，他還在思考，為什麼父親從不告訴他南京大屠殺的事，或是有這份日記。我懷疑原因可能和拉貝把大屠殺的報告交給希特勒後，在德國遭受迫害和垮台有關。事實上，在這份日記底部，有一行潦草的字跡，無疑是克魯茨親筆寫的：「和希特勒政府目前的意見相左。因此，我對此必須非常小心。」

## 重見天日

賴因哈特首先打破沉默，將拉貝的英雄義舉公諸於世。當她收到我的信時，決定仔細檢視這些日記，她向舅舅借來拉貝的文件，鼓起勇氣去讀。文件內容的殘暴程度，遠超過她的想像，日本士兵在大庭廣眾輪暴婦女，中國受害者在南京被活活燒死，這些敘述讓她驚愕萬分。幾個月以後，賴因哈特對祖父的報告仍然餘悸猶存，但還是毫不遲疑地將她對南京大屠殺的真實想法，告訴一位《人民日報》記者，這當然招致了爭議：日本人虐待南京俘虜，比納粹還要殘酷，日本人比希特勒還要壞。

賴因哈特擔心對全世界公布拉貝日記後會有什麼影響。她認為這些日記可能會成為破壞中日關係的政治炸彈。但在我的勸說，以及「紀念南京大屠殺受難者協會」前會長、任職聯合國的邵子平的敦促下，她還是決定將日記公諸於世。她花了十五個小時複印這些日記。邵子平也擔心日本右翼份子會闖進賴因哈特家破壞這些日記，或是出高價買走原始文件。於是邵子平匆忙帶著賴因哈特和她丈夫飛到紐約，在一九九六年十二月十二日——南京淪陷五十九週年紀念日記者會上，將日記影本捐贈給耶魯神學院圖書館。《紐約時報》以一篇精采的報導率先披露此事，然後，美國國家廣播公司的主播彼得・詹寧斯（Peter Jennings）、美國有線電視新聞網（CNN），以及世界其他媒體組織，也同時報導了這件事。

歷史學家一致宣稱拉貝日記很有價值。許多人認為這份日記是證明南京大屠殺確有其事的決定性證據，他們認為日記非常吸引人，因為是以一位納粹份子的觀點敘述的。拉貝的敘述，增加了美國人有關大屠殺報導的真實性，因為一個納粹份子根本缺乏動機去編造日本暴行故事，而且他的紀錄還包括將美國人的日記翻譯成德文，與英文原始資料一字不差。中華人民共和國研究南京大屠殺的學者在《人民日報》宣布，這份文件與中國現存的大屠殺資料相對照，兩者大致相符。在美國，哈佛大學中國歷史教授柯偉林（William Kirby）告訴《紐約時報》：「日記的敘述極其震撼並令人沮喪，非常仔細地描繪了大量的細節和戲劇張力。人們可以逐日瀏覽日記的敘述，將一、兩百個故事添加到大眾熟知的內容裡，以一種重要的方式重新開啟整個歷史事件。」

甚至日本歷史學家也承認拉貝日記的發現很重要。宇都宮大學的中國現代史教授笠原十九司向《朝日新聞》證實：「這份報告之所以重要，不僅因為它是由和日本同盟的德國人所撰寫，而且拉貝還將報告呈遞給希特勒，讓他了解在南京發生的暴行。身為納粹黨南京地區副領導人的拉貝，懇求日本同盟的最高領導人希特勒出面干涉大規模的屠殺。」千葉大學日本近現代史教授秦郁彥補充：「這份報告的意義在於，和日本同為軸心國的德國人，客觀地描述南京暴行。從這個意義上說，做為歷史文獻，它比美國傳教士的證詞更有價值。當時德國並不確定要站在中日兩國哪一邊，後來，里賓特洛普（Ribbentrop, 1893-1946，納粹外交家，於一九三八年至一九四五年擔任德國外交部長，後被處死）就任外交部長，才促成德國與日本締盟。拉貝能在如此關鍵的時刻，勇敢地讓希特勒知道南京的暴行，這種勇氣令人驚嘆。」

# 第十章　二度強暴

今天，在美國或者是世界上任何一個地方，有哪個小孩沒看過奧斯威辛瓦斯毒氣室令人毛骨悚然的照片，或是至少讀過一些安妮．法蘭克令人難忘的故事？至少在美國，大多數學童都被教導過，關於美國在廣島、長崎投下原子彈所造成的毀滅性影響。但若問大多數美國人——不管是小孩還是大人，包括受過高等教育的成人——有關南京大屠殺的事，你會發現，許多人從未聽說過六十年前在南京發生的事情。

一位著名的政府歷史學家對我坦言，她在念研究所時，這個主題從來沒被討論過。一位普林斯頓大學畢業的律師，難為情地告訴我，她甚至還不知道中日雙方曾發生過戰爭；她對二戰太平洋衝突的認知，只限於珍珠港和廣島。這種無知甚至延伸到美國的華裔人士，其中一人透露她對史地淺薄的認識，她問我：「南京？那是一個朝代嗎？」

六十年前成為美國報紙頭版新聞的事件似乎消失得無影無蹤了。好萊塢主流電影還沒有拍過關於這場大屠殺的電影——儘管這個故事的戲劇成分，和《辛德勒的名單》很相似。至今，美國的小說家和歷史學家也選擇不去碰它。

聽到這些言論，我開始害怕，擔心被屠殺的三十萬中國人的歷史將會煙消雲散，就像他們在日本占領下消失一樣。我也擔心世界真的有一天會相信那些堅稱南京大屠殺是騙局和捏造的日本政客的話——從來沒有發生過大屠殺。藉由著述本書，我強迫自己對歷史與史料刨根究底——探討歷史形成的動力和過程。是什麼力量讓一些歷史事件流傳下來，又讓其餘的事件湮沒於世？到底南京大屠殺是如何從日本（甚至是全世界）的集體記憶中消失的？

## 兇手反成了受害者？

南京大屠殺的相關資訊無法廣泛傳播的原因之一，顯然在於戰後德日兩國處理戰時罪行的不同態度。或許在歷史上從沒有哪個國家像德國一樣，願意承認戰時政府對戰時罪行也有過錯，戰時罪行並不只是個別納粹份子的罪過；這種認知是德國人戰後政治特質的一部分。然而，日本政府卻從未強迫自身或是日本社會也這麼想。因此，當一些人勇敢抗爭，迫使日本社會去面對痛苦的歷史真相時，日本有許多人還是將戰時罪行視為個別士兵的行為，甚至視為不曾發生過的事件。

在日本，關於二戰期間發生的事情的各種說法層出不窮。根據當前廣受歡迎的修正主義觀點，日本對戰爭期間各處發生的大規模屠殺平民事件，並沒有責任。日本人打仗是因為要確保國家的存續，並且要讓亞洲遠離西方帝國主義的魔爪。然而，做為其「高貴情操」的回報，日本反倒在廣島和長崎成為最終的受害者。

這種歷史撫慰的觀點，仍然普遍存在於日本的歷史教科書中，教科書要麼完全忽略南京大屠殺，要麼就是對日本軍隊的行動進行明顯的日式詮釋。在政治光譜的末端，日本極端民族主義者威脅要採取一切措施——從訴訟到死亡，甚至暗殺——來壓制那些認為教科書並未告訴下一代真相的反對者。

## 矢口否認大屠殺

試圖竄改歷史的，還不只是狂熱的極端主義團體。一九九〇年，日本保守派自民黨領導成員、暢銷書《日本可以說不》的作者石原慎太郎，接受《花花公子》雜誌訪問時說：「有人說日本曾在南京進行大屠殺，這不是真的，這是中國人編造出來的故事。日本的形象已受到玷汙，但這是個謊言。」

這種言論自然是激怒了全世界學者與記者。一位學者公開表示：「在政治上，日本否認南京大屠殺，就好像德國否認大屠殺一樣。」但是這股譴責聲浪並未使石原慎太郎噤聲，他提出一連串猛烈的反擊。即使面對歷歷證據，石原仍極力辯駁，他宣稱世界永遠無法得知南京大屠殺的真相，除非遠東國際軍事法庭把所有相關人士都交付審訊；而且日本隨軍記者和西方記者都未曾在大屠殺發生當下寫過報導。石原指稱，《紐約時報》記者德丁並未目睹大屠殺，聖公會牧師馬吉也只看到一個人被殺害。

到了一九九〇年代，馬吉當然已過世，無法為自己辯護，但他兒子大衛猛烈駁斥石原的論點。他接受記者訪問，並參與南京大屠殺的會議，在會場上宣讀他父親的日記，還展示了他父親用來拍攝日軍暴行的攝影機。德丁還活著，直接採取了行動。他走出退休地聖地牙哥，召開記者會反駁石原的言論。德丁向記者解釋，他在一九三七年確實寫了一篇文章，描述上海到南京鄉間的和平寧靜，但寫這篇文章的時間，是在日本開始進攻南京的兩個月前。

石原的其他論點也很容易就被駁倒。當時有數十家西方報紙同時報導了大屠殺，甚至日本報紙也詳細報導了這場大屠殺。至於德丁的報導，不僅和這些報導同時出現，還刊登在《紐約時報》的頭版。馬吉的信裡就有這樣的描述：「強暴婦女的案件，實在無法形容和想像」、「據我所知，城裡每條街道和小巷都有死屍，我幾乎走遍了每個地方，包括下關」。

然而，石原還不罷手，繼續聲稱因為中國宣稱有南京大屠殺，所以影響美國決定轟炸廣島和長崎。他先前的論述都被駁倒，使得他無法重複這些主張，後來他的立場稍有轉變，但有一點他毫不動搖：德國人為屠殺猶太人道歉，並不表示日本人也應當道歉；在任何情況下，日本人都不應承認自己有任何罪過。

## 大放厥辭，官位不保

即使接受《花花公子》採訪，石原的政治生涯仍穩如泰山，但其他人可就沒這麼幸運。

——另一個捲進爭議風暴的是永野茂門將軍。一九九四年春天，他被任命為內閣法務大臣沒幾天，接受報紙《每日新聞》採訪，最後斷送了政治生命。「我認為南京大屠殺和其他事件都是捏造的。」他對該報表示，「我隨即到達南京。」他接著又稱韓國的慰安婦是「有執照的妓女」，而不是性奴隸，並辯稱日本別無選擇，只有戰爭一途，因為日本「有崩潰的危險」。他的言論引起全亞洲群情激憤，迫使永野茂門引咎請辭。

一九八六年九月，日本文部省大臣藤尾正行聲稱南京大屠殺「只是戰爭的一部分」，因而斷送仕途。在接受《文藝春秋》雜誌採訪時，藤尾正行為日軍在南京大屠殺期間的行為辯解，說死亡人數被誇大了。他還說一九一〇年日本併吞朝鮮，朝鮮本身也應負部分責任，因為她自願接受殖民統治；而東京的戰爭罪審判是「種族復仇」，意在「剝奪日本權力」。雖然藤尾發表這些言論只是希望「藉著歷史與傳統，恢復日本精神」，卻因此丟了工作。當月，日本首相中曾根康弘解除了他的職務。

──戰爭期間惡名昭著的日本「特高」（祕密軍警）頭子奧野誠亮，在戰後崛起，成為日本法務大臣，甚至當上文部大臣。一九八八年，奧野成為日本國土廳長官，是內閣中的第三高級官員。但就在那年春天，奧野到東京靖國神社參拜（日本甲級戰犯奉祀於此），並透露了他對二戰的真正態度，他的政治生命即告終結。「我們沒有侵略意圖，」奧野告訴記者，「白種人把亞洲變成殖民地，但只有日本人被譴責。誰是侵略國？是白種人。我實在不明白為什麼日本人要被稱為軍國主義者和侵略者。」他的言論在亞洲引起軒然大波，促使奧野修正措詞：「我不是說日本不是侵略者，我只是說日本不是唯一的侵略者。」五月，奧野被迫辭職，但他自始至終都毫無悔意。奧野表示，他下台只是迫於日本政府的壓力，而不是因為他想收回自己的言論。

──一九九四年八月，日本環境廳長官櫻井新表示，日本並不是意圖侵略，才發動戰爭。在回應中國憤怒的抗議時（中華人民共和國外交部發言人表示「中國政府很遺憾，又再度有一位日本閣員厚顏無恥地發表扭曲歷史事實的言論」），首相村山富市最終為櫻井新的言論道歉，同時斥責該言論「不適當」，逼迫櫻井新在午夜舉行記者會，收回他的言論。

——在一九九五年，通產省大臣、自民黨的權勢人物橋本龍太郎（後來成為日本首相）宣稱，在二戰期間，日本只想和美國、英國及「其他國家」作戰。他說，雖然日本對中國具侵略性，但確實無意入侵其他亞洲國家。

在本書即將付梓之前，日本官方還繼續抵賴。日本內閣官房長官梶山靜六指出，所謂日本皇軍在二戰期間的性奴隸和強暴受害者，根本不是奴隸，她們是自願從事賣淫工作。他的言論激怒了許多亞洲國家。一九九七年一月，梶山又宣稱日本軍隊中的慰安婦「是為了錢」，和當時在日本合法賣淫的日本妓女沒什麼兩樣。令人訝異的是，梶山是在日本首相橋本龍太郎和南韓總統金泳三高峰會前夕發表這種評論，兩人都對梶山的言論表達深切的憤怒。

梶山後來做出了道歉的手勢，但這種道歉看起來既無禮又不誠懇，因此招致更多批評。梶山對自己的言論「導致日本南韓高峰會諸多不愉快，並引起南韓民眾的誤解」表示遺憾，但拒絕收回原來的言論。這並不是梶山第一次招來口舌之禍，一九九〇年，他把非裔美國人比喻為「來破壞社區的妓女」，因此被迫辭去日本法務大臣的職位。*

## 教科書爭議

日本教育最惡質的一面，也許就是透過教科書的審查制度，刻意隱藏與二戰有關的重要歷史訊息。

日本小孩幾乎從一出生就要在教育的金字塔裡爭奪立足點，努力攀到頂端，也就是考進東京大學。大家拚命擠進明星小學，好進入明星高中，小孩從上午九點一路學習到下午六點；為確保能進入最好的小學，大家又拚命擠進先修幼稚園。日本甚至還出現專門的產科病房，以保證嬰兒能進入最好的幼兒園。

然而，儘管以「考試地獄」聞名於世，日本學生學到了多少二戰歷史呢？

答案是少之又少。整個日本教育體系患有選擇性失憶症，直到一九九四年，日本學生才了解到裕仁天皇的軍隊應該為二戰期間至少兩千萬盟軍和亞洲平民的死亡負責。一九九〇年代初，報紙文章引述一位日本高中教師的話，他的學生聽到日本曾經和美國發生戰爭時都很驚訝，他們首先想知道的是誰贏了。

怎麼會這樣呢？所有日本中小學使用的教科書，都必須先經過日本文部省檢定核准。日本的批評人士指出，社會科學領域的教科書受到最為嚴格的審查。例如：一九九七年日本文部省將數百頁的標準歷史課本中有關二戰那個章節刪減到只有六頁。這六頁的內容主要是美軍轟炸東京的照片、廣島廢墟的照片，以及日本戰爭死亡人數統計。完全沒有提到另一方的傷亡、日軍的戰爭暴行，或是強拉中國和韓國囚犯到日本的勞動營。

＊ 譯注：一九九七年九月中旬，橋本龍太郎進行第二次內閣改組時，即撤換官房長官梶山靜六。

## 史家的良心

如果不是一位勇敢改革者的努力，這種審查制度大概不會受到挑戰。一九六五年，日本歷史學家家永三郎控告日本政府。這件訴訟案開啟了纏訟三十年的法律戰爭，並贏得數千名贊同他的日本追隨者的支持。*

見過家永三郎的人都對他的羸弱感到震驚。這位禿頭、八十多歲的歷史學家走路時顫顫巍巍，說話的聲音跟耳語差不多。但在羸弱的外表之下，卻有堅強的意志運作著。

文部省一再干預家永三郎為學生記錄南京大屠殺的努力。比如，家永在他的教科書手稿上寫道：「占領南京之後，日軍立刻就殺了無數的中國士兵和平民，這個事件後來被稱為南京大屠殺。」然而，檢定人員評論：「讀者也許會將這段內容解釋為日軍在占領後立即單方面地屠殺中國人。這一段應加以修改，以免被如此解讀。」

最後，在家永的抗議下，這段話被改成：「在中國軍隊的頑強抵抗下，日本軍隊占領了南京，殺害了無數的中國士兵和平民，這個事件後來被稱為南京大屠殺。」這個說法可能會讓教科書檢定人員感到滿意，這是家永的論點和文部省對大屠殺的立場之間的妥協。但問題是，這種敘述根本不符合事實，因為它暗示了大屠殺是在戰鬥激烈的時候發生的。

檢定人員要求家永刪除對強暴案件的描述，聲稱：「侵犯婦女在人類歷史各個時代的戰爭中都會發生。不需要特別針對日本軍隊討論這個議題。」甚至「侵略」這個字眼都被視為一種禁忌。檢定人員寫道：「侵略是一個帶有負面道德意涵的辭彙。」文部省也對家永在書裡極力譴責日本人戰時行徑感到十分震怒。他們對以下這段話特別憤怒：「戰爭被美化為『聖戰』，日本軍隊的失敗和他們在戰場上的獸行，完全被隱匿。結果，大多數日本人無法得

---

* 譯注：一九九七年八月二十九日，日本最高法院判決文部省當年檢定教科書時，要求家永三郎刪除「七三一部隊」、「南京大屠殺」等記述，屬於違法。家永勝訴，纏訟三十二年之久的教科書訴訟案，終告結案。

知真相，他們別無選擇，只能任人擺布，被迫在這場鹵莽的戰爭中積極配合。」文部省大筆刪去這一段，理由是「日本軍隊的獸行」和「這場鹵莽的戰爭」的表述，是「片面批評日本在二戰中的立場和行動」。

一九七〇年，當家永終於勝訴（東京地方法院法官杉本龍吉裁定，教科書檢定不應超出糾正事實和印刷錯誤的範圍），極端份子對辯方律師、法官及家永等人發出死亡威脅。一群惡棍在家永三郎住家門外敲著鍋盤、吶喊口號，讓他無法睡覺。最後家永和他的律師必須在警察的護送下，由密門出入法庭。

除了一九四八年獲得一個獎項（家永承認他當時是個「政治聾啞人」），頒發國家歷史獎賞的官方委員會一直對家永視而不見。但這位歷史學家，已經在歷史上贏得一席之地。家永三郎的努力受到廣泛宣揚，並且引起外國聲援，迫使極端保守的文部省做出改變。一九八〇年代，經過多年的訴訟與政治活動，奮鬥終於有了代價。一九八二年，日本高中歷史教科書扭曲南京大屠殺，已成為日本國內的熱門話題，並引發國際外交危機。日本四家主要報紙都以頭條新聞報導這個議題，中韓官員也提出正式抗議，指控日本人企圖抹去大眾對侵略歷史的記憶，為年輕一代復興軍國主義奠定根基。日本「教科用圖書檢定調查審議會」企圖為自己辯護，他們告訴記者：「只用一、兩行文字敘述蘇聯或美國對日本人的暴行，卻用三、五行文字描寫南京大屠殺，這並不公平。」

## 餘波蕩漾

最後，教科書爭議引人注目，成就了兩件事。其一是日本文部省大臣藤尾正行解職，因為他極力為文部省粉飾二戰的政策辯護。其二是提高文部省認知，南京大屠殺是他們再也無法忽視的事情。在藤尾下台前，「日本國家安全保障會議」已備妥右翼觀點的歷史教科書，如此總結南京大屠殺：「南京戰役極其慘烈。中國要求日本就中國軍民的傷亡狀況做反省。」但是藤尾被解職後，文部省重新將這段話修改為：「南京戰役極為慘烈。南京淪陷後，有報導指出日本軍隊殺害、傷害許多中國士兵和平民，因此招致國際批評。」

當然，教科書檢定的議題還沒有落幕。一些日本官員不再全盤否認南京大屠殺，而將焦點集中在降低大屠殺的規模。一九九一年，文部省檢定人員命令所有教科書作者刪去一切關於南京大屠殺死亡人數的參考資料，因為當局認為沒有足夠證據去證實這些統計數字。三年後，文部省甚至強迫一位教科書作者，將日本士兵在南京大屠殺中一天屠殺兩萬五千人降低為一萬五千人。教科書原本引用了一份日記的記載，一天之中，有兩萬五千名俘虜被「解決」。但在文部省的壓力下，教科書出版商最終讓步，縮短了日記引文，改為「佐佐木部隊處理了一萬五千人」。

## 學術界充耳不聞

除了極少數例外，日本學術界對南京大屠殺多半避而不談。有些人主張，這件事剛結束不久，不值得做歷史研究，也不足以讓歷史學家對日本人的錯誤蓋棺論定。有些人甚至對日本戰時惡行的批判做出義憤填膺的反應。「對過去所犯的錯誤，我們到底還要道歉多久？」有人憤怒地說。

有些人則充當日本的辯護人，甚至和保守的日本極端民族主義者站在同一陣線，企圖降低大屠殺的重要性及死亡人數。東京大學教育學教授藤岡信勝，是一位知名的修正主義者，他發起了一場運動，扭曲南京大屠殺和二戰歷史的其他面向。他有許多煽動性的言論，包括聲稱南京大屠殺的死亡人數遠不及中國人宣稱的數目；大多數受害者是游擊隊，並非平民；日本軍隊的亞洲性奴隸或「慰安婦」，都是普通的妓女。藤岡將個別慰安婦獲得賠償金比做「中彩券」，要求日本政府不僅要收回對這些婦女的道歉，還要刪除日本歷史教科書中有關慰安婦的內容。

在日本，認真研究南京大屠殺的工作，大半落在傳統學術圈之外的人身上，像是自由作家或記者。工廠工人小野健二就是典型代表。一九八八年，他開始在他所在的區域，訪問一些在南京大屠殺期間曾在會津若松大隊服役的農民。單身的小野能把時間奉獻給這項議題，是因為在工廠長時間輪班之後，有三十六小時的休息時間，而且他沒有家累。根據報導，六年後，小野已走訪了約六百個家庭，訪問了兩百人，複印了三十多本日記中的二十本，並對七名受訪者的訪談進行錄影。他的部分研究成果刊登在《金曜日》週刊上，被譽為首度完全根據日本資料進行的南京大屠殺研究。一九九六年，他與人合編了一本以南京大屠殺為主題的重要著作，但他一直生活在遭日本人報復、排斥的陰影下，他甚至拒絕拍照，怕淪為右翼極端份子的獵物。

## 媒體封殺

在日本，不僅政府部門實施檢定制度，擅改教科書，媒體也會進行自我審查。在許多方面，私人企業的自我審查可能比政府的檢定為害更大，因為它更微妙，也更難以被精確指出來。

電影片商對《末代皇帝》（*The Last Emperor*）中南京大屠殺畫面的處理，適可說明日本人的自我審查制度。一九八八年，松竹富士公司刪掉導演貝托魯奇（Bernardo Bertulluci）在這部溥儀傳記電影中描寫南京大屠殺的三十秒畫面。貝托魯奇發現後，當然很是生氣，他表示：「日本片商剪掉整段『南京大屠殺』，不僅沒有獲得我授權，並且違反我的意思，甚至沒有知會我；他們還對媒體宣稱是我和製片湯瑪士（Jerry Thomas）最初就建議刪改電影。這完全是謬誤，令人反感。」

貝托魯奇的強烈抗議，迫使片商迅速恢復被刪剪的畫面。他們為自己的行為找了各式各樣的藉口。松竹富士公司的總裁久保谷元幸為「混亂和誤解」道歉。他解釋，公司認為在日本播放南京的畫面「實在太聳動了」，並不適合。久保谷表示：「剪掉電影畫面是我們自己的決定，我們沒想到會引起軒然大波。」松竹富士公司另一位發言人齋藤光宏告訴記者，畫面被剪掉是「為了尊重日本觀眾」。日本影評人中根武彥推測，剪掉這段畫面的決定，是因為片商懦弱並受到極端民族主義者的暴力威脅。「我相信，電影片商與許多戲院老闆都害怕右翼團體會在戲院外面製造麻煩。」影評人這樣告訴記者，「這些團體至今還相信日本在戰爭期間對中國的行為，都是聖戰的一部分。」

## 文壇論戰分二派

在日本，那些勇敢寫出南京大屠殺相關著作的人，經常要面對永無止盡的攻擊，就以洞富雄和本多勝一為例。洞富雄是早稻田大學日本史教授，在一九六六年訪問中國，調查日本人在中國的暴行，他後來在好幾本書裡發表了他對南京大屠殺的研究。本多勝一是《朝日新聞》的得獎記者，他突破日本媒體對南京大屠殺的禁忌，在一九七〇年代與一九八〇年代到中國採訪南京大屠殺的倖存者。他的調查發現先是在《朝日新聞》和其他雜誌連載，後來集結成書。洞富雄和本多勝一兩人都歸結出，日本士兵在一九三七年至一九三八年間，在南京殺害了共約三十萬人。

這兩人在日本遭到了惡毒的反擊。極端保守派作家鈴木明就是強烈批判洞富雄和本多勝一的人之一，他在一篇名為〈南京大屠殺的假象〉的文章中，對洞富雄和本多勝一的調查結果提出質疑。鈴木明指控兩人所寫的部分故事是捏造出來的，因為現有的原始資料根本不足以證明大屠殺的存在，所謂南京浩劫只是一種「假象」。鈴木明將這些文章集結成書，獲得《文藝春秋》雜誌非小說類獎項，文學評論家讚譽他「令人欽佩」和「勇氣十足」。當洞富雄發表一系列文章駁斥鈴木明時，日本許多著名的作家立刻跳出來為鈴木辯護。

另一位批評者是自稱松井石根部下的田中正明。一九八四年，他利用松井石根的戰時日記，出版了一本反對本多勝一的著作《南京大屠殺的謊言》，指控本多勝一散播「敵人的宣傳」。田中辯稱，日本不像是歐洲或中國，「在日本整個歷史中，你絕對找不到一個預謀的、有系統的屠殺案例。」他寫道，這是因為日本人和西方人與中國人「有不同的價值觀」。修正主義者群集起來，成為田中的後盾，加入攻擊本多與洞富雄的行列。為田中的書寫序的右翼作家渡邊省一，也抨擊本多，說他將所有罪孽「不僅加諸在當時的日本軍官和人民身上，也加諸在所有日本人，包括我們還未出世的後代子孫身上」。

兩個陣營迅速展開猛烈的辯論。一邊是自由派的「大屠殺陣營」，包括洞富雄、本多和他們的支持者；另一邊是保守派的「假象陣營」，由鈴木和田中領軍。自由派陣營在《朝日新聞》及其他雜誌發表他們的調查結果，保守派陣營則在右翼刊物像是《文藝春秋》、《諸君！》和《正論》發表文章。自由派要求日本政府為其在中國犯下的罪行道歉，保守派則認為道歉是對退伍軍人的侮辱，也是外國對日本內政的干預。

反諷的是，當修正主義者開始深入探究這項議題，加強反對「大屠殺陣營」的火力時，駁斥南京大屠殺的努力經常是適得其反。例如：一九八〇年代，日本軍校畢業生聯誼組織「偕行社」要求一萬八千名成員提供見證，以反駁南京大屠殺。令「假象陣營」失望的是，許多成員證實了南京浩劫的細節，並描述了一些連頑強的日本保守派也感到震驚的暴行。一位過去是松井石根部下的軍官估計，在一名參謀官的命令下，約有十二萬俘虜被殺。後來，無疑是迫於壓力，他改口說人數「應該不少於數萬人」。但是他的證詞推翻了整個調查的目的，甚至使得《偕行社記事》的編輯，在這一系列報導的結尾寫道：「如此大規模的非法處決，是沒有任何藉口的。做為舊日軍的一員，我對中國民眾深表歉意。」

但是最尷尬的事情還在後面。一九八五年，廣受歡迎的歷史刊物《歷史人物》指出，在最新出版的松井石根戰時日記中，發現了多達九百條錯誤。大多數的錯誤，都是故意偽造原始檔案，這使得全日本的歷史學家同感震驚。更令人不安的是，變造這些錯誤的作者，正是田中正明本人，而他宣稱自己是歪曲歷史的堅定批評者。

## 懺悔者無法立足

第一個公開坦承自己在南京犯下罪行的日本老兵東史郎，遭到有計畫而惡劣的脅迫。一九八七年，他成為第一個公開為他在南京大屠殺中所扮演的角色道歉的日本士兵，因而引起騷動。在動身前往南京參加大屠殺五十週年紀念活動的前夕，他在京都的記者會上，接受報紙和電視記者的採訪。結果，東史郎接收到排山倒海的批評與死亡威脅。為了自保，東史郎從公司退休，和妻子搬到京都郊外的小村莊，他在家裡放了一些武器，像是警棍、球棒、胡椒噴霧器、鐵鍊和指節環等。

當長崎市長本島均在市議會被一名共產黨員問及他認為天皇在戰爭期間是否有罪的看法後，他的麻煩就開始了。一九八八年十二月七日，珍珠港事件四十七週年紀念日。當時裕仁天皇因罹患癌症，正慢慢走向死亡，全國人民透過暫停各種節日慶典，來哀悼昭和時代即將告終。本島回應，他讀過國外關於戰爭的報導，自己也曾是軍人，他認為天皇對這場戰爭負有責任。他的言論立即引發種種反應。翌日，憤怒的市議員與當地自民黨地方黨部，要求市長收回他的話。但是本島拒絕了，他宣稱不能「違背自己的心」。

他的對手於是展開了騷擾與威脅，試圖迫使市長屈服。自民黨不僅革除他在黨組織顧問的職務，還說服轄區的縣長斷絕和市長的政治合作。右翼團體甚至要求處死本島。一九八八年十二月十九日，二十四個極端民族主義團體，分乘三十輛擴音器卡車在長崎室內遊行，大聲疾呼要透過本島的死亡來實現「天譴」。兩天後，到長崎示威的團體增加到六十二個，擴音器卡車也增加到八十二輛。來自不同保守派組織的代表，包括神道教神社的官員，紛紛要求彈劾本島。一九八九年一月七日，裕仁駕崩不到兩週，一名右翼狂熱份子從背後對市長開槍，子彈貫穿肺部，然而市長奇蹟似地生還。暗殺事件使得全國的極端份子興奮不已，許多人宣稱此舉不過是「上天的懲罰」。

# 後記

南京大屠殺只是日本在九年戰爭中難以計數的野蠻行徑的一個縮影。在大屠殺之前，日本早已聲名狼藉。因其率先打破國際禁忌，不僅把空軍武力當作戰場武器，還用它來威嚇平民。然後，日本發動武裝部隊進行殺戮計畫，從上海開始，再轉向南京，最後推進到內陸。

雖然日本沒有針對中國人民的「最終解決方案」（Final Solution，希特勒滅絕猶太人的計畫），但是日本核准了皇軍在中國某些地區殺光所有人的政策。最致命的政策，就是在華北的「三光政策」（殺光、燒光、搶光）。在華北，中國共產黨游擊隊曾奮力抵禦日本人侵略。一位日本上校的日記透露了這項政策的殘忍：「我奉長官命令，要把這個地方的每一個人都殺掉。」

這導致一九四一年發生了一場消滅華北農村所有居民的大規模恐怖行動，使得華北地區人口從四千四百萬驟降到兩千五百萬。研究中國問題的作家阿契爾（Jules Archer）認為，從這個地區消失的一千九百萬人，大部分都是被日本人殺掉的，雖然其他學者推測當時有數百萬人必定是逃到較安全的地區。《中國的浴血世紀》（*China's Bloody Century*）一書作者魯梅爾（R. J. Rummel）指出，即使中國消失的人口中，只有五％是被日本人殺害的，那也將近有一百萬人。

日本人還對中國人進行了殘酷的生物戰實驗。有些實驗是出於報復，因為日本人懷疑某些中國村鎮，在一九四二年四月美國飛行員襲擊東京時，曾經暗中協助美國人。在可能做為轟炸機著陸區的區域，日本人屠殺了二十五萬平民，並炸毀方圓兩萬英里內的每一座機場。戰爭期間，這裡和其他地區，都成了疾病攻擊的目標。我們現在知道，日本飛行員在上海、寧波和常德等大都會地區的上空，撒下帶有鼠疫病菌的跳蚤，而一個個裝著致病微生物——霍亂弧菌、痢疾桿菌、傷寒桿菌、鼠疫病菌、炭疽桿菌、副傷寒桿菌——的瓶子投入了河裡、水井、水庫與房屋內。日本人還在食物裡摻入致命病菌，使得中國平民和軍隊都受到感染。日本人把加了少許傷寒桿菌的蛋糕散布在野營地區，誘騙饑餓的農民；他們甚至在數千名中國囚犯被釋放之前，將傷寒、副傷寒桿菌注射到他們體內。

最後的死亡人數令人難以置信，約為一五七・八萬人至六三二・五萬人。魯梅爾審慎地估算，約有三九四・九萬人被殺，其中只有四十萬人不是平民。他還指出，其他死於饑荒和疾病的數百萬人，大半也是日軍的掠奪、轟炸與醫學實驗所造成的結果。如果再加上這些死亡人數，那麼可以說，日軍在侵略中國的戰爭中殺害了超過一千九百萬中國人民。

## 壓迫移轉現象

大多數人都無法想像，在犯下這些暴行的時候，日本的士兵和軍官到底是怎麼想的。許多歷史學家、目擊者、倖存者和迫害者本人，都曾列舉一些理論，分析日本皇軍對中國人施虐的原因。

日本一些學者認為，南京大屠殺和中日戰爭期間的恐怖暴行，是由一種名為「壓迫移轉」的現象所引起的。《隱藏的恐怖：日本在二戰期間的戰爭罪行》（*Hidden Horrors: Japanese War Crimes in World War II*）一書作者田中利幸指出，現代日本軍隊在一開始成軍之際就具有殘暴的巨大潛力，主要原因有二：一是軍隊任意施加在軍官與士兵身上的專斷和殘酷對待；二是日本社會的階層化本質，這個階層是由與天皇的親疏遠近程度來決定的。在入侵南京之前，日本軍隊就不斷羞辱自己的士兵。士兵被迫要洗軍官的內衣褲，或是乖乖站好，任由長官掌摑，直到血流如注。用歐威爾（George Orwell，小說《一九八四》作者）的話來說，對日本士兵的例行毆打，就是軍官所謂「愛的表徵」，日本海軍經由「鐵拳」實行的暴戾紀律，通常被稱為「愛的鞭打」。

人們通常認為，權力最弱的人，如果被賦予對更低階層者的生殺大權，那麼他們往往是最殘暴的。而當日本士兵在國外時，這種由嚴格的階層制度所形成的狂怒，突然有了宣洩的出口。在外國或是殖民地，日本皇軍——天皇的代表——對於臣民享有極大的權力。在中國，即使最低階的日本士兵，也被認為比中國最有權勢、最顯要的人還要優越，因此不難理解，他們壓抑了這麼多年的憤怒、憎恨和對威權的忌憚，如何在南京輕易地爆發成無法控制的暴力行為。日本士兵默默忍受長官的一切對待，而現在中國人也必須承受他們的任何對待。

## 瞧不起中國人

學者認為，第二個導致日軍暴行的因素，是日本軍隊有許多人對中國人充滿憎恨的鄙視——這種鄙視是透過數十年的宣傳、教育和社會教化培養出來的。雖然日本人和中國人的種族特徵很相像（如果稍加扭曲，這就會威脅到日本人認為他們是獨一無二的民族的看法），皇軍中有些人認為中國人是低等人，殺他們就跟壓扁一隻蟲或宰殺一頭豬沒什麼兩樣。事實上，無論是在戰前或戰爭期間，日本各級軍人都常把中國人比喻成豬。例如一名日本將領就曾告訴記者：「坦白說，你對中國人的看法和我完全不一樣。你把中國人當人，我把中國人當豬。」在南京，一名日本軍官把中國俘虜十人一組綁在一起，把每一組中國人推進坑裡活活燒死。他為自己的行為開脫，解釋殺這些人的感覺就和殺豬是一樣的。一九三八年，日本士兵東史郎在南京寫的日記上坦言：「現在，豬比中國人的性命還有價值，因為豬還可以吃。」

## 信仰暴力與天皇

第三個因素是宗教，日本皇軍賦予暴力一種神聖的意義，使暴力成為一種文化需求，這股力量和十字軍東征與西班牙宗教法庭期間驅策歐洲人的力量一樣強大。一位日本將領一九三三年在一場演說上宣示：「每一顆子彈都必須蘊含著皇道，每一把刺刀的末端都必須烙上民族美德。」

少有日本人會去質疑他們在中國的任務是否正當。參與南京大屠殺的日本老兵永富角戶表示，他從小就被教育，相信天皇是世界的天生主宰，日本民族比世界上其他民族優秀，主宰亞洲是日本人的命運。一位當地的基督教牧師問他：「上帝和日本天皇，誰比較偉大？」他毫不懷疑「天皇」才是正確答案。

認為天皇是比上帝更高的存在，有這樣一個支持，日本軍隊毫無困難地進行下一步——相信這場戰爭，甚至隨之而來的暴力，最終不但對自己有利，對受害者也有利。一些人認為，暴行是日本取得勝利的必要手段，這將造福所有人，並有助於在日本的「大東亞共榮圈」之下，建設一個更美好的中國。這種態度，正可以呼應日本教師和軍官的態度，他們無情地毒打學生與士兵，堅稱這樣是為了他們好。

松井石根將軍試圖合理化日本對中國的侵略，或許最能總結日本人這種自欺欺人的普遍心態。在一九三七年前往上海之前，他告訴支持者：「我到前線並不是為了和敵人打仗，而是抱著安撫兄弟的心情。」後來他又在談到入侵中國時說：

日本和中國之間的鬥爭，一直是「亞洲家庭」內的兄弟鬩牆……這些日子以來，我始終相信，這種鬥爭是讓中國人反躬自省的一種方法。我們這樣做不是因為恨他們，相反地，是因為我們太愛他們。就好像在家裡面，當哥哥對弟弟的行為不端忍無可忍時，為了讓弟弟行為得宜，就必須懲罰他。

## 從歷史記取教訓

不管戰後歷史如何發展，南京大屠殺仍是人類名譽上的一大瑕疵，但這個瑕疵尤其令人憎惡的是，歷史從來沒有為這個故事寫下適當的結局。六十年以後，日本政府依舊試圖掩埋南京的受難者，不是像一九三七年那樣埋進土裡，而是埋進歷史的塵埃中。更可恥的是，西方大都不知道這個故事，因為太少人有系統地做紀錄，並將它公諸於世。

寫這本書最初是企圖要拯救受難者，使他們免於再受日本修正主義者的汙蔑，並將我的祭文獻給南京數十萬無名墳塚。最終，本書卻成為我個人對人類本質陰暗面的探索。我們可以從南京大屠殺學到許多教訓，其中之一就是文明本身脆薄如紙。有些人認為，日本人有其獨特的邪惡，是一個永遠不會改變的危險種族。但在讀過一些日本戰爭罪行的檔案文件，並且對照世界歷史中的古代暴行紀錄後，我的結論是：日本人在二戰期間的行為，與其說是危險民族的產物，不如說是一個危險政府的產物；在一個脆弱的文化中，在一個危險的時代裡，政府能夠向那些本能告訴自己不該如此的人們推銷危險的合理化藉口。南京大屠殺應被視為一個警示——說明人類多麼容易被煽動，讓青少年壓抑善良本性，被塑造成高效率的殺人機器。

另一個從南京事件中汲取的教訓，就是權力在種族滅絕中的作用。那些研究過歷史上大屠殺模式的人指出，把權力全部集中在政府是很危險的——只有不受約束的絕對權力，才會犯下南京大屠殺這種暴行。一九九〇年代，研究「大滅絕」（democide，他創造的詞彙，同時包括種族滅絕與政府大規模屠殺的含意）的權威魯梅爾，完成了對二十世紀和古代暴行的系統性研究，他引用艾克頓勛爵（Lord Acton，1834-1902，英國歷史學家）的一句名言來總結這份令人印象深刻的研究報告：「權力使人殺戮，絕對的權力使人絕對地殺戮。」* 魯梅爾發現，政府的權力愈不受約束，就愈有可能根據政府領導人的一時衝動或是內心的黑暗欲望來採取行動，向外國政府發動戰爭。日本也不例外，像南京大屠殺這樣的暴行，在當時那樣一個由日本軍隊與皇室菁英主導的獨裁政權之下，是可以預見的必然結果，他們的權力沒有受到挑戰與約束，使得全日本人民致力去實現少數人的病態目標。

第三個要記取的教訓，也許是最讓人痛心的教訓。人們竟然能輕鬆地接受

---

* 編注：艾克頓勛爵的名言是：「權力使人腐化，絕對的權力使人絕對地腐化。」（Power tends to corrupt, absolute power corrupt absolutely.）作者的意思應該是，魯梅爾仿作了艾克頓勛爵的名言。

種族滅絕，使我們在面對這些不可思議的暴行時，成為被動的旁觀者。南京大屠殺是當時世界媒體的頭版新聞，但當整座城市被屠殺時，世界上大多數人都袖手旁觀。國際社會對南京暴行的反應，和世人對最近波士尼亞—赫塞哥維納與盧安達暴行的反應，竟如出一轍：數千人受到不可思議的殘酷暴行而死去，整個世界卻只能束手無策地觀看CNN報導。

當然人們可以辯稱，美國和其他各國無法事先干預，防止納粹執行他們的「最終解決方案」，因為種族滅絕是在戰爭期間祕密且以冷酷效率進行的，在盟軍解放難民營、人們親眼目睹恐怖的程度之前，大多數人無法相信報導都是真實的。但對南京大屠殺，或是在前南斯拉夫的屠殺，就不能用同樣的藉口了。南京暴行顯著地刊登在《紐約時報》上，波士尼亞的暴行則幾乎每天都在家家戶戶的電視機裡播放。

顯然，人性本質中的某種怪僻，使得最難以言說的罪惡行徑也能在幾分鐘之內變得平淡無奇，只要這些暴行發生在夠遠的地方，對個人不會產生威脅。

## 逃避賠償責任

遺憾的是，對於日本的第二次強暴，世界仍然繼續扮演被動的旁觀者角色——日本人拒絕道歉，甚至拒絕承認他們在南京的罪行，日本極端份子企圖將這一事件從世界歷史中抹去。要更了解這個不公不義有多嚴重，我們只要比較日本與德國在戰後給受難者的賠償，即可得知。當然，金錢並不能換回受害者的生命，也不能抹去倖存者所承受的痛苦記憶，但金錢補償至少表示，施暴者對罹難者所做的一切，都是一種邪惡的罪行。

截至一九九七年，德國政府已經付出至少八百八十億德國馬克的補償與賠償，在二〇〇五年之前還要再付出兩百億德國馬克。如果將德國付給個別受難者的補償金、財物損失賠償、補償年金、根據國家規定的支付款項、一些特殊案件的最後賠償、和以色列及其他十六國達成協議的戰爭損害賠償，全部計算在內，總金額將達一千兩百四十億德國馬克，相當於六百億美金。但相較之下，日本人對於他們戰爭期間犯下的罪行，幾乎沒有付出什麼代價。現在，瑞士人承諾要捐出數十億美金，設立一個基金會，以歸還他們從猶太人帳戶中竊取的金錢；而日本許多決策官員仍然相信（或假裝相信）他們國家並沒有做什麼需要賠償的事情，甚至不須道歉，還堅稱他們政府被指控的迫害惡行從未發生過，那些指證暴行確實發生過的證據，都是中國人或其他想打擊日本的人捏造出來的。

今天，日本政府認定，所有戰爭賠償問題都已經透過一九五二年的《舊金山對日和約》（San Francisco Peace Treat）解決了。然而，若詳細閱讀這份條約就可以發現，戰爭賠償事宜只是被延到日本財務狀況較好的時候才履行。該條約第五章第十四條指出：「我們認定日本應該賠償盟軍。然而，如果要維持日本經濟活力，其資源目前尚不足以完全賠償所有的損失與痛苦，同時履行其他義務。」

冷戰時期最大的反諷之一，就是日本不僅逃避了戰爭的賠償責任，還得到美國數十億美元的援助，美國幫助昔日的敵人，將之建設為經濟強國與競爭對手。目前，亞洲各國相當關切軍國主義再度在日本復活的可能性。在雷根政府執政期間，美國促使日本擴增軍力，這讓許多曾飽受日本戰時侵略的受害者惴惴不安。

「漠視歷史的人，終將成為歷史的受害者。」菲律賓外交部長、普立茲獎得主羅慕洛（Carlos Romulo）如此警告。他在二戰期間曾擔任麥克阿瑟將軍的侍從官，深切了解日本文化中所蘊含的爭強好勝的民族精神。「日本人是意志堅定的民族；他們很有頭腦。二戰結束時，沒有人認為日本有一天會成為世界的經濟強權，但他們確實做到了。如果你給他們成為軍事強權的機會，他們就會成為軍事強權。」

## 日本必須面對歷史

但是冷戰終結了，中國正迅速從共產主義蟬蛻而出。在戰爭期間被日本欺侮的其他亞洲國家，也在國際經濟領域逐漸嶄露頭角，即將挑戰日本。接下來幾年，我們將看到他們對日本戰時罪行的積極聲討取得巨大進步。美國社會的亞洲人逐漸增多，年輕一代的美籍、加籍華裔人士，並不像他們的父母親，絕大多數從事科學領域的工作，年輕一代迅速在法律、政治與新聞等專業領域上產生影響力——過去在北美，從事這幾種專業的亞洲人，比例明顯不足。

我開始寫這本書到完成的這段期間，公眾對南京大屠殺的認識大致已有所成長。在一九九〇年代，有關南京大屠殺、慰安婦、日本人對戰犯進行的活體醫學實驗，以及日本人在二戰期間的其他暴行，各種小說、歷史著作、報紙文章大幅激增。舊金山學區計畫要將南京大屠殺的歷史納入課程中，華裔房地產開發商甚至制定了建造中國大屠殺博物館的藍圖。

本書即將完成之際，美國政府開始回應積極人士的要求，對日本人施壓，迫使日本人去面對他們戰爭期間的歷史。一九九六年十二月三日，美國司法部建立了一份日本戰犯的觀察名單，禁止他們入境美國。一九九七年四月，美國前駐日大使孟岱爾（Walter Mondale）向媒體表示，日本需要開誠布公、直接地面對歷史，他並表達希望日本能為其戰爭罪行全面道歉。南京大屠殺甚至即將列為法案，很快就要送交美國眾議院。一九九七年春天，美國國會議員和人權活躍人士共同草擬一項法案，譴責日本在二戰期間苛待美國及其他國家的戰俘，並要求日本官方正式道歉，賠償戰時受害者。

## 關鍵性的抉擇

要求日本政府面對其戰時所作所為的運動，甚至在日本也贏得愈來愈多的支持；日本官方否認戰時暴行，已經在一些認為自己不僅僅是日本人的公民中引起相當程度的愧赧。少數人堅信，日本政府未來想贏得友邦的信賴，就必須對過去的作為坦承不諱。一九九七年，日本復交友誼協會（Japanese Fellowship of Reconciliation）發布以下聲明：

> 在過去的戰爭中，日本既傲慢又自大，侵略其他亞洲國家，為許多人

帶來痛苦，尤其是中國。一九三〇年代前後的十五年之間，日本持續對中國發動戰爭，使數千萬人民深受其害。在此，我們誠摯地為日本過去的錯誤道歉，請求你們寬恕。

日本這一代面臨一個關鍵的抉擇。他們可以繼續欺騙自己，日本的侵略戰爭是一場神聖的正義之戰，只是因為美國的經濟實力，所以他們不幸戰敗了；他們也可以和國家的恐怖遺產決裂，坦承真相：世界之所以變得更好，是因為日本戰敗了，無法將其嚴峻的「愛」強加給世人。如果現代日本人不站出來護衛真理，他們將和戰爭期間的先人一樣，在歷史上留下汙點。

日本必須坦承在南京犯下的暴行，不只承擔法律責任，更要承擔道德義務。最起碼，日本政府需要向受難者正式道歉，賠償那些被其暴行摧毀生活的人；更重要的是，要教育下一代日本公民大屠殺的真相……如果日本期盼受到國際社會的尊重，並為這頁讓其在歷史蒙羞的黑暗篇章畫上句點，這些早就該採取的行動對日本來說至關重要。

# 改版後記

布萊頓・道格拉斯（Brett Douglas）
二〇一一年九月二十三日

一九八八年十月，我與我的妻子張純如第一次相遇，她是個美麗、聰明又迷人的女孩，渾身充滿活力。如果有人告訴我，有朝一日她會寫一本暢銷書，並且被翻譯成十五種語言，我也不會感到驚訝。讓我驚訝的是，此刻我正在為《被遺忘的大屠殺》寫一篇後記，在她離世的七年之後。三十歲的純如已經是個優秀的作家，在我眼中她幹勁十足，充滿熱忱與活力，我總認為她大概在八、九十歲還是能寫出偉大的作品。

當年初次見面時，我們各自約會的經驗寥寥可數，但我們很快就知道，我們是彼此的完美伴侶。我們很幸運，一起度過了非常快樂的十六年。我落筆的此刻，早已有兩本關於純如生平的書出版：一本是卡蔓（Paula Kamen）所寫的《尋找張純如》（*Finding Iris Chang*），另一本則是由她的母親張盈盈所寫的《無法遺忘歷史的女子》（*The Woman Who Could Not Forget*）。這兩本書都是很好的作品，我很鼓勵那些想更了解純如的人去讀一讀。純如的生命結束得太早，而且因為她是一個不喜歡談論自己的人，關於她的生活與死亡的許多事情一直存在許多謎團。我感激貝西克圖書公司（Basic Books）給予我這個機會，讓我來填補一些空白，並揭開一些關於純如的謎題，讓她遺留後世的風采，及其著作帶來的影響，能夠長存下來。

張盈盈在《無法遺忘歷史的女子》一書中，已經非常詳盡地敘說了純如的一生，我沒有任何要補充的部分。不過，我想特別談談幾個我認為讓純如這麼優秀的關鍵因素。

她的父母都在哈佛大學拿到博士學位，兩人一輩子都在從事科學研究。因此，純如從很小的時候就很重視讀書這件事。年輕時，她花費無數的時間泡在伊利諾大學圖書館和其他當地圖書館，學會了快速閱讀和處理資料。純如編纂了一份詳盡的名單，列出所有得到諾貝爾獎和普立茲獎的書籍，以及榮獲奧斯卡獎的電影，然後她開始一本書接著一本書閱讀，一部電影接著一部電影觀賞。她把休假日全拿來按部就班地讀書和看電影。

純如就讀伊利諾大學附屬高中。這所學校非常重視學業，競爭壓力非常大。同校的學生主要是學術界頗有成就的教授的子女，他們都通過了嚴格的入學考試。這所高中已經培育出好幾位諾貝爾獎得主，還有很多畢業生各自在其他事業上取得非凡的成就。一九八五年，純如考上伊利諾大學厄巴納─香檳分校，進入競爭激烈的數學和電腦科學學系，她是少數的女性之一。她原本預計在三年內畢業，卻在還差幾個學分就能拿到學位的時候，轉系改讀新聞。在當時，就讀數學和電腦科學的女生是比較罕見的，能夠如此迅速完成學業的人也很少見，在即將輕鬆完成學業之際又改變專業的人更是稀有。

大多數人如果讀了近三年後才轉換跑道，通常會明顯落後於同儕，但純如很快就趕上了進度，並且成功拿到了在《新聞週刊》（*Newsweek*）、《美聯社》

（*Associated Press*）和《芝加哥論壇報》（*Chicago Tribune*）的實習機會。在《芝加哥論壇報》實習期間，她發現自己真正的興趣在於撰寫長篇專題報導，因此她申請了約翰霍普金斯大學名聞遐邇的寫作研討班，並且成功獲得錄取。當時只有二十二歲的她，在那裡遇到了她的編輯和後來的經紀人拉碧娜（Susan Rabiner）。拉碧娜給了她一個題目，純如開始著手她的第一本書《中國飛彈之父：錢學森之謎》（*The Thread of the Silkworm*）的研究。

在純如取得約翰霍普金斯大學學位之後，她搬來加州的聖塔芭芭拉和我一起生活。純如一直對電影很感興趣，所以她曾帶著作品履歷到一家藝人經紀公司面試，很快就被選中成為MC哈默（MC Hammer）音樂影片中的舞者。然而，因為拍片的隔天是麥克阿瑟基金會（MacArthur Foundation）研究補助金申請的截止日期，所以她後來婉拒了拍片的邀請。我們覺得這大概是第一次有人因為這種原因拒絕MC哈默和他的製作公司。純如的決定很正確，她最終獲得了麥克阿瑟獎。

後來，純如又拿到了國家科學基金會（National Science Foundation）的資助，讓她得以繼續《中國飛彈之父：錢學森之謎》的研究。令人驚訝之處在於，純如從未拿過理學院的學位，也沒有加入過任何大學或研究機構。

純如集美貌和才智於一身，又有如此優異的學術表現，我認為她有如此成就還有另外兩個因素：她總是勇於向人尋求幫助和建議，無懼於對方有多大名氣；而且她總是努力提升自己。例如：一九九一年我們舉辦婚宴，純如要對著兩百人敬酒並簡短致詞，她對於要上台這件事感到非常緊張。但是她刻意努力練習公開演講。當《被遺忘的大屠殺》於一九九七年出版時，她已經可以對著上千名觀眾侃侃而談一個小時甚至更長的時間，分享她做的研究和她寫的書。

在我們交往的前十年裡，我看著純如從一個害羞內向的人蛻變為「超人純如」，她成為著名的作家和歷史學家，不僅可以寫出暢銷書、發表讓觀眾聽得入迷的演講，還能在全國電視台上贏得辯論。二〇〇四年，曾經耀眼非凡的「超人純如」因為精神疾病的關係，很快就倒下了，這實在令人悲傷不已。

關於張純如的人生和研究生涯，外界仍抱有許多迷思和誤解。雖然我自己也有一些疑問，但是，我想我可以提供一些資訊，讓讀者有更清晰的了解。第一個誤解是《被遺忘的大屠殺》這本書的寫作緣起。一九九四年底，純如在加州庫比蒂諾市參加一場會議，她在會議上看到了南京大屠殺的照片。很多人都以為她是在看了照片之後，當場決定她要寫一本有關這次暴行的書。這樣的故事聽起來很動人，但事實上卻與純如工作的方式完全相反。純如一直都有記錄寫書靈感的習慣，到了二〇〇四年，研究藍圖已經累積了四百筆之多。純如小時候曾聽父母和祖父母講述南京大屠殺的故事。一九八八年十月我們開始約會後不久，她告訴我，她非常想寫一本關於南京大屠殺的書。她在完成第一本書《中國飛彈之父：錢學森之謎》的初稿後，就決定將日本對南京的侵略行動當作第二本書的主題，她認為這個主題相當有潛力，於是開始著手研究。一個月後，一九九四年秋天，她參加了在庫比蒂諾舉辦的那場會議，見到了贊助該次會議的活動人士。她看到許多受害者的照片，並且結識了許多人，這些人後來對她的研究非常有幫助。然而，不知怎麼地，開始出現這樣的說法，說她是在會議上看了照片被觸動而想寫這本書，這樣的傳言至今一直都還時有所聞。純如從來不會這麼衝動地決定研究計畫。寫《被遺忘的大屠殺》這本書是她計畫多年的事情，早在她參加會議之前，她就已經在做研究了。

另一個迷思是，《被遺忘的大屠殺》和巴丹死亡行軍的主題使她陷入崩潰甚至自殺。純如在一九九七年初完成了《被遺忘的大屠殺》這本書，但直到二〇〇四年之前從未出現任何精神疾病的徵兆。她在研究《被遺忘的大屠殺》和巴丹死亡行軍期間，閱讀了大量的資料。她幾乎每天都會跟我分享她的最新進展，也會與她父母和幾個親密的朋友討論那些資料。就我印象中，她在看到那些照片和資料之後，並未感到不安，反而變得更有衝勁，更希望自己能寫好這些故事。她為南京的人民感到悲傷，這些人在一九三七年和一九三八年承受了巨大的痛苦，而且六十年後依然生活貧困。她與一九四二年至一九四五年飽受日軍虐待的許多巴丹死亡行軍老兵交上了朋友。許多巴丹老兵就像我和她的許多童年朋友一樣，是來自中西部小鎮的孩子，所以她對他們產生了深厚的感情。當時大多數人已經八十多歲了，而到了二〇〇四年時，許多人已經去世或身患絕症。我只看過純如因為工作上的事情崩潰大哭這麼一次，是她聽說跟她很要好的其中一位巴丹老兵過世了。

還有傳言說，她為了兼顧工作和育兒，結果患上了精神疾病。但事實上，從我們的兒子出生到她精神崩潰之前的兩年時間裡，家裡有一位全職保姆在協助照顧克里斯多福，並負責所有家務，包括烹飪、打掃、洗衣和購物。我花了很多時間在照顧克里斯多福，我父母和純如的父母也都有幫忙照顧他。應該很難有人能像純如一樣，在育兒和家務方面有這麼強大的後盾。

另一個傳言是，純如之所以崩潰和走上絕路，是因為中情局和美國政府的關係。純如本人也是這麼相信的，因為她曾被強行逮捕，並在違背自己意願的情況下，關進了路易斯維爾市的一間精神病院。對她來說，這是一次可怕的經歷，她度過了好幾天幾乎沒有食物、飲水和睡眠的日子，她相信美國政府是幕後黑手。在她生命的最後三個月裡，她曾向好幾個人提起自己深信的這個觀點，但我從未見過任何證據證實她所相信的事。

最後一個我聽過的傳言是，純如最後會自殺，日本政府多少得為此負責。以純如的經歷來說，她會害怕日本人其實也不奇怪。純如的父母和他們的家人在中國都經歷了一九三七年至一九四五年的日本入侵和占領。純如在成長過程中聽過許多關於日本暴行的恐怖故事。在她研究《被遺忘的大屠殺》時，許多跟她合作的人也曾經歷過日本入侵中國的那段歷史。在她巡迴推廣這本書的時候，許多美國退伍軍人，以及來自韓國、中國、台灣、越南、泰國、馬來西亞和菲律賓的聽眾都會主動跑來找她，告訴她在日本占領時期他們遭遇的恐怖故事，以及他們多麼恐懼日本政府。日本媒體與日本激進份子極其惡劣地以各種言語攻擊她。她在一九九八年和一九九九年積極推廣《被遺忘的大屠殺》期間，常常收到大量的惡意郵件。那段時間，純如碰到的所有事情，的確有理由讓一個人愈來愈恐懼日本人。然而，當她開始轉而研究下一本書《美國華人史》（*The Chinese in America*）之後，仇恨郵件已大幅減少，後來幾乎不再寄來了。在我與純如共同生活的整整十三年中，我從未看到任何證據，證實任何來自日本的人威脅到她的生命安全，或是做過任何會導致她陷入崩潰或自殺的事。

許多人推測，純如在二〇〇四年之前已患有精神疾病。人們之所以會這麼想，有一部分可能與她的背景有關，另一部分可能來自她選擇的工作和生活方式。純如的父母歷經了日本侵略中國，以及毛澤東的共產黨軍隊與蔣介石的國民黨軍隊之間發生的內戰。他們告訴純如許多他們親眼見證或聽聞的恐怖故事。在她的寫作生涯中，她研究過亞美尼亞大屠殺、納粹的崛起和其對猶太人的迫害、許多發生於二戰期間的暴行、中國內戰、大躍進，以及文化大革命。在她生命的最後幾年裡，美國政府採取了幾項令純如相當不安的行動，其中最著名的是二〇〇三年布希政府對伊拉克發動攻擊。同樣令她感到不安的還有大衛教派（Branch Davidians）慘案、柯林頓政府在鬧出陸文斯基醜聞期間轟炸多個中東國家、科索沃「人道主義轟炸」（Humanitarian Bombing）、二〇〇一年布希政府對中國的敵對態度、《愛國者法案》（Patriot Act）讓人們喪失了隱私和個人自由，以及在未經審判的情況下無限期拘留恐怖份子嫌疑人。

在純如眼中，這一連串的變化讓美國成為一個有可能發生暴行的社會，就像她正在研究的那些發生暴行的社會一樣。她常常和人們花很長時間討論相關議題，也會討論如果這樣的趨勢持續發展，可能導致什麼可怕的後果。在公開場合，純如總是比較壓抑，不輕易流露情感，但私下交談的時候，只要談到她認為重要的主題，她總是表現得很激動。偶爾才跟純如私下交談的人，可能會以為她有躁狂的問題。但我認為，那只是因為她對許多議題都抱有極大的熱情，而且她精力充沛又聰穎過人，分享自己觀點的時候總是衝勁滿滿。這些行為模式在一九九八年到二〇〇四年之間，從未改變過。

比起關照人際關係，純如是一個目標導向的人，所以很多時候她更注重實現自己的目標，而不在乎別人對她有什麼看法。這使她剛開始工作的時候就碰上了一些問題，當時她被期望要去迎合雇主、同事、編輯和出版商的期待。然而，在《被遺忘的大屠殺》出版之後，她知道自己再也不必為別人工作，因為她的寫作和演講技巧都有目共睹。很少有人在三十歲的時候就能體驗到這種自由。在公司或組織中工作的人，可能因為從主管和同事那裡不斷獲得回饋，常常容易變得習於順從，但純如在她生命的最後十三年裡並沒有受到這樣的影響。我想，一般人可能難以理解的行為，其實跟精神疾病完全沒有關係，只是顯示了她很幸運，可以決定自己想做什麼。

對她來說，書籍宣傳的行程確實相當累人。這些行程根本像超級巨星在辦巡迴演唱會。幾乎每天一大清早，純如就會起床準備前往機場，飛往下一個城市，參加活動，之後參加聚會，深夜時分才得以回到旅館房間。在這些活動中，人們經常對她講述自己的故事，關於那些二戰期間日本戰俘和日本占領區內的平民經歷的恐怖故事。她常常一連好幾天都重複同樣的行程。純如在一九九八年大半時間、一九九九年上半年、二〇〇三年的六個星期，以及二〇〇四年的五個星期，都過著這樣的生活。在她生命的最後七年裡，大多數與她見面的人，都是在她過著這種混亂的生活時見到她的。

許多人對於純如崩潰的原因有各種不同的推測，我自己還不夠了解，但我想有幾個不同的因素。她**可能**有精神疾病的家族病史。純如有一位親戚跟她狀況一樣，三十多歲的時候事業有成，但突然之間崩潰了，自那之後再也沒有工作過。我剛見到她時，覺得她是一位非常迷人的女士，但她下一刻突然話鋒一轉，開始談起有人很討厭她，而且想要殺害她。在純如生命的最後三個月，同樣的想法也折磨著純如。

一九九九年夏天，純如終於暫停了她長達一年半的《被遺忘的大屠殺》出版宣傳活動。她本打算在家休息一段時間，調養身體，我們也準備建立一個家庭。在接下來的幾個月裡，純如經歷了幾次流產，引發嚴重的荷爾蒙波動，後來我們才得知這很可能加速躁鬱症發作。她比二〇〇四年之前的任何時候都更加不穩定和躁動。再加上長途旅行與荷爾蒙波動，讓她感到精疲力竭，那時見到她的人如果不明就裡，大概會認定她患有精神疾病。

純如的工作習慣也很特別。她是大學一畢業就直接成為自由作家，所以她從未像大多數美國人那樣朝九晚五地上班。她為自己訂定截稿日期，經常為了趕上截稿日期而通宵達旦地工作。純如會使用富蘭克林筆記術（Franklin Planner），讓自己每天盡可能提高產能。每次收到別人寄來的新書推薦文邀稿信，她總是從頭到尾把整本書讀完一遍，然後字斟句酌地撰寫推薦詞。也因為這樣，她為了不拖到自己寫作計畫的進度，便常常熬夜工作。可想而知，在她步入三十歲之後，這些工作習慣讓她的身心壓力變得更沉重，這很可能是導致她崩潰的原因之一。

純如還有一些健康問題，例如她有血栓好發症（thrombophilia），而甲狀腺亢進加速了她的新陳代謝。她曾告訴過我，如果這種甲狀腺疾病沒有適當的藥物治療，可能會導致精神疾病。純如精神崩潰的時候，一位醫生請我寫下所有她正在服用的維他命和營養補充品，因為如果過度使用未經列管的草本補品，也有可能導致精神疾病。當我打開她的藥櫃時，簡直不敢相信自己的眼睛。除了她的綜合維他命，我還找到許多瓶子，裡面裝滿了下列成分：

孿葉豆（Hymenaea Courbaril）樹皮、紫花風鈴木（Tabebuia Impetiginosa）樹皮、秘魯胡椒樹（Schinus Moll）樹皮、蒜臭母雞草（Petiveria alliacea）全草、望江南（Cassia Occidentalis）葉、貓爪藤（Cat's Claw vine）樹皮、燈籠草（Physalis Angulata）全草、黃細心（Boerhaavia Diffusa）全草、菝契屬（Smilax sp.）的根、紫茉莉（Mirabilis Jalapa）葉，巴西甘菊花（Achyrocline Satureoides）葉，熊果葉（Urva Usi leaf）、綠藻／小球藻（Chlorella）、大蒜、鹿角菜膠（Carageenan）、左旋甲硫胺酸、左旋半胱氨酸、賴胺酸鹽酸鹽、活化厄帖浦土（黏土）、海藻酸鈉、EDTA螯合鈣、α硫辛酸、硫化釩、硫酸鹽膽鹼、肌醇、對胺基苯甲酸、蘆丁、檸檬類黃酮複合物、橙皮素複合物、槲皮素、聖母薊萃取、輔酶Q10、左旋麩胱甘肽、葡萄籽萃取物、左旋肉鹼、朝鮮薊粉、甜菜汁粉、銀杏萃取物、番茄紅素、硫酸軟骨素A、芫荽、甲基硫醯基甲烷、牛磺酸、左旋脯氨酸、山楂複方萃取物、綠茶萃取物、束絲藻、淡水藻類、刺槐澱粉酶、葡萄糖澱粉酶、脂肪酶、蛋白酶、蔗糖水解酶、麥芽糖水解酶、纖維素酶、鳳梨蛋白酶、乳糖酶、木瓜蛋白酶、青木瓜、蘋果果膠、生薑、薑黃、小茴香、墨角藻、紫菜、海帶、薄荷、甜菜根、哈瓦那辣椒、墨西哥辣椒、非洲辣椒、中國辣椒、泰國辣椒、韓國辣椒、日本辣椒，南瓜籽油、牛蒡、桃樹葉、洋甘菊，毛果芸香、鼠尾草葉、變性乙醇、來自海草的水楊酸甲酯、苜蓿、磷酸氫鈣、硬脂酸、硬脂酸鎂、越橘萃取物。

純如二十九歲到三十一歲之間，都在進行《被遺忘的大屠殺》的巡迴演講，期間至少去了六十五個城市，許多城市重複去過好幾次。當時她還年輕，還可以快速地從旅行的壓力中恢復過來。然而，她在推廣《美國華人史》時，已經三十五、六歲了。雖然旅行的天數比以前短，但更加緊湊，她無法像六年前那樣，能夠快速恢復體力。二〇〇四年三月展開新書巡迴演講之前的張純如，與五、六個星期之後回來的張純如，簡直判若兩人。

我認為純如二〇〇四年會在路易斯維爾崩潰的原因有很多，包括遺傳基因、多次流產、長期熬夜、緊湊的新書宣傳行程、服用草藥，以及對日本極端右派的長期恐懼。卡蔓曾寫道，無法控制恐懼就是精神疾病的症狀之一。在純如的心中，恐懼的滋長過程如下：

我們的兒子克里斯多福開始出現自閉症的跡象時，她發現很多人相信一切都是疫苗害的。她繼續研究發現，波斯灣戰爭退役軍人所使用的疫苗和藥物導致了多種疾病。大約在同一時間，我們去看了二〇〇四年改版的《戰略迷魂》（*The Manchurian Candidate*），劇情是美國政府在波斯灣戰爭期間對士兵進行精神控制。看完電影之後，她變得更加焦慮。接下來的幾天，她都在準備下一場工作行程，預計前往路易斯維爾與凱利（Arthur Kelly）上校會面，並採訪巴丹死亡行軍的倖存者；連著好幾個晚上，她都沒有好好睡覺，而是流連在自閉症、波斯灣戰爭症候群（Gulf War Syndrome），以及各種陰謀論的網站。她出發前往路易斯維爾的時候，我們都非常擔心，但依然相信她這趟畢竟是去做研究，應該會好好工作，不會分心去想那些有的沒的。然而，連續多天的睡眠不足，使她開始出現妄想。她相信政府會對她下藥，離開家門之後完全不吃不喝，於是她的狀態很快就因為饑餓、缺水、睡眠不足而惡化。她在非常糟糕的狀況下打電話給她的母親，而她的母親聯絡了凱利上校。上校與他退休的護理師妻子一起趕到，看了她的狀況就立刻叫救護車。但純如之前從未見過凱利上校，她確信對方是要陰謀傷害她的一部分，所以試圖逃跑。警察和醫護人員費了九牛二虎之力，好不容易把她送進路易維爾醫院詳細檢查。但她進入精神病房之後，依然覺得護理人員對她造成威脅。她深信這些人試圖對她下藥或下毒，於是再次拒絕進食和喝水，並且徹夜不睡。如果她待在家裡，身邊都是她所愛與信任的人，也許就不會受到這麼大的創傷。但孤身前往路易斯維爾的她，以為那些試圖幫助她的人都是布希政府陰謀傷害她的一部分。在她生命的最後三個月裡，我們始終無法扭轉這種信念。

她的父母從路易斯維爾醫院將她接回家，但我們一直找不到夠好的精神科醫生。而且純如並不是一個配合的患者，之前在處理不孕問題的經歷，更是讓她對大部分的醫生都失去敬意。她當時深入研究如何受孕，認真的程度讓所有在門診遇到的醫生都不知所措。在那之後，她對大多數醫生都失去了信心。這個時候，我們需要立刻找到優秀的心理醫生。我們更需要純如遵循治療方案，但她一直在對抗這一切。

純如的父母和我都覺得帶她參加躁鬱症患者的互助團體能改善狀況，因此把她帶到了史丹佛大學。但她在那裡遇見的人，病情並沒有起色。那些病友幾乎都沒有工作，許多人還在服用五至六種藥物。純如認為這些人就像殭屍，她說自己絕對不想吃藥之後變成這樣。不久，她的精神科醫生正式診斷她患有躁鬱症，服用的藥物需要從抗憂鬱與抗精神病藥物，改成穩定情緒的藥物。轉藥期間的自殺風險會提高。

純如去世之後，她的母親花了很多時間研究她所服用的藥物，發現亞洲人對許多常用處方藥更容易過敏。美國的亞洲公民並不多，這些藥物在測試時幾乎沒找多少亞洲受試者，也許不能完全撇除這些藥物對亞洲患者的副作用。純如可能就受到了影響。她所服用的強效抗精神病藥物和情緒調節藥物，似乎都讓她產生了許多副作用。

確診並改變用藥的兩天之後，純如的母親在她的手提包裡發現了一本里德槍械店（Reed's Gun Shop）的用槍安全手冊。這是我們第一次知道純如打算買槍。當我們問起這件事，純如說美國政府在跟蹤她，她得設法防身。這時候的她，已經先後因為與躁鬱重症患者見面、聽到醫生的正式診斷，以及改變服用藥物，情緒變得非常不穩定。我和她的父母及精神科醫師，找了一些成功戰勝躁鬱症的人來鼓勵她，但為時已晚。

造訪路易斯維爾之後，純如就一直堅信布希政府要迫害她。她非常希望凱瑞（John Kerry）在二〇〇四年十一月的大選能擊敗小布希，可惜小布希在十一月三日宣布勝選。她不願意再受四年的迫害，隔天就買了人生第一把槍。這是警方在她死後告訴我的。

最後還有一點，我相信跟純如自殺有關，這也是人們至今都沒有提到的，那就是「驕傲」。她在訣別信中寫道：

「讓我以當初的樣子留在你的記憶裡吧。當時的我是個暢銷作家，不是從路易斯維爾回來之後那個毫無理智的瘋子。」

純如是個非常樸實無華的人。她曾經連續五年開著同一輛國民車（Geo Metro）。如果有人突然來訪，很可能會看到純如沒有化妝，戴著眼鏡，穿著T恤和寬鬆的運動褲。但她只要出現在公開場合，總是會讓髮型和妝容保持完美，她會改戴隱形眼鏡，穿上穩重的套裝，講稿永遠排練過好幾次。她花費大量時間和精力來建立和維護自己的公共形象。我相信她可能會覺得自己在精神崩潰之後再也無法維持形象了。

純如在短短的一生中寫了三本書。第一本書《中國飛彈之父：錢學森之謎》是貝西克圖書公司編輯拉碧娜（Susan Rabiner）的企畫。最後一本書《美國華人史》則是維京企鵝出版社（Viking Penguin）的企畫。只有《被遺忘的大屠殺》是她自己選擇的主題。這是她從很小的時候就一直想寫的書，蟬聯暢銷排行榜好幾週，並且翻譯成十五種語言。她有足夠的經濟資源，又在出版界擁有一定的影響力，餘生可以寫任何自己想寫的主題。如果她能繼續寫個五十年，成就很可能不只如此。

純如去世之後，許多人受到了她的啟發，繼續她的研究。我帶著人們參觀存放在史丹佛大學胡佛檔案館、加州大學聖塔芭芭拉分校、伊利諾大學的張純如收藏。她為了三本書所做的大量研究成果都收在這些地方。胡佛檔案館還收藏了她之後計畫撰寫的書籍清單，我期待任何想繼承她遺志的人能夠完成其中一項。

純如的夢想就是作品能夠翻拍成紀錄片和電影。目前已經有很多人宣稱自己根據《被遺忘的大屠殺》拍攝了電影；但截至我撰寫本文為止，還沒有接到任何製片人的聯絡，說要根據她三本書中的任何一本拍攝紀錄片或劇情片。純如不太信神，但我還是覺得，若她在天有靈，最希望看見的一定是這件事。

還有許多無名英雄正在延續純如的研究成果。我們的兒子克里斯多福在二〇〇四年夏天首次出現自閉症的徵兆。如果在他成長的時候純如還活著，而且狀態還跟一九九一年至二〇〇二年撰寫三本書的時候一樣，一定會研究克里斯多福的整體狀況，找到最佳計畫讓他順利成長。但二〇〇四年的純如已經瀕臨精神崩潰；她自殺的時候，患有自閉症的克里斯多福只有兩歲。之後有好幾位女性挺身而出，代替純如照顧克里斯多福。鄰居孫美（Sun-Mi Cabral，音譯）

和朴桑妮（Sunny Park，音譯）在接下來的一年裡把克里斯多福視如己出。純如的媽媽張盈盈在接下來的兩年裡幫克里斯多福煮營養豐盛的晚餐。我的女友水潔冰（Jiebing Shui，音譯）則在克里斯多福診斷出自閉症之後，辭掉工作搬來和我們一起住，成為他的繼母，全職在家帶他按時接受治療。克里斯多福在第一位適應行為分析治療師艾美達（Hannah Almeda）的協助下，口語表達能力大有進步。後來潔冰為了照顧我們剛出生的兒子而分身乏術，艾美達則獲得了帕羅奧圖（Palo Alto）公立學校的教職，結果克里斯多福的狀況開始退步。

於是我的父母肯和露恩賣掉了他們原本退休後要住的房子，搬到伊利諾州的諾默爾（Normal），靠近伊利諾州立大學，因為那裡擁有全美國最好的特殊教育課程。我們全家也從加州聖荷西（San Jose）搬到同一個社區。我父母退休之後全心照顧克里斯多福。二〇〇七年我們遇到了適應行為分析師梅麗莎·沃森（Melissa Watson），她強大的能力使克里斯多福的狀況大有進展。其他治療師也幫了克里斯多福很多忙，感謝戈麥斯（Hannah Gomez）、博澤克（Monica Bozek）、弗格森（Tricia Ferguson）、康卡爾（Susan Konkal）、康克倫（Sarah Conklen）、梅根．沃森（Megan Watson）、格雷斯．沃森（Grace Watson）、安吉拉．沃森（Angela Watson）、維拉格（Rachael Wrage）、亨斯伯格（Kristin Hunsburger）、英格勒姆（Bethany Ingrum）、米多爾（Gavin Meador），還有伊利諾州布盧明頓的非營利組織 Easter Seals 與伊利諾州諾默爾自閉症兒童之家（The Autism Place）的許多治療師。

純如是個英雄，她把一九三七年底至一九三八年初那個可怕的冬天，許多南京人所遭受的苦難整理了出來。她也許是個悲劇英雄，二十九歲之前讓她功成名就的一切動力，或許都成為她在三十六歲精神崩潰英年早逝的原因。純如的作品與巡迴演講影響了世界各地的大量讀者，其中我只認識很小一部分。七年過去了，如今我仍在追尋她的足跡。

# 謝詞

在本書寫作的過程中，我獲得許多協助。許多團體和個人不斷給予我支持。在此無法一一感謝這些曾貢獻寶貴時間和專業知識給我的人，然而，我仍要在這裡特別感謝一些人。

我父親張紹進博士和母親張盈盈博士是最早告訴我南京大屠殺並強調其歷史重要性的人。他們花了無數的時間，閱讀我的初稿，為我翻譯重要文件，並在漫長的電話討論中提供許多寶貴的意見，令我深深感動。大多數作者都夢想能擁有這樣的雙親——睿智、熱情，並且給予靈感鼓舞。在創作本書期間，除了我，沒有人能夠真正了解他們對我的意義。

本書編輯拉碧娜也體認到本書的歷史意義，鼓勵我把它寫出來。在數月之中，她不僅逐行仔細檢查草稿，並且提供了許多卓見。她擔任主編，行政責任很重，並在辭去哈潑．柯林斯（Harper Collins）出版集團下的西克圖書公司工作之前，承受了很大的人事壓力，儘管如此，她還是為我做了這些事。在出版界，鮮有人像拉碧娜這樣，兼備文學天賦與嚴肅非小說類作品的專業知識，並且真心為作者設想。我能和她一起合作，不僅是件愉快的事，也是一種殊榮。

世界抗日戰爭史實維護聯合會大力支持我研究南京大屠殺，並且提供圖片、文章與世界各地訪談對象的資料給我。

許多幫我翻譯重要文件的人，為本書添枝加葉。為了完成本書需要使用四種不同文字（英文、中文、日文、德文）的原始資料，我必須大量仰仗朋友、同僚甚至陌生人的善心協助。友人芭芭拉．梅森（Babara Masin）是位傑出的高科技主管，精通五國語言，慷慨地投入她寶貴的時間，將許多德國外交報告和日記翻譯成英文。聖地牙哥的一名熱心日本友人杉山佐藤子不僅自願為我翻譯日本人戰時日記，甚至替我和入侵南京的前日本士兵東史郎通信。

歷史學家查爾斯·柏迪克（Charles Burdick），以及漢堡的瑪莎·貝齊曼（Martha Begemann），替我找到南京安全區國際委員會前任主席約翰·拉貝的遺族。我要感激拉貝的外孫女賴因哈特，她不僅告訴我拉貝的詳細生平，並複印他的報告與日記給我。多謝《朝日新聞》的傑夫·海南（Jeff Heynen），他熱心地替我翻譯拉貝的文章。

多虧許多朋友的協助，我的東岸研究之旅非常成功。紐約的湯美如借給我許多材料，都和她精采的記錄片《奉天皇之命》有關。在紐約，邵子平和他的家人親切好客，提供我膳宿，甚至讓我借用他們的車，往返耶魯大學神學院圖書館。我在華盛頓特區停留時，《華裔美國人論壇》（*Chinese American Forum*）前任發行人李昇言（Shen-Yen Lee，音譯）和他的妻子溫妮，以及歷史學家瑪莉安·史密斯（Marian Smith），無私地提供我交通、住宿和情感支持。在國家檔案中心（National Archives），約翰·泰勒（John Tayor）指引我查閱許多南京大屠殺資料，協助我查到軍事和外交報告、日本外交部書信，戰略服務處（OSS, Office of Strategic Services）的紀錄和副本，以及遠東國際軍事法庭的證據。在耶魯大學的神學院圖書館，檔案管理員瓊安．杜菲（Joan Duffy）和瑪莎．史摩莉（Martha Smalley）十分熱心，帶我去看傳教士的日記和大屠殺的照片。

「太平洋文化基金會」資助我到亞洲旅行。在南京，江蘇省社科院歷史研究所副所長孫宅巍，以及「侵華日軍南京大屠殺遇難同胞紀念館」副研究員段月萍，提供無價的南京大屠殺中文檔案給我，並且帶我深入城裡各地的處決刑場。翻譯楊夏鳴和王衛星長時間和我一起工作，將中文檔案翻成英文，並翻譯採訪倖存者的錄影帶。

中華民國中央研究院近代史研究所研究員李恩涵，安排我到中研院，繼續研究大屠殺。

許多南京大屠殺的倖存者，走出過去的恐懼之後，向我訴說他們的故事，包括南京的李秀英、潘開明、唐順山、夏淑琴等人。

南京大屠殺的歐美目擊者，以及他們的家人，慷慨地提供時間與資訊，接受我的電話訪問，還給我圖片、文件，甚至大屠殺的影片。他們是貝茨兄弟、康登（Tanya Condon）、德丁、羅伯．費奇、蓋瑞（Marge Garrett）、彼德．

克魯茨、萊恩（Emma Lyon）、大衛・馬吉、安奇・米爾斯（Angie Mills）、佛瑞德・里格斯（Fred Riggs）、索恩（Charles Sone）、瑪尤莉・威爾遜（Marjorie Wilson）、小羅伯・威爾遜等人。

牛津大學的米德（Rana Mitter）與貞生—克林珍堡（Christian Jessen-Klingenberg）博士，哥倫比亞大學的葛拉克（Carol Gluck），以及哈佛大學的威廉・柯比，在本書出版以前，費時費心地審訂，並且提供重要的學術建言，為之增色不少。

最後，我要感謝我的夫婿布萊頓・道格拉斯（Bretton Lee Douglas）博士，他毫無怨尤地研讀日本人在中國的暴行——一個個令人毛骨悚然的故事。他的愛、智慧與鼓勵，使我得以完成本書。

譯後記

# 城市悲歌——南京大屠殺

蕭富元

一九三七年，國民政府首都南京忽地由盛轉衰。前半年，南京城現代建設步入巔峰，為孫中山奉安大典而鋪設的第一條水泥大道中山路上，奔馳著黨國要員的私人汽車；秦淮河畔笙歌達旦，一派民國盛世榮景，宛如國民政府的「天寶年間」。好景不過半年，古城在民國年間的瞬息繁華，猶如過眼雲煙，化成兵燹之中的灰燼。

日本人來了。南京又再度陷入屠城歷史的夢魘。

不到南京，發生在八年對日戰爭期間的南京大屠殺，就只是停格在教科書上的幾段生冷文字。一九三七年十二月十三日，十萬名日本部隊，攻陷南京，隨即展開六星期的殘暴屠城，三十萬南京居民，坐困陷都，慘死日軍鋒鏑之下。六十年來，南京城陸續挖掘出十七個大屠殺的萬人坑遺址，並在其中十三處豎碑，提醒所有的旅人或居民，這裡曾經有數萬南京人，遭到日本軍隊集體殺戮。

「那時長江邊的蘆葦上都掛滿了人肉。」第一個到達萬人坑遺址考察的南京市文物局副局長陳平表示，有半數以上的受難者是在長江邊遭屠殺厄運。江邊的一草一木，都見證了這段南京人最刻骨銘心的回憶。

年歲已高的計程車，轟轟地繞過如詩如畫的莫愁湖，來到江東門的「侵華日軍南京大屠殺遇難同胞紀念館」。才踏進大門，似乎就有一股肅殺詭譎的寒慄狂亂撲人而來。採大型陵墓設計的紀念館，原本就是個白骨歷歷的萬人坑遺址。一九三七年時，這裡對面就是國民黨的中央陸軍監獄，當初日軍在此囚禁了一萬多名平民，不久就將他們集體槍殺。紀念館的大理石牆上，悚然矗立著「遇難者 300000」，枯木敗石、斷井頹垣，標記著南京人六十年前的浩劫。

## 永不忘金陵血淚

從小就聽爺爺講述「鬼子多可惡」的紀念館館長朱成山回顧，當年中國守軍有十一萬人，雖然肯定守不住南京，但起碼可以抵擋一星期，「結果不到一天就毀掉了。」軍隊倉促撤退，雜聚在江邊等船的九萬名部隊無法渡江，受困南京，雖然放下武器投降，最終仍遭殺害，也使得日軍有尋找中國兵濫殺平民的藉口。

在屠城的六個星期之內，南京每天平均有七千五百人遇害，一個月內，就發生兩萬多件強暴案。據統計，當初留在南京城裡的人，有半數遭日軍屠害，約有數萬名婦女被強暴。

「這不僅是南京人的災難，更是中國人的國恥。」出生於戰後的朱成山痛心地說。

這首錐心刺痛的城市悲歌，過去一直埋藏在南京人幽暗的追憶中，但由於日本一再否認南京大屠殺，促使悲憤的南京人，不僅自動捐募，在一九八五年興建了這座中國唯一的大屠殺紀念館，還動員一萬四千多名學生，深入南京各家庭進行三次大屠殺倖存者普查，目前共發現兩千四百六十名依然健在的倖存者。

身兼大屠殺研究專家的朱成山，面對刻滿三千多名受難者名單的石牆指稱，南京人稱這面石牆為哭牆，每年有五十萬人前來悼祭，每至清明節，遺族都會帶著鮮花素果前來哭靈。有一次，一位遠從安徽前來祭拜的民眾，特別將家鄉釀製的白酒，撒在紀念館四周，以酒祭悼在挹江門前被屠殺的二哥。老淚縱橫的他不知二哥埋屍何處，母親甚至為此哭瞎了雙眼。

每年十二月十三日，日軍攻陷城牆的忌日，南京都要舉辦燭光遊行，並拉警報、敲警鐘、點長明燈，以悼三十萬亡靈。南京的中小學生也必須到紀念館參觀兩次，如果沒有紀念館蓋章，就無法畢業。紀念館出版的《金陵血淚》，也是南京學生必讀的課外讀物。倖存者經常親赴各級學校，重述他們慘痛的親身經歷，大屠殺紀念館也成為中共愛國主義教育的基地。

## 歷史情結揮之不去

正如朱成山所說，對南京人而言，大屠殺既是家恨也是國仇，南京人對日本人的恨，更是千絲萬縷難理斷。「我恨死他們了！」住在城南一位七十歲的老太太提起日本人，舊恨難了，她的雙親含冤九泉，當時才十歲的她，則避難安全區，逃過日本士兵的凌辱。曾有日本藝術團體來南京表演，南京老人以輕蔑的口吻說：「喲！鬼子來了！我才不要看呢！」老人雙手一擺，悻悻地走了。在南京，日本料理、電影、歌手都沒有像其他地方那麼「紅火」。

或許是為了贖罪，南京重修城牆、興建紀念館、普查大屠殺倖存者等活動，日本都捐資贊助。日本劇團到南京公演後，參觀大屠殺紀念館，看到血腥的屠殺照片後，這些戰後出生的團員，三度集體痛哭下跪，祈求南京人寬宥日本人的罪孽。

坐在南京大學陰暗的宿舍裡，窗外是江南微涼的早秋。一位物理系的研究生記憶猶新地提到，南京人熱烈討論報紙連載的《拉貝日記》（納粹人士拉貝在南京成立安全區，保護數十萬南京人，免受日軍屠害），咬牙切齒地罵日本沒人性。來自北方的她，話鋒一轉，尖銳地反問我：「你們台灣為什麼那麼喜歡日本人？」

一時不知如何回答。台灣的「日本情結」和南京的「反日情結」，都有歷史的幽靈其間作祟。南京大屠殺發生之際，台灣正處日治時代，一些南京的老人也曾舉證，少數台灣人曾暗助日本人在南京血腥統治。另一方面，台灣研究南京大屠殺的學者屈指可數，落腳台灣的南京大屠殺倖存者，也因為缺乏調查，早被遺忘。當青少年隨著日本偶像小室哲哉家族演唱會熱情搖滾的時候，兩岸民間正為慰安婦、南京大屠殺聲討日本政府，兩相對照，似乎令人有點錯亂。

在歷史上，許多城市都遭遇過屠城的命運。南京大屠殺之後十年，發生二二八事件，老輩台灣人至今殷殷難忘。屠殺成為城市最深刻的瘡疤，甚至影響了生活在這座城市的居民心理狀態（一些老台灣人對外省人的芥蒂排斥，老南京人對日本人的深惡痛絕）。做為十個朝代的都城，政權更迭頻仍，南京對屠城並不陌生。南京人不諱言，他們要的只是日本認錯。二二八事件受難者家屬，等了五十年，爭取到國民黨政府不算乾脆的道歉與承諾賠償。六十年過了，南京人還沒有得到最後的正義。

## 屠殺見證人

歷劫南京的倖存者，如今垂垂老矣，他們深恐這輩子聽不到日本政府一聲道歉，就含恨而終，隨歷史一同埋葬塵埃之中。每個倖存者的背後，都是一段生與死、悲與憤的故事。身上還殘存著屠殺刀痕、槍傷的潘開明與倪翠萍，特此倒敘一九三七年十二月發生在他們生命的遭遇，為南京人那段卑微的歲月做見證。

潘開明（八十歲，世居南京。六十年前的黃包車夫，在一次日本人的屠殺中，從鬼門關死裡逃生）：

一九三七年我二十歲，那時我住在國民黨的教育部後面，父母親都已經過世了。我有兩個弟弟，大弟被拐走，就剩我和小弟，靠拉黃包車過生活。八月，日本人在上海打，十一月打到句容，我就緊張了。十二月，砲彈直往城裡打，城裡亂了，我們窮人跑不了，就跑到鼓樓一戶人家的廚房裡面躲起來。十二月十二日，砲聲也不響了，日本人進來了。過了兩天，早上九點鐘，來了三個日本人，衝到我們家，叫我給他們看手，我因為拉黃包車，手上有長繭，日本人就說我是中國兵，我又不懂他的話，一直發抖，他就叫我跟他走。

日本人把我帶到華僑招待所關起來，我們一群人想喝水喝不到，吃飯吃不到，日本人又把我們叫到外面去，把手綁起來，帶我們走到山西路，出了城到煤炭港，那時是下午。到了長江邊上，日本人把我們圍在江邊，架好機關槍，日本人喊一聲，機關槍開始掃射。

我那時嚇得要命，已經失去知覺，不知道自己是死是活，日本人還拿刀刺我（撩起衣服，露出手臂上的多處刀疤），我昏過去了。醒來的時候，已經是晚上，看到月亮在天邊，我想我大概是鬼不是人，日本人把我打死了。那時，我覺得身上很重，上面壓了很多屍體，我就一直躬，躬出了死人堆。摸摸自己，喲！我沒死，就逃了出來。

我在長江邊上把衣服上的血洗乾淨，跑到人家家裡換了衣服，然後逃進城裡。在城裡，我肚子實在很餓，就跟一個老爺爺磕頭，要他救救我，他拿東西給我吃，還把我藏在草堆裡面，我就這樣死裡逃生。

南京六十歲以上的人，對日本恨之入骨，我們受了八年的罪，日本人宣布投降那天，日本人在街上哭，我們拿西瓜去砸他們。國民黨來南京以後，把日本人押到下關，送他們回家。國民政府太寬大，日本投降了，竟然對他們那麼好，還讓他們回家，這一點我最痛恨。日本人打南京，我們投降，日本人把我們槍斃；日本投降，我們還放他們走，現在他們軍國主義又復活，這口氣到今天都還沒有出。

倪翠萍（七十歲。家族中有七人命喪南京大屠殺，她遭日本人槍殺受傷，傷痕在右肩上形成一個凹洞，右手也因此比左手短了一截）：

日本人侵略南京，一邊燒殺搶，我家人好幾天沒吃東西了，我父親就出門去拎水要燒飯，可憐我父親一出門，日本人就對他開槍，在胸部、腰部各開一槍，我父親已經倒在地下。可憐母親又跑出去，一頭撲倒在父親身上，日本鬼子又給我母親一槍，可憐我母親也死了。

那時我才十一歲，看到父母親都倒在地上，就跑出來，三個鬼子還沒有走，我家人還沒來得及喊出聲音，日本鬼子就給我一槍（淚水連連），我就脫下衣服，露出右肩凹下一塊的槍傷，右膀至今不能往上舉），倒在地上打滾。

我爺爺奶奶看到這個情況，挖了洞，要把父母親埋起來，又來了兩個日本兵，日本人一槍把爺爺的頭打開，腦漿往下流，人也沒埋，就死了。

其他人把我抬到舅舅家，走到橋邊的時候，我看到橋下死了好多人，河水紅紅的，成了血河。我哭著喊爸爸媽媽，我家裡這麼慘，我是個小孩子，他們都不放過我。我身上的子彈後來取了出來，骨頭打斷了，身上長膿，頭部也受到感染，長膿、長蟲子。

日本鬼子占領南京以後，我家一個嬸嬸，出門收衣服，被四個鬼子看到，就輪暴她，可憐她懷了七個月的身孕；叔叔在田裡，看到這個情況，拿著鐮刀就跟日本鬼子幹，他們就把我叔叔打死了。嬸嬸七個月的胎兒流掉了，她也發高燒死了。我母親的妹妹雖然把頭髮剃光，還是被日本人發現了，姨夫身上被日本人戳了七刀戳死了，阿姨怕被輪暴，一頭撞牆死了。我們家一共死了七個人，那時我還是個孩子，家裡就剩我一個人，沒有辦法生活，只好去討飯，幫人家打工、帶小孩。

每年到十二月十三號，我心裡就難受，我想到自己受的罪，不知道該怎麼活下去。我永遠不能忘記那一天，我怎麼能忘呢？我們那時候看到日本人，都要跟他們敬禮，要鞠躬四十五度，否則他就把你踢死。

我現在經常到各個地方講南京大屠殺，五歲小孩看到我的傷口，就安慰我說：「太太，你給壞人打的，我們不讓他們再來了。」我也到日本講過，有很多日本人抱著我痛哭。我還活著，日本人就沒辦法說沒有南京大屠殺這件事。

因為翻譯這本書，讓我對南京人六十年前遭遇的劫難，事先已經有所了解。

然而聽完他們的口述，看見布滿皺紋的臉上，淚水盈盈，我還是被深深打動。他們回溯親身故事已不下數百遍，但是每說一回，身上的創痕就要再痛一次。據他們說，很多倖存者後來的生活際遇，都很悲慘。六十年前的戰爭，改寫了南京的命運，也改變了他們的一生。

我對南京大屠殺的了解，在翻譯這本書之前，或許和那些為小室家族瘋狂的觀眾相差不多。譯完此書，親自走訪南京，閱讀大屠殺紀念碑文，採訪倖存者，覺得自己和六十年前的烽火南京，突然有種微妙的連結。對我這個土生土長的台灣人而言，南京大屠殺不是什麼國仇家恨，但是想到數十萬慰安婦、被屠殺的無辜人民，有冤不得伸，有恨不能消，我只有不斷提醒自己，面對不公不義，絕對不做沉默的幫兇。

（一九九七年十一月台北）

## 參考書目及資料

編按：作者張純如女士窮數年之功，大量蒐集南京大屠殺相關資料與訪談紀錄，本公司特此將本書英文版之參考書目及資料全文刊載如下，以供歷史學者研究。

### 引言

046 **據「遠東國際軍事法庭」專家估計**："Table: Estimated Number of Victims of Japanese Massacre in Nanking," document no. 1702, Records of the International Military Tribunal for the Far East, court exhibits, 1948, World War II War Crimes Records Collection, box 134, entry 14, record group 238, National Archives.

047 **一位歷史學家曾經估算**：Estimates by Wu Zhikeng, cited in *San Jose Mercury News*, January 3, 1988.

048 **羅馬人在迦太基的暴行**：Frank Chalk and Kurt Jonassohn, *The History and Sociology of Genocide: Analyses and Case Studies* (New Haven, Conn.: Yale University Press, 1990), p. 76.

048 **帖木兒的一些暴行**：Arnold Toynbee, 1947, p. 347, cited in Leo Kuper, *Genocide: Its Political Use in the Twen-tieth Century* (New Haven, Conn.: Yale University Press, 1981), p. 12.

048 **歷史上最具毀滅性的戰爭標準**：For European numbers, see R. J. Rummel, *China's Bloody Century: Genocide and Mass Murder Since 1900* (New Brunswick, N.J.: Transaction, 1991), p. 138.

049 **死於南京的人數**：Statistics from the Bombing of Dresden come from Louis L. Snyder, *Louis Snyder's Historical Guide to World War II* (Westport, Conn.: Greenwood Press, 1982), pp. 198–99.

049 **採最保守的估算**：Brigadier Peter Young, ed., *The World Almanac*

*Book of World War II* (Englewood Cliffs, N.J.: World Almanac Publications/Prentice- Hall, 1981), p. 330. For numbers on the blasts at Hiroshima and Nagasaki, see Richard Rhodes, *The Making of the Atomic Bomb* (New York: Simon & Schuster, 1996), pp. 734, 740. Rhodes claims that by the end of 1945 some 140,000 people had died in Hiroshima and 70,000 in Nagasaki from the nuclear explosions. The dying continued, and after five years a total of some 200,000 in Hiroshima and 140,000 in Nagasaki had perished from causes related to the bombing. But it is significant to note that even after five years the combined death toll in both cities is still less than the highest casualty estimates for the Rape of Nanking.

050 **兩萬至八萬名中國婦女：**Catherine Rosair, "For One Veteran, Emperor Visit Should Be Atonement," Reuters, October 15, 1992; George Fitch, "Nanking Outrages," January 10, 1938, George Fitch Collection, Yale Divinity School Library; Li En-han, a historian in the Republic of China, estimates that 80,000 women were raped or mutilated. ("'The Great Nanking Massacre' Committed by the Japanese Army as Related to International Law on War Crimes," *Journal of Studies of Japanese Aggression Against China* [May 1991]: 74).

050 **許多日軍不僅強暴婦女：**根據作者對倖存者的訪談。

050 **獸性機器：**Christian Kröger, "Days of Fate in Nanking," unpublished diary in the collection of Peter Kröger; also in the IMTFE judgment, National Archives.

051 **希特勒領導的納粹……：**Robert Leckie, *Delivered from Evil: The Saga of World War II* (New York: Harper & Row, 1987), p. 303.

057 **會議期間，我聽說有兩本……：**R. C. Binstock, *Tree of Heaven* (New York: Soho Press,1995); Paul West, *Tent of Orange Mist* (New York: Scribners, 1995); James Yin and Shi Young, *The Rape of Nanking: An Undeniable History in Photographs* (Chicago: Innovative Publishing Group, 1996).

060 **在柏林市中心……：**作者電訪海爾（Gilbert Hair）。

## 第一章　大屠殺背後的動機

071 **就人們所能記憶的**：Tanaka Yuki, *Hidden Horrors: Japanese War Crimes in World War II* (Boulder, Co.: Westview, 1996), pp. 206–8. (Although Tanaka is the author's surname, he uses an American-style of presenting his name as Yuki Tanaka for this English-language book.) According to Tanaka, the modern Japanese corrupted the ancient code of *bushido* for their own purposes. The original code dictated that warriors die for just causes, not trivial ones. But during World War II, officers were committing ritual suicide for the most absurd of reasons, such as for stumbling over their words when reciting the code. The concept of loyalty in *bushido* was also replaced by blind obedience, and courage by reckless violence.

072 **令人驚訝的是**：Meirion Harries and Susie Harries, *Soldiers of the Sun: The Rise and Fall of the Imperial Japanese Army* (New York: Random House, 1991), p. vii.

074 **這件事就好比太空人……**：Samuel Eliot Morison, *"Old Bruin": Commodore Matthew C. Perry 1794–1858* (Boston: Atlantic–Little, Brown, 1967), p. 319.

075 **……在機械技術上**：Delmer M. Brown, *Nationalism in Japan: An Introductory Historical Analysis* (Berkeley and Los Angeles: University of California Press, 1955), p. 75. (Italics mine.) (Brown's citation: Satow, trans., *Japan 1853–1864*, or Genji Yume Monogatari, p. 4).

079 **注定要擴張**：Taiyo, July 1905, quoted in ibid., p. 144.

079 **現代化不僅為日本……**：同上，頁 152。

081 **日本人口從明治維新時期……**：Paul Johnson, *Modern Times: The World from the Twenties to the Nineties* (New York: Harper-Collins, 1991), p. 189.

082 **日本只有三種……**：W. T. deBary, ed., *Sources of the Japanese Tradition* (New York, 1958), pp. 796–97, quoted in ibid., p. 189

082 **戰爭宣傳家荒木貞夫……**：同上，頁 189。

083 **日本的貪婪野心也不僅限於亞洲**：Ibid., p. 393. For more information about the ambitions of some Japanese ultra-nationalists regarding the United States during that era, see Records of the Deputy Chief of Naval Operations, 1882–1954, Office of Naval Intelligence, Intelligence Division—Naval Attaché Reports, 1886–1939, box 525, entry 98, record group 38, National Archives. As early as December 1932, a U.S. naval intelligence report noted that best-sellers in Japan tended to be books on war—particularly on the possibility of American- Japanese war. This report and others analyzed the content of Japanese books, articles, pamphlets, and lectures that dwelled on the topic of a Japanese invasion of the United States. Some of these publications bore titles such as "The Alaska Air Attack," "The Assault on Hawaii," and "The California Attack." Here are a few examples of Japanese propaganda from the early 1930s that made their way into American naval intelligence files (the following names come directly from an English-language report and may be misspelled):

—A lecture by Captain K. Midzuno revealed that the Japanese military not only developed strategies for attacking Pearl Harbor from the air but also foresaw the possibility of American raids on Tokyo.

—In *Japan in Danger: A Great Naval War in the Pacific Ocean*, Nakadzima Takesi described scenarios of a victorious war waged by the Japanese against the United States through naval battles and air bombardment.

—In *Increasing Japanese-American Danger*, Vice Admiral Sesa Tanetsugu wrote that he was convinced of the inevitability of Japanese-American conflict.

—Ikedzaki Talakta presented in *The Predestined Japanese-American War* a compilation of articles on the subject of the inevitability of a Japanese-American war. A newspaper review lauded this book as "a work of passionate love for the native land" and assured readers that "if Japan draws its sword, the false, haughty America will be powerless" (February 3, 1933, report, p. 260).

083 **在新世界出現之前**：Delmer Brown, *Nationalism in Japan*, p. 187; see also Okawa Shumei, "Ajia, Yoroppa, Nihon (Asia, Europe, and Japan)," p. 82, translated in "Analyses," IPS document no. 64, pp. 3–4 (italics added).

087 **為了準備和中國之間不可避免的戰爭**：Tessa Morris- Suzuki, *Showa: An Inside History of Hirohito's Japan* (New York: Schocken, 1985), pp. 21–29.

088 **我國看起來就像是站在亞洲的先鋒**：Quoted in Ian Buruma, *The Wages of Guilt* (New York: Farrar, Straus & Giroux, 1994), pp. 191–92.

088 **為什麼要為一隻爛青蛙哭**：同上，頁 172。

088 **日本社會對中國存在**：米德寫給作者的信，1997 年 7 月 17 日。

090 **據說有幾位教師⋯⋯**：Harries and Harries, *Soldiers of the Sun*, p. 41.

090 **當時一位拜訪日本小學的訪客**：Iritani Toshio, *Group Psychology of the Japanese in Wartime* (London and New York: Kegan Paul International, 1991), pp. 177, 191.

091 **我不是因為恨你才揍你**：同上，頁 189。

092 **日本的訓練強度**：106/5485, February 1928 report, p. 136, Papers of the British War Office in the Public Record Office, Kew, London. An OSS report on Japanese army training summarizes the process of indoctrination: "The smallest infraction or error in regulations brings instant and severe punishment. Act tough—shout, don't talk—scowl, don't look pleasant—be tough—have no desires—forget your family at home—never show emotionalism—do everything the hard way—don't let yourself be comfortable—train and discipline your desires for comfort, food and water—suffer pain and hardship in silence—you are a son of Heaven"; re- port no. 8974-B, dissemination no. A-17403, distributed

December 28, 1943, Research and Analysis Branch Divisions, Intelligence Reports "Regular" Series, 1941–45, box 621, entry 16, record group 226, National Archives.

092 **一位西方作家如此評價……：**106/5485, February 1928 report, p. 84, Papers of the British War Office.

093 **八月，當日軍試圖讓三萬五千名……：**David Bergamini, *Japan's Imperial Conspiracy* (New York: Morrow, 1971), p. 11.

094 **一九三〇年代，日軍將領……：**John Toland, *The Rising Sun: The Decline and Fall of the Japanese Empire* (New York: Random House), p. 47. "Crush the Chinese in three months and they will sue for peace," Minister Sugiyama predicted.

## 第二章　前進南京

097 **小希姆勒：**David Bergamini, *Japan's Imperial Conspiracy* (New York: William Morrow and Company, 1971), p. 16.

097 **野獸：**Kimura Kuninori, *Koseiha Shogun Nakajima Kesago [Nakajima Kesago, General of the Individualist Faction]*. (Tokyo: Kôjinsha, 1987), p. 212.

098 **戴著面具的將軍：**Sugawara Yutaka, *Yamatogokoro: Fukumen Shogun Yanagawa Heisuke Seidan [Spirit of Japan: Elevated Conversation from the Masked Shogun Yanagawa Heisuke]*. (Tokyo: Keizai Oraisha, 1971), p. 9.

099 **就舉太湖東岸的城市蘇州為例：**Wu Tien-wei, "Re-study of the Nanking Massacre, "*Journal of Studies of China's Resistance War against Japan* (China Social Science Academy), no. 4 (1994): 43; Central Archive Bureau, China No. 2 Historical Archive Bureau; Jilin Province Social Science Academy, ed., *Pictorial Evidence of the Nanjing Massacre* (Changchun, PRC: Jilin People's Publishing House, 1995), p. 31; Dick Wilson, *When Tigers Fight: The Story of*

*the Sino-Japanese War, 1937–1945* (New York: Viking, 1982), p. 69.

099 **根據《中國週刊評論》……：***China Weekly Review* (March 1938).

099 **幾乎沒有一幢建築物……：***Manchester Guardian* re- porter Timperley wrote this account, which was telegraphed to London by another correspondent on January 14, 1938.

100 **十二月七日……：**For this section on Asaka's replacement of Matsui, see Bergamini, *Japan's Imperial Conspiracy*, ch. 1, p. 22.

101 **態度「不好」：**Kido, Nikki, 468, quoted in ibid., p. 23.

101-102 **在中國人的眼前……：**Nakayama Yasuto, testimony before IMTFE, "Proceedings," p. 21893 (see also pp. 33081ff., 37238ff., and 32686 [Canberra]), quoted in ibid., p. 23.

102 **皇軍進入外國首都……：**Quoted in ibid.; see also IMTFE judgment, pp. 47171–73, National Archives.

103 **朝香宮聽取報告之後……：**Bergamini, *Japan's Imperial Conspiracy*, p. 24; Information on footnote on Tanaka Ryukichi comes from *Pictorial Evidence of the Nanjing Masacre*, p. 35. (Bergamini's book is poorly footnoted so it must be used with caution. However, the citation suggests that he interviewed Tanaka.)

104 **師團戰備報告：**Quoted in Jilin Province Social Science Academy, ed., *Pictorial Proof of the Nanking Massacre*, p. 62. The English translation of this command appears in Yin and Young, *The Rape of Nanking*, p. 115.

105 **中島知道，屠殺……：**Kimura, "The Battle of Nanking: Diary of 16th Division Commander Nakajima," *Chuo Kouron Sha* [Tokyo] (November 24, 1984). Nakajima's diary appeared in a December 1984 supplement to the Japanese periodical *Historical Figures*. The English translation of parts of his diary appears in Yin and Young, *The Rape of Nanking*, p. 106.

107 **場面十分壯觀：**Azuma Shiro, *Waga Nankin Pura- toon [My Nanjing Platoon]* (Tokyo: Aoki Haruo, 1987).

110 **估計這次共屠殺了五萬七千名平民與軍人：**根據遠東國際軍事法庭判決書。

111 **日軍遭遇到空前的困難**：Quoted in Honda Katsuichi, *Studies of the Nanking Massacre* (Tokyo: Bansei Sha Publishing, 1992), p. 129.

111 **等了三、四個小時……**：Kurihara Riichi, Mainichi Shimbun, August 7, 1984.

112 **結果焦屍堆積如山**：Honda Katsuichi, *The Road to Nanking* (*Asahi Shimbun*, 1987), quoted in Yin and Young, p. 86.

112 **中國軍隊大規模投降後**：For this section, "The Murder of Civilians," see Gao Xingzu, Wu Shimin, Hu Yun-gong, and Zha Ruizhen (History Department, Nanjing University), "Japanese Imperialism and the Massacre in Nanjing— An English Translation of a Classified Chinese Document on the Nanjing Massacre," translated from Chinese into English by Robert P. Gray (pgray@pro.net). See also *China News Digest*, special issue on the Nanjing massacre, part 1 (March 21, 1996).

113 **屍橫遍野**：Gao Xingzu, "On the Great Nanking Tragedy," *Journal of Studies of Japanese Aggression Against China* (November 1990): 70.

114 **日本記者震驚不已**：The English translations of the Japanese journalists' accounts of the Nanking massacre appear in Yin and Young, *The Rape of Nanking*, pp. 52–56.

114 **囚犯一個接一個倒在牆外**：同上。

115 **在下關碼頭……**：Imai Masatake, "Japanese Aggression Troops' Atrocities in China," *China Military Science Institute*, 1986, pp. 143–44.

115 **第一排的人被斬首**：Omata Yukio, *Reports and Recollections of Japanese Military Correspondents* (Tokyo: Tokuma Shoten, 1985).

116 **在進城慶典舉行之前**：Quoted in Moriyama Kohe, *The Nanking Massacre and Three-All Policy: Lessons Learned from History* (Chinese-language edition, People's Republic of China: Sichuan Educational Publishing, 1984), p. 8.

116 **曾見過堆積如山的屍體**：Quoted in Yang Qiqiao, "Refutation of the Nine-Point Query by Tanaka Masaaki," *Baixing* (Hong Kong), no.

86 (1985).

117 婦女遭受最大的痛苦：Quoted in Hu Hua-ling, "Chinese Women Under the Rape of Nanking," *Journal of Studies of Japanese Aggression Against China* (November 1991): 70.

117 至今還活著的日本老兵宣稱：Azuma Shiro, undated letter to the author, 1996.

117 士兵甚至會隨身佩戴……：George Hicks, *The Comfort Women: Japan's Brutal Regime of Enforced Prostitution in the Second World War* (New York: Norton, 1994), p. 32.

118 比較變態的用語：Interview with Azuma Shiro in *In the Name of the Emperor* (film), produced by Nancy Tong and co-directed by Tony and Christine Choy, 1995.

118 強暴之後，我們還……：Quoted in Hu Hua-ling, "Chinese Women Under the Rape of Nanking," p. 70.

118 也許我們在強暴她的時候……：Shiro Azuma, undated letter to the author, 1996.

118 強暴約二十名婦女："The Public Prosecution of Tani Hisao, One of the Leading Participants in the Nanking Massacre," *Heping Daily*, December 31, 1946.

119 要麼給她們錢……：Quoted in Bergamini, *Japan's Imperial Conspiracy*, p. 45.

119 天堂之階最偉大的統帥：Quoted in Bergamini, *Japan's Imperial Conspiracy*, p. 39.

120 翌日，西方媒體報導：Hallett Abend, "Japanese Curbing Nanking Excesses," *New York Times*, December 18, 1937.

120 我現在意識到……：Okada Takashi, testimony before IMTFE, p. 32738.

120 我個人……感到遺憾：Ibid., pp. 3510–11.

121 過去從來沒有……：Dick Wilson, *When Tigers Fight*, p. 83.

121 當今世界上最沒有紀律的軍隊：同上，頁 83。

121 外面謠傳說……：Bergamini, *Japan's Imperial Conspiracy*, p. 43; IMTFE exhibit no. 2577; "Proceedings" (Canberra), p. 47187.

122 我的部下犯了……：Hidaka Shunrokuro's testimony, IMTFE, p. 21448.

122 紀念儀式結束後：Hanayama, p. 186, quoted in Bergamini, p. 41.

123 日本華中地區遠征軍：Yoshimi Yoshiaki, "Historical Understandings on the 'Military Com- fort Women' Issue," in *War Victimization and Japan: International Public Hearing Report* (Osaka-shi, Japan: Toho Shuppan, 1993), p. 85.

123 吉見義明教授發現……：For English-language information on Yoshimi's discovery in the Defense Agency's archives, see *Journal of Studies of Japanese Aggression Against China* (February 1992): 62. The discovery made the front page of the *Asahi Shimbun* just as Prime Minister Miyazawa Kiichi was visiting Seoul, South Korea, in January 1992.

125 一個「黑洞」：Theodore Cook, telephone interview with the author.

126 直至今日："Some Notes, Comparisons, and Observations by Captain E. H. Watson, USN (Ret) (Former Naval Attaché) After an Absence of Fifteen Years from Japan," Office of the Chief of Naval Operations, Division of Naval Intelligence, general correspondence, 1929–42, folder P9–2/EF16#23, box 284, record group 38, National Archives.

126 《菊花與劍》：Ruth Benedict, *The Chrysanthemum and the Sword: Patterns of Japanese Culture* (Boston: Houghton Mifflin, 1946).

128 中尉們進行一場……比賽：Bergamini, *Japan's Imperial Conspiracy*, p. 21. The Osaka newspaper *Mainichi Shinbun* as well as the Tokyo newspapers *Nichi Nichi Shinbun* and the *Japan Advertiser* (English edition) all reported this killing competition.

129 有一天，小野少尉……：Quoted in Wilson, *When Tigers Fight*, p. 80.

130 **所有的新兵都一樣**：同上。

131 **他們的眼睛很邪惡**：Oral history interview with Tominaga Shozo, in Haruko Taya Cook and Theodore F. Cook, *Japan at War: An Oral History* (New York: New Press, 1992), p. 40.

133 **忠貞重如泰山**：Azuma Shiro, undated letter to the author, 1996.

134 **我記得我坐著卡車……**：Quoted in Joanna Pitman, "Repentance," *New Republic*, February 10, 1992, p. 14.

135 **士兵用刺刀刺穿小嬰孩**：同上。

## 第三章　南京的陷落

136 **南京，長久以來……**：For Nanking's literary and artistic legacy, ancient history, and the treaty to end the Opium Wars, see *Encyclopedia Britannica*, vol. 24 (1993).

136 **一九一一年……**：*Encyclopedia Americana*, vol. 29 (1992).

137 **這幅圖畫還包括……**：For Drum Tower history, see Julius Eigner, "The Rise and Fall of Nanking," *National Geographic* (February 1938). Eigner's article, which includes color photographs, provides an excellent description of life in Nanking immediately before the massacre.

137 **真可說是「龍蟠虎踞」**：*Encyclopedia of Asian History*, vol. 3 (1988).

137 **第一次入侵**：On the invasions of Nanking, see Julius Eigner, "The Rise and Fall of Nanking," *National Geographic* (February 1938): 189; Jonathan Spence, *The Search for Modern China* (New York: Norton, 1990), pp. 805, 171–74.

138 **古中國的痕跡**：Julius Eigner, "The Rise and Fall of Nanking"; Anna Moffet Jarvis, "Letters from China, 1920–1949," box 103, record group 8, Jarvis Collection, Yale Divinity School Library; interview with Pang Kaiming, a survivor of the Nanking massacre

and former ricksha puller, July 29, 1995.

139 **他讚揚，如果能……**：Rev. John Gillespie Magee, "Nanking Yesterday and Today," lecture given over the Nanking Broadcasting Station, May 28, 1937, archives of David Magee.

140 **一九三七年夏天**：根據作者對倖存者的訪談。

141 **是不是要防空演習**：Chang Siao-sung, letter to friends, October 25, 1937, Ginling correspondence, folder 2738, box 136, series IV, record group 11, UBCHEA, Yale Divinity School Library. The facts in her letter were con- firmed by the author in her 1997 telephone interview with Chang Siao-sung, now residing in Waltham, Massachusetts.

142 **開中醫診所的邢峰鑫**：根據作者對邢峰鑫的訪談，1997 年 1 月 28 日在舊金山。

143 **外祖父母幾乎要就此永訣**：Interviews with my maternal grandmother, Yi-Pei Chang, my mother, Ying-Ying Chang, and my aunt, Ling-Ling Chang, May 25, 1996, in New York City.

145 **長長一列中國士兵**：For descriptions of Nanking as the fighting continued in Shanghai in November, see Commanding Officer J. J. Hughes to Commander in Chief, U.S. Asiatic Fleet (letterhead marked "Yangtze Patrol, U.S.S. *Panay*"), November 8, 1937, intelligence summary for week ending November 7, 1937, Office of the Chief of Naval Operations, Division of Naval Intelligence, general correspondence, 1929–42, folder A8–2/FS#2, box 194, entry 81, record group 38, National Archives.

145 **二十萬日本大軍**：793.94/11378A, general records of the Department of State, record group 59, National Archives; Yin and Young, *The Rape of Nanking*, p. 9.

146 **他們彼此互不信任**：Sun Zhaiwei, *1937 Nanjing Beige* (1937: The Tragic Ballad of Nanking) (Taipei: Shenzi Chubanshe, 1995), pp. 31–32.

147 **不是我留，就是你留下來**：同上，頁 27-31。

147 他對記者發表了慷慨激昂的演說：106/5353, January 2, 1938, Papers of the British War Office in the Public Record Office, Kew, London; Sun Zhaiwei, *1937 Nanjing Beige*, p. 33.

147 神情恍惚：Harries and Harries, *Soldiers of the Sun*, p. 219.

147 汗流涔涔：Sun Zhaiwei, *1937 Nanjing Beige*, p. 33.

148 蔣介石首先命令⋯⋯：Commander E. J. Marquart to Commander in Chief, U.S. Asiatic Fleet (letterhead marked "Yangtze Patrol, U.S.S. *Luzon* [Flag- ship]"), November 22, 1937, intelligence summary for week ending November 21, 1937, Office of the Chief of Naval Operations, Division of Naval Intelligence, general correspondence, 1929–42, folder A8–2/FS#2, box 194, entry 81, record group 38, National Archives.

148 載滿行李的官方汽車：Minnie Vautrin, diary 1937–40, November 16 and 19, December 4, 1937, pp. 71–72, 94–95, Yale Divinity School Library.

148 十一月中旬⋯⋯：Ibid., November 17, 1937, p. 72.

148 他們是從上游港口抵達：Commanding Officer J. J. Hughes to Commander in Chief, U.S. Asiatic Fleet (letterhead marked "Yangtze Patrol, U.S.S. *Panay*"), November 29, 1937, intelligence summary for week ending November 28, 1937, Office of the Chief of Naval Operations, Division of Naval Intelligence, general correspondence, 1929–42, folder A8–2/FS, box 194, entry 81, record group 38, National Archives.

148 到了十二月⋯⋯：Sun Zhaiwei, "*Nanjing datusha* yu nanjing renkou (The Nanking Massacre and the Nanking Population)," *Nanjing shehuai kexue* (*Nanking Social Science Journal*) 37, no. 3 (1990): 79.

149 部隊改變了南京的樣貌：F. Tillman Durdin, "Japanese Atrocities Marked Fall of Nanking After Chinese Command Fled," *New York Times*, December 22, 1937; "21 U.S. Citizens Now in Nanking: Only Eight Heed Warning to Evacuate Besieged City," *Chicago Daily News*, December 7, 1937; 793.94/11466, General Records of the Department of State, microfilm, record group 59, National Archives; Harries and Harries, *Soldiers of the Sun*, p. 219.

149 **十二月初，軍隊不顧一切……：**A. T. Steele, "Nanking Ready for Last Stand; Defenders Fight Only for Honor: Suburban Areas Aflame; Chinese May Destroy City in Defeat," *Chicago Daily News*, December 9, 1937, p. 2; Durdin, "Japanese Atrocities Marked Fall of Nanking," p. 38; Minnie Vautrin, diary 1937–40, December 7, 1937, p. 99, Yale Divinity School Library.

149 **發洩憤怒與挫折的管道：**Durdin, "Japanese Atrocities Marked Fall of Nanking," *New York Times*, p. 38.

150 **十二月二日，故百箱故宮珍寶……：**Minnie Vautrin, diary 1937–40, December 2, 1937, p. 93, Yale Divinity School Library.

150 **十二月八日，蔣介石……：**For information on the departure of Chiang, see Reginald Sweetland, "Chiang Flees to Escape Pressure of 'Red' Aides," *Chicago Daily News*, December 8, 1937; Frank Tillman Durdin, "Japanese Atrocities Marked Fall of City after Chinese Command Fled," *New York Times*, December 22, 1937, p. 38; 793.94/12060, report no. 9114, December 11, 1937 (day-by-day description of Japanese military maneuvers), restricted report, General Records of the Department of State, record group 59, National Archives.

151 **在上海淞滬戰役中……：**For statistics on the Chinese and Japanese air forces, see Sun Zhaiwei, *1937 Nanjing Beige*, p. 18. See also Julian Bloom, "Weapons of War, Catalyst for Change: The Development of Military Aviation in China, 1908–1941" (Ph.D. dissertation, University of Maryland, n.d.), San Diego Aerospace Museum, document no. 28–246; Rene Francillon, *Japanese Aircraft of the Pacific War* (London: Putnam, 1970); Eiichiro Sekigawa, *Pictorial History of Japanese Military Aviation*, ed. David Mondey (London: Ian Allan, 1974); Robert Mikesh and Shorzoe Abe, *Japanese Aircraft, 1910–1941* (Annapolis: Naval Institute Press, 1990).

151 **上海一戰……：**Bergamini, *Japan's Imperial Conspiracy*, p. 11.

151 **蔣介石和顧問離開南京的那一天：**A. T. Steele, "China's Air Force, Disrupted by Superior Planes of Foes, Leaves Nanking to Its Fate,"

*Chicago Daily News*, December 8, 1937.

151 **跟隨蔣介石遷往重慶的政府官員**：Nanking Massacre Historical Editorial Committee, ed., (Zhongguo dier lishe dang an gan guan, Nanjing shi dang an guan) *Archival Documents Relating to the Horrible Massacre Committed by the Japanese Troops in Nanking in December 1937*, No. 2, National Archives, Nanking Municipal Archives (Nanking: Jiangsu Guji chubanshe [Jiangsu Ancient Books Publisher], November 1987), p. 46.

151 **中國軍隊來自各地**：Wei Hu, former paramedic for the Chinese military in Nanking, interview with the author, January 17, 1997, in Sunnyvale, California.

152 **軍隊中有許多「士兵」……**：同上。

152 **又累又餓，有些人還生著病**：*Archival Documents Relating to the Horrible Massacre* (1987), p. 46.

152 **更糟的是，中國軍隊……**：同上。

153 **保護城內無辜百姓**：Quoted in Yin and Young, *The Rape of Nanking*, p. 32; Xu Zhigeng, *Lest We Forget: Nanjing Massacre*, 1937 (Beijing: Chinese Literature Press, 1995), p. 43.

153 **我們的軍隊必須奮戰**：Sun Zhaiwei, *1937 Nanjing Beige*, pp. 98–99; Xu Zhigeng, *Lest We Forget*, p. 44.

153 **私底下，唐生智卻暗中協議停戰**：General Records of the Department of State, 793.94/11549, record group 59, National Archives; "Deutsche Botschaft China," document no. 203 in the German diplomatic reports, National History Archives, Xingdian, Taipei County, Republic of China. Chiang's rejection of the proposal came as a shock to Tang and the International Committee for the Nanking Safety Zone. In a letter of January 24, 1938, W. Plumer Mills wrote, "General Tang had assured us that he was confident that Gen. Chiang would accept the truce proposal, so we were surprised to receive a wire from Hankow the next day to the effect that he would not"; from the family archives of W. Plumer Mills's daughter, Angie Mills.

155 **十二月十日，日軍靜候南京投降：**Xu Zhigeng, *Lest We Forget*, p. 44; Bergamini, *Japan's Imperial Conspiracy*, p. 29.

155 **從十二月九日到十一日……：**Tang Sheng-chih to Chiang Kai-shek, telegram, reprinted in *Archival Documents Relating to the Horrible Massacre* (1987), p. 35.

156 **十二月十一日中午，顧祝同……：**Sun Zhaiwei, *1397 Nanjing Beige*, pp. 122–23.

157 **唐生智收到蔣介石的電報：**同上，頁 123。

157 **十二月十二日凌晨三點：**同上，頁 124。

158 **唐生智後來收到令人震驚的電報：**Yin and Young, *The Rape of Nanking*, p. 38.

158 **史波林同意送停戰旗……：**Commanding Officer C. F. Jeffs to the Commander in Chief, U.S. Asiatic Fleet (letterhead marked the U.S.S. *Oahu*), February 14, 1938, intelligence summary for the week ending February 13, 1938. The report included an excerpt from a missionary letter (from George Fitch's diary, name not given), which was not given to the press for fear of reprisals from the Japanese; Office of the Chief of Naval Operations, Division of Naval Intelligence, General Correspondence, 1929–42, folder A8–21/FS#3, box 195, entry 81, record group 38, National Archives; see also George Fitch, *My Eighty Years in China* (Taipei: Mei Ya Publications, 1974), p. 102.

158 **就在他召開第二次參謀會議……：**Sun Zhai-wei, *1937 Nanjing Beige*, pp. 124–26.

159 **不出意料之外，撤退的命令……：**同上。

160 **讓他們的士兵繼續和日軍作戰：**Wilson, *When Tigers Fight*, p. 70.

160 **即使在這麼大規模的悲劇之中：**Durdin, "Japanese Atrocities Marked Fall of Nanking"; A. T. Steele, "Reporters Liken Slaughter of Panicky Nanking Chinese to Jackrabbit Drive in US," *Chicago Daily News*, February 4, 1938; F. Tillman Durdin, "U.S. Naval Display Reported Likely Unless Japan Guarantees Our Rights;

Butchery Marked Capture of Nanking," *New York Times*, December 18, 1937; author's interviews with survivors.

161 **但是城門前壅塞得難以想像**：For details of the congestion, fire and deaths before the gate and the desperate attempts to cross the river, see A. T. Steele, "Panic of Chinese in Capture of Nanking, Scenes of Horror and Brutality Are Revealed," *Chicago Daily News*, February, 3, 1938, p. 2; Arthur Menken, "Witness Tells Nanking Horror as Chinese Flee," *Chicago Tribune*, December 17, 1937, p. 4; Durdin, "Japanese Atrocities Marked Fall of Nanking," p. 38; Fitch, *My Eighty Years in China*, p. 102; Wilson, *When Tigers Fight*; Gao Xingzu, Wu Shimin, Hu Yungong, and Zha Ruizhen, "Japanese Imperialism and the Massacre in Nanjing"; author's interviews with survivors.

161 **唐生智……目睹了這場大騷動**：For information on Tang's journey to the docks, see Sun Zhaiwei, *1937 Nanjing Beige*, pp. 133–35.

162 **受到驚嚇的船員……**：Author interview with survivor Niu Xianming in Montery Park, California, and interviews with other survivors in Nanking, People's Republic of China.

162 **中山路發生大火**：How the fire started near the Water Gate is a matter of dispute. A. T. Steele wrote that Chinese soldiers torched the Ministry of Communications—a beautiful $1 million office building and ceremonial hall—to destroy all the ammunition that had been stored inside ["Power of Chinese in Capture of Nanking, Scenes of Horror and Brutality Are Revealed," *Chicago Daily News*, February 3, 1938]. Another speculates that stray Japanese shells might have ignited nearby to ignite the ammunition; still another believes that two military vehicles had collided and burst into flames in the tunnel under the Water Gate [Dick Wilson, *When Tigers Fight*, pp. 66–85].

163 **從未經歷過如此黑暗的一天**：Sun Zhaiwei, pp. 133–35.

## 第四章　恐怖的六週

164　**將近一半的人口離開了**：Sun Zhaiwei, "The Nanking Massacre and the Nanking Population," pp. 75–80.

165　**他們厭倦了戰火⋯⋯**：Frank Tillman Durdin, "Japanese Atrocities Marked Fall of Nanking after Chinese Command Fled," *New York Times*, December 22, 1937, p. 38; Minnie Vautrin, diary 1937–40, December 14, 1937, p. 110.

165　**目擊者後來宣稱**：Hsu Chuang-ying, testimony before IMTFE, Records from the Allied Operational/Occupation Headquarters, IMTFE transcript, entry 319, record group 331, p. 2562, National Archives. Hsu testifies: "The Japanese soldiers, when they entered the city—they were very very rough, and they were very barbarous; they shoot at everyone in sight. Anybody who runs away, or on the street, or hanging around somewhere, or peeking through the door, they shoot them— instant death." Several newspaper articles, diary entries, and letters echo Hsu's words. "Any person who, through excitement or fear, ran at the approach of the Japanese soldiers was in danger of being shot down," F. Tillman Durdin wrote (*New York Times*, December 22, 1937). "Often old men were to be seen face downward on the pavement, apparently shot in the back at the whim of some Japanese soldier." See also George Fitch's diary entries reprinted in *Reader's Digest* (July 1938): "To run was to be plugged instantly," he wrote. "Many were shot in seemingly sporting mood by the Japs, who laughed at the terror plainly visible on faces of coolies, merchants, and students alike. It reminded me of a picnic of devils."

167　**不像數千名不幸的平民**：Tang Shunsan, interview with the author, Nanking, July 25, 1995.

173　**活埋**：Committee for the Historical Materials of the Nanking Massacre and the Nanjing Tushuguan (Nanking Library), ed., *Nanjing datusha shiliao bianji weiyuanhei* (*Source Materials Relating to the Horrible Massacre* Committed by the Japanese Troops in

Nanking in December 1937) (Nanking: Jiangsu guji chubanshe [Jiangsu Ancient Books Publisher], July 1985), p. 142.

174 **殘害身體**：On nailing prisoners to wooden boards, see Ling Da, "Xuelui hua jingling (Using Blood and Tears to Describe Nanjing)," *Yuzhou Feng* (*The Wind of the Universe*) 71 (July 1938), reprinted in ibid., pp. 142–44. Ling Da was not a wit- ness but someone who interviewed a survivor called Tan.

On the crucifixion of prisoners on trees and electrical posts and bayonet practice, see Zhu Chengshan, *Qinghua rijun Nanjing datusha xingcunzhe zhengyanji* (The Testimony of the Survivors of the Nanking Massacre Committed by the Invading Japanese) (Nanking: Nanjing daxue chubanshe [University of Nanking Press], December 1994), p. 53; *Source Materials Relating to the Horrible Massacre* (1985), pp. 142–44.

On the Japanese carving strips of flesh from victims, see *Archival Documents Relating to the Horrible Massacre* (1987), pp. 68–77.

On eye-gouging, see Gao Xingzu, Wu Shimin, Hu Yun- gong, and Zha Ruizhen, "Japanese Imperialism and the Massacre in Nanjing."

On atrocities with zhuizi needles, see an article written by a soldier (identity unknown) who escaped from Nanking, "Jingdi shouxing muji ji (Witnessing the Beastly Action of the Japanese in Nanking)," *Hankou Dagongbao*, February 7, 1938, reprinted in *Source Materials Relating to the Horrible Massacre*, p. 129.

174 **活活燒死**：Xu Zhigeng, *Nanjing datusha* (*The Rape of Nanking*) (Nanking: Jiangshu Wenyi Chubanshe [Jiangshu Literary Publisher], November 1994), p. 74; Gao Xingzu, Wu Shimin, Hu Yungong, and Zha Ruizhen, "Japanese Imperialism and the Massacre in Nanjing"; *Archival Documents Relating to the Horrible Massacre* (1987), pp. 68–77.

175 **凍死**：Gao Xingzu, Wu Shimin, Hu Yungong, and Zha Ruizhen, "Japanese Imperialism and the Massacre in Nanjing."

175 **被狗咬死**：*Archival Documents Relating to the Horrible Massacre*

(1987), pp. 68–77.

175 日本人還將受害者浸在硫酸裡：Gao Xingzu, Wu Shimin, Hu Yungong, and Zha Ruizhen, "Japanese Imperialism and the Massacre in Nanjing."

175 以刺刀刺穿嬰兒：Xu Zhigeng, *The Rape of Nanking*, p. 138.

175 釘住受難者的舌頭吊死他們：Chia Ting Chen, "Hell on Earth: The Japanese Army in Nanking During 1937–1938: A Barbaric Crime Against Humanity," *Chinese American Forum* 1, no. 1 (May 1984).

175 一位後來調查過南京大屠殺的日本記者：Wilson, *When Tigers Fight*, p. 82.

175 甚至也吃男性生殖器官："Witnessing the Beastly Action of the Japanese in Nanking," p. 128. (Stories of castration, along with pierced vaginas and anuses, are also mentioned on page 68 of *Draft Manuscript of the History Relating to the Horrible Massacre Committed by the Japanese Troops in Nanking in December 1937.*)

176 布朗米勒：Susan Brownmiller, telephone interview with the author.

177 估計約有二至八萬人：Rosair, "For One Veteran, Emperor Visit Should Be Atonement"; Fitch, "Nanking Outrages," January 10, 1938, Fitch Collection; Li En-han, "Questions of How Many Chinese Were Killed by the Japanese Army in the Great Nanking Massacre," *Journal of Studies of Japanese Aggression Against China* (August 1990): 74.

177 許多強暴受孕的小孩被偷偷殺掉：Oral history interview with Lewis Smythe by Cyrus Peake and Arthur Rosenbaum, Claremont Graduate School, December 11, 1970, February 26 and March 16, 1971, box 228, record group 8, Yale Divinity School Library.

177 不計其數："Deutsche Botschaft China," report no. 21, starting on page 114, in the German diplomatic reports, National History Archives, Republic of China, submitted by the farmers Wang Yao-shan, 75, Mei Yo-san, 70, Wang Yun-kui, 63, and Hsia Ming-feng, 54, "to the German and Danish gentle- men who were staying in

the cement factory near Nanking on 26 January 1938."

178 日軍強暴各個階層的南京婦女：Hu Hua-ling, "Chinese Women Under the Rape of Nanking."

178 有些士兵甚至挨家挨戶搜查：Minnie Vautrin, diary 1937–40, March 8, 1938, p. 212.

178 全城的年輕婦女……兩難處境：Ibid., December 24, 1937, p. 127.

178 日軍會編造各種故事：Hsu Shuhsi, ed., *Documents of the Nanking Safety Zone*, no. 266 (Shanghai, Hong Kong, Singapore: Kelly & Walsh, 1939), p. 128.

178 有些士兵雇用漢奸：Gao Xingzu, Wu Shimin, Hu Yungong, and Zha Ruizhen, "Japanese Imperial- ism and the Massacre in Nanjing."

179 三分之一的強暴案：Fitch, "Nanking Outrages," January 10, 1938, Fitch Collection.

179 許多倖存者回憶：Hou Zhanqing (survivor), in- terview with the author, Nanking, July 29, 1995.

179 沒有一個地方是神聖不可侵犯的：Fitch, "Nanking Outrages," January 10, 1938, Fitch Collection.

179 每一天，二十四小時：Quote in *Dagong Daily* reprinted in Gao Xingzu, Wu Shimin, Hu Yungong, and Zha Ruizhen, "Japanese Imperialism and the Massacre in Nanjing."

179 用嘴巴把生殖器舔乾淨：Hsu Shuhsi, *Documents of the Nanking Safety Zone*, no. 436, p. 154.

179 反而用木棍猛敲她：Dick Wilson, p. 76; Hsu, p. 123.

179 許多八十幾歲的婦女：Hu Hua-ling, "Chinese Women Under the Rape of Nanking"; "All Military Aggression in China Including Atrocities Against Civilians and Others: Summary of Evidence and Note of Argument," submitted to IMTFE by David Nelson Sutton, November 4, 1946, p. 41, National Archives.

179 小女孩遭到野蠻的強暴：Shuhsi Hsu, *Documents of the Nanking Safety Zone*, no. 428, p. 152.

180 **有些人曾看到日本人⋯⋯：**Hou Zhan-qing interview.

180 **有些案例是，日本人剖開⋯⋯：**"Deutsche Botschaft China," report no. 21, starting on page 114, in the German diplomatic reports, National History Archives, Republic of China. Another account reads: "Since the bodies of most of these young girls were not yet fully developed, they were insufficient to satisfy the animal desires of the Japanese. Still, however, they would go ahead, tear open the girls' genitals, and take turns raping them"; Du Chengxiang, *A Report on the Japanese Atrocities* (Shidai Publishing Co., 1939), p. 55, reprinted in Gao Xingzu, Wu Shimin, Hu Yungong, and Zha Ruizhen, "Japanese Imperialism and the Massacre in Nanjing."

180 **即使是大腹便便的婦女⋯⋯：**Hu Hua-ling, "Chinese Women Under the Rape of Nanking"; Robert Wilson, letter to family, December 30, 1937, folder 3875, box 229, record group 11, Yale Divinity School Library.

180 **有一位懷胎九月的受害者：**IMTFE judgment, p. 451, National Archives.

180 **至少有一名孕婦被活活踢死：**Chu Yong Ung and Chang Chi Hsiang, in "All Military Aggression in China Including Atrocities Against Civilians and Others," p. 37.

180 **在輪暴之後，日本士兵⋯⋯：**"A Debt of Blood: An Eyewitness Account of the Barbarous Acts of the Japanese Invaders in Nanjing," *Dagong Daily* (Wuhan), February 7, 1938; *Xinhua Daily*, February 24, 1951; Hu Hua-ling, "Chinese Women Under the Rape of Nanking"; Tang Shunsan, interview with the author, Nanking, People's Republic of China, July 26, 1995; Gao Xingzu, Wu Shimin, Hu Yungong, and Zha Ruizhen, "Japanese Imperialism and the Massacre in Nanjing."

180-181 **最惡名昭彰的一則故事：**The story of Hsia's family (now Xia under the pinyin system) is told in a document describing the pictures taken at Nanking after December 13, 1937, Ernest and Clarissa Forster Collection, box 263, record group 8, Miscellaneous Personal Papers, Yale Divinity School Library.

182 **大腦終生受損**：Xia Shuqing (then the eight-year-old survivor), interview with the author, Nanking, July 27, 1995.

182 **我到那裡時……**：Hsu Chuang-ying (witness), testimony before the IMTFE, Records from the Allied Operational/Occupation Headquarters, entry 319, record group 331, p. 2572, National Archives.

182 **另外一個類似的故事**：Document about John Magee film no. 7 describing the pictures taken at Nanking after December 13, 1937, Ernest and Clarissa Forster Collection.

183 **許多其他的女孩……**：Bergamini, *Japan's Imperial Conspiracy*, p. 27. See the photograph of one such victim in the illustrations section of this book. It is unclear whether the girl in the photograph is unconscious or dead.

184 **中國目擊者形容……**：Gao Xingzu, Wu Shimin, Hu Yungong, and Zha Ruizhen, "Japanese Imperialism and the Massacre in Nanjing."

184 **在大規模強暴中……**：For an account of smothering of infants, see George Fitch diary, entry dated December 17, 1937, quoted in Commanding Officer C. F. Jeffs to the Commander in Chief, U.S. Asiatic Fleet (letter- head marked the U.S.S. *Oahu*), intelligence summary filed for the week ending February 13, 1938, folder A8–21/FS#3, box 195, entry 81, record group 38, National Archives; and James McCallum diary, January 7, 1938, Yale Divinity School Library. For an example of a child choking to death from clothes stuffed in her mouth while her mother was raped, see Chang Kia Sze, testimony of April 6, 1946, Records from the Allied Operational/Occupation Headquarters, IMTFE transcript, entry 319, record group 331, pp. 4506–7, National Archives.

184 **二月三日，約下午五點……**：Hsu Shuhsi, editor, *Documents of the Nanking Safety Zone*. Prepared under the Auspices of the Council of International Affairs, Chung King (Shanghai, Hong Kong, Singapore: Kelly & Walsh, Ltd., 1939), p. 159.

184 **用鐵絲戳穿他的鼻子**：Wong Pan Sze (24 at the time of the

tribunal, 15 at the time of the Rape of Nanking), testimony before the IMTFE, Records of the IMTFE, court exhibits, 1948, World War II War Crimes Records Collection, box 134, entry 14, record group 238, National Archives.

185 **日軍娛樂最暴力的方式**："Sometimes the soldiers would use bayonets to slice off the women's breasts, revealing the pale white ribs inside their chests. Sometimes they would pierce their bayonets into the women's genitals and leave them crying bitterly on the road- side. Sometimes the Japanese took up wooden bats, hard reed rods, and even turnips, forced the implements into the women's vaginae, and violently beat them to death. Other soldiers stood by applauding the scene and laughing heartily"; quote from Military Commission of the Kuomingtang, Political Department, "A True Record of the Atrocities Committed by the Invading Japanese Army," compiled July 1938, reprinted in Gao Xingzu, Wu Shimin, Hu Yungong, and Zha Ruizhen, "Japanese Imperialism and the Massacre in Nanjing"; Wong Pan Sze testimony before the IMTFE; Hu Hua-ling, "Chinese Women Under the Rape of Nanking."

185 **比方說，一名日本士兵……**：Forster to his wife, January 24, 1938, Ernest and Clarissa Forster Collection.

185 **十二月二十二日，在通濟門附近……**：Zhu Chengshan, *The Testimony of the Survivors of the Nanjing Massacre*, p. 50.

185 **中國男人通常會遭到雞姦**：See Shuhsi Hsu, *Documents of the Nanking Safety Zone*, no. 430, p. 153. Also Dick Wilson, p. 76.

186 **有一名中國男人……**："Shisou houde nanjing (Nanking After the Fall into Japanese Hands)," *Mingzheng yugongyu* 20 (January 1938). This article is based on interviews with people who escaped from Nanking and arrived in Wuhan on January 18, 1938. It is reprinted in *Source Materials Relating to the Horrible Massacre* (1985), p. 150.

186 **有一名女扮男裝的中國婦女**：Xu Zhigeng, *The Rape of Nanking*, p. 115; Sun Zhaiwei, *1937 Nanjing Beige*, p. 353.

186 郭歧中校：Ko Chi (also known as Guo Qi), "Shendu xueluilu (Recording with Blood and Tears the Fallen Capital)," written in the first half of 1938, published in August 1938 by *Xijing Pingbao*, a Xian newspaper (Xijing is an older name for Xian), reprinted in *Source Materials Relating to the Horrible Massacre* (1985), p. 13.

186 他的報告後來由德國外交官的證詞證實："Deutsche Botschaft China," report no. 21, starting on page 114, in the German diplomatic reports, National History Archives, Republic of China.

186-187 有一家人正要渡過長江時：Hsu Chuang-ying (witness), testimony before the IMTFE, Records from the Al- lied Operational/ Occupation Headquarters, entry 319, record group 331, p. 2573, National Archives. One survivor, Li Ke-he, witnessed four Japanese soldiers who, after raping a 40-year- old woman, forced her father-in-law and son to have sex with her; see Hu Hua-ling, "Chinese Women Under the Rape of Nanking," p. 68. The IMTFE records also mention a father being forced by the Japanese to rape his own daughters, a brother his sister, and an old man his son's wife. "Breasts were torn off, and women were stabbed in the bosoms. Chins were smashed and teeth knocked out. Such hideous scenes are unbearable to watch," the record added; court exhibits, 1948, box 134, entry 14, record group 238, p. 1706, World War II War Crimes Records Collection, National Archives.

187 許多人躲在……數月之久：Minnie Vautrin, diary 1937–40, January 23 and February 24, 1938, pp. 167, 201.

187 在鄉下，婦女躲在地下的洞穴裡：Ibid., February 23, 1938, p. 200.

187 一名女尼和一個小女孩：John Magee to "Billy" (signed "John"), January 11, 1938, Ernest and Clarissa Forster Collection.

187 有些人做了偽裝：Bergamini, *Japan's Imperial Conspiracy*, p. 37; Minnie Vautrin, diary 1937–40, December 17, 1937, p. 115.

188 一名聰明的年輕女性：Minnie Vautrin, diary 1937–40, January 23, 1938, p. 168.

188 有人則佯裝生病：Hsu Shuhsi, *Documents of the Nanking Safety*

*Zone*, no. 408, p. 158.

188 **另外一名婦女則聽從……：**Forster's undated letter to his wife, Ernest and Clarissa Forster Collection.

188 **曾有一位女孩子在三樓……：**John Magee, letter to his wife, January 1, 1938, archives of David Magee.

188 **那些違抗日本人的婦女：**Gao Xingzu, Wu Shimin, Hu Yungong, and Zha Ruizhen, "Japanese Imperialism and the Massacre in Nanjing."

188 **一名女教師在被殺之前……：**Hu Hua-ling, "Chinese Women Under the Rape of Nanking," p. 68.

188 **一九三七年，李秀英十八歲：**Li Xouying, interview with the author, Nanking, July 27, 1995.

193 **問題太大了：**Miner Searle Bates testimony before the IMTFE, pp. 2629–30.

193 **中國軍事專家劉方矩：**Li En-han, "Ques- tions of How Many Chinese Were Killed by the Japanese Army in the Great Nanking Massacre," *Journal of Studies of Japanese Aggression Against China* (August 1990).

193 **「侵華日軍南京大屠殺遇難同胞紀念館」的官員：**Author's interviews with museum officials. The number 300,000 is inscribed prominently on the museum's entrance. Honda Katsuichi, a Japanese writer, went back to Nanking a few decades later to check the stories for himself. He thinks that 200,000 Chinese were killed by the second day of the capture of the city and that by February the death toll had risen to 300,000. (Wilson, *When Tigers Fight*, pp. 81–82.) The Chinese historian Li En-han said that "the estimate of the total number of deaths . . . as 300,000 is absolutely reliable." (Hu Hua-ling, "Commemorating the 53rd Anniversary of the Great Nanking Massacre: Refuting Shintaro Ishihara's Absurdity and Lie," *Journal of Studies of Japanese Aggression Against China*, November 1990, p. 27.)

193 **遠東國際軍事法庭的法官歸結：**"Table: Estimated Number of

Victims of Japanese Massacre in Nanking," document no. 1702, box 134, IMTFE records, court exhibits, 1948, World War II War Crimes Records Col- lection, entry 14, record group 238, National Archives.

193 **日本歷史學家藤原彰：**Hu Hua-ling, "Commemorating the 53rd Anniversary," p. 72.

193 **德國商人拉貝：**John Rabe, "Enemy Planes over Nanking," report to Adolf Hitler, in the Yale Divinity School Library. Rabe writes: "According to Chinese reports, a total of 100,000 Chinese civilians were murdered. But that seems to be an overassessment—we Europeans estimate the number to be somewhere between 50,000 and 60,000."

194 **日本作家秦郁彥：**Cook and Cook, *Japan at War*, p. 39.

194 **日本其他人：**同上。

194 **一九九四年，根據……：**United Press International, May 10, 1994.

194 **在統計數字上……：**Sun Zhaiwei, "The Nanking Massacre and the Nanking Population," pp. 75–80; "Guanyu nanjing datusa siti chunide yenjou (On the Subject of Body Disposal During the Nanking Massacre)," *Nanjing Shehui Kexue* 44, no. 4 (1991): 72–78.

194 **南京自治委員會：**The setting up of such a puppet government was a longstanding custom of the Japanese in areas of China they occupied and it enabled the Japanese to preserve local structures of power and make some local elites beholden to them.

195 **然而如果根據……：***Archival Documents Relating to the Horrible Massacre* (1987), pp. 101–3; "150,000 Bodies Dumped in River in Nanking Massacre Affidavit," Reuters, December 14, 1990.

198 **南伊利諾大學歷史系榮譽教授吳天威：**Wu Tien-wei, "Let the Whole World Know the Nanking Massacre: A Review of Three Recent Pictorial Books on the Massacre and Its Studies," report distributed in 1997 by the Society for Studies of Japanese Aggression Against China.

198 **作家尹集鈞和史詠：**作者透過電話訪問史詠。

198 **他們駁斥了一些專家的論點**：It is difficult to say how many bodies washed up along the river were eventually buried along the banks. On April 11, 1938, Minnie Vautrin wrote in her diary that a man mentioned to her that "there are reported still many dead bodies on both sides of the Yangtze and many bloated ones floating down the river— soldiers and civilians. I asked him if he meant tens or hundreds and he said it seemed to him to be thousands and thousands"; diary 1937–40, p. 247.

199 **幾天前返回上海後**："Red Machine" Japanese diplomatic messages, no. 1263, translated February 1, 1938, record group 457, National Archives. *Manchester Guardian* correspondent H. J. Timperley originally wrote this report, which was stopped by Japanese censors in Shanghai. (See "Red Machine" Japanese diplomatic messages, no. 1257.) His estimate of 300,000 deaths was later included in the message sent by Japanese Foreign Minister Hirota Koki to Washing- ton, DC. The significance of this message is that the Japanese government not only knew about the 300,000 figure given by Timperley but tried to suppress the information at the time.

## 第五章　南京安全區

203 **法國神父貝薩奇**：Tien-wei Wu, "Let the Whole World Know the Nanking Massacre," p. 16.

203 **長老教會的米爾士牧師**：Angie Mills to the author, February 16, 1997. In her family archives, Mills found a copy of a speech given by John Rabe on February 28, 1938, at the Foreign YMCA in Shanghai to a group of Westerners. In it he said, "I must tell you Mr. Mills is the man who originally had the idea of creating the Safety Zone. I can say that the brains of our organization were to be found in the Ping Tsang Hsiang No. 3 [the address, according to Angie Mills, of Lossing Buck's house, where nine or ten of

the Americans were living during this period, near Nanking University]. Thanks to the cleverness of my American friends: Mr. Mills, Mr. Bates, Dr. Smythe, Mr. Fitch, Mr. Sone, Mr. Magee, Mr. Forster and Mr. Riggs, the Committee was put on its feet and thanks to their hard work it ran as smoothly as could be expected under the dreadful circumstances we lived in."

204 **班奈號後來遭到⋯⋯：**"Sinking of the U.S.S. *Panay*," ch. 11 of *Some Phases of the Sino-Japanese Conflict* (July–December 1937), compiled from the records of the Commander in Chief, Asiatic Fleet, by Captain W. A. Angwin (MC), USN, December 1938, Shanghai, Office of the Chief of Naval Operations, Division of Naval Intelligence, general correspondence, 1929–42, folder P9–2/EF16#23, box 284, entry 81, record group 38, National Archives; "*The Panay Incident*," Records of the Office of the Chief of Naval Operations, Records of the Deputy Chief of Naval Operations, 1882–1954, Intelligence Division—Naval Attaché Reports, 1886–1939, box 438, entry 98, record group 38, National Archives; "The Bombing of the U.S.S. *Panay*," drawn by Mr. E. Larsen after consultation with Mr. Norman Alley, December 31, 1937, box 438, entry 98, record group 38, National Archives; Weldon James, "Terror Hours on *Panay* Told by Passenger," *Chicago Daily News*, December 13, 1937; A. T. Steele, "Chinese War Horror Pictured by Reporter: *Panay* Victims Under Japanese Fire for Full Half Hour; Butchery and Looting Reign in Nanking," *Chicago Daily News*, December 17, 1937; Bergamini, pp. 24–28.

206 **我們並不有錢：**Marjorie Wilson, telephone interview with the author.

207 **「他們會殺了我們嗎？」：**Alice Tisdale Hobart, *Within the Walls of Nanking* (New York: Macmillan, 1928), pp. 207–8.

207 **「我們更擔心逃難的中國人⋯⋯」：**"Deutsche Botschaft China," German diplomatic reports, document dated January 15, 1938, starting on page 214, National History Archives, Republic of China.

208 **父親是船長：**Details of John Rabe's early life come from

correspondence between the author and Rabe's grand- daughter, Ursula Reinhardt, and from the archives of the Siemens Company, Berlin Germany.

209 我不僅相信我們的政治制度……：Rabe's account of the Rape of Nanking can be found in his report to Adolf Hitler, entitled "Enemy Planes over Nanking," copies of which are now at Yale Divinity School Library, the Memorial Hall of the Victims of the Nanking Massacre by Japanese Invaders, and the Budesarchiv of the Federal Republic of Germany. Information and quotes in this section not otherwise attributed come from this report.

214 南京市長送給……：Letter from John Rabe of the International Committee for Nanking Safety Zone to the Imperial Japanese Embassy, December 27, 1937, enclosure to report entitled "Conditions in Nanking," January 25, 1938, Intelligence Division, Naval Attaché Reports, 1886–1939, Records of the Office of the Deputy Chief of Naval Operations, 1882–1954, Office of Naval Intelligence, box 996, entry 98, record group 38, National Archives.

215 弄瞎了一隻眼睛：Fitch, *My Eighty Years in China*, p. 101.

215 只保住了所有食物的一小部分：Hsu, p. 56.

219 漢中路上的一名上尉：Hsu, p. 2.

220 許多士兵脫下軍服，混入平民堆裡：Letter from John Rabe to Fukuda Tokuyasa, December 15, 1937, box 996, entry 98, record group 38, National Archives.

221 我們知道其中有一些人過去曾是軍人：George Fitch, diary entry for December 14, 1937, reprinted in *My Eighty Years in China*, p. 106. One of the original copies can be found in Commanding Officer C. F. Jeffs to the Commander in Chief, U.S. Asiatic Fleet (letterhead marked the U.S.S. Oahu), February 14, 1938, intelligence summary filed for the week ending February 13, 1938, Office of the Chief of Naval Operations, Division of Naval Intelligence, general correspondence, 1929–42, p. 5, folder A8-21/FS#3, box 195, entry 81, record group 38, National Archives. In the diary,

Fitch wrote: "Not a whimper came from the entire throng. Our own hearts were lead. How foolish I had been to tell them the Japanese would spare their lives!"

223 當時在城裡的所有西方人：Letter from John Rabe to the Imperial Japanese Embassy, December 17, 1937, enclosure no. 8 to report entitled "Conditions in Nanking," January 25, 1938, box 996, entry 98, record group 38, National Archives. This letter can also be found in Hsu Shuhsi, ed., *Documents of the Nanking Safety Zone: Prepared under the Auspices of the Council of International Affairs, Chungking* (Shanghai, Hong Kong, Singapore: Kelly & Walsh, 1939).

223 我們看不到一個日本士兵在巡邏：Rabe to Imperial Japanese Embassy, December 17, 1937; Hsu Shuhsi, *Documents of the Nanking Safety Zone*, p. 12.

223 昨天，光天化日之下：Rabe to Imperial Japanese Embassy, December 17, 1937; Hsu Shuhsi, *Documents of the Nanking Safety Zone*, p. 20.

223 如果這種恐怖主義的行為繼續下去：Rabe to Imperial Japanese Embassy, December 17, 1937; Shuhsi Hsu, *Documents of the Nanking Safety Zone*, p. 17.

224 在大屠殺期間：IMTFE judgment, National Archives. See "Verdict of the International/Military Tribunal for the Far East on the Rape of Nanking," *Journal of Studies of Japanese Agression Against China*, November 1990, p. 75.

224 如果你告訴報紙記者任何壞消息：Fu Kuishan's warning to Rabe, recorded in John Rabe diary, February 10, 1938, p. 723.

225 只要到了現場……：Robert Wilson, letter to family, January 31, 1938, p. 61.

227 然而他們並不認真看待：Even the Japanese embassy staff seemed secretly gleeful of the excesses of the Japanese army. When Hsu Chuang-ying caught a Japanese soldier raping a woman in a bath house and informed Fukuda, vice- consul of the Japanese

embassy, of the situation, he saw that Fukuda had "a little smile on his face." Transcript of the International Military Tribunal of the Far East. Testimony of Hsu Chuang-ying, witness. RG 311, Entry 319, page 2570-2571. Records from the Allied Operational/ Occupation Headquarters, National Archives, Washington, D.C.

228 **如果有任何日本士兵抗議**：Copy of George Fitch diary, enclosed in file from Assistant Naval Attaché E. G. Hagen to Chief of Naval Operations (Di- rector of Naval Intelligence), Navy Department, Washington, D.C., March 7, 1938, Office of the Chief of Naval Operations, Division of Naval Intelligence, general correspondence, 1929–42, folder P9–2/EF16#8, box 277, entry 81, record group 38; also reprinted in Fitch, *My Eighty Years in China*, p. 114.

228 **有一天，四個日本兵……**："Cases of Disorder by Japanese Soldiers in the Safety Zone," filed January 4, 1938, in Hsu Shuhsi, *Documents of the Nanking Safety Zone*, p. 65.

228 **槍殺德國人可能是件壞事**："Cases of Disorder by Japanese Soldiers in the Safety Zone," subenclosure to enclosure no. 1–c, Intelligence Division, Naval Attaché Reports, 1886–1939, Records of the Office of the Deputy Chief of Naval Operations, 1882–1954, Office of Naval Intelligence, folder H–8–B Register#1727A, box 996, entry 98, record group 38, National Archives.

229 **有一次他到安全區內巡視**：Minnie Vautrin, diary 1937–40, February 17, 1938, p. 198.

230 **幾乎願意戴上納粹徽章**：Fitch, "Nanking Outrages," January 10, 1938, Fitch Collection.

230 **他在納粹圈子裡混得很好**：Robert Wilson, letter to family, Christmas Eve 1937, p. 6.

230 **威爾遜生於一九〇四年**：Early biographical information on Robert Wilson comes from Marjorie Wilson (his widow), telephone interviews with the author.

231 **對威爾遜的家人而言**：同上。

232 **七月盧溝橋事變之後：**Robert Wilson, letter to family, August 18, 1937.

232 **他認為這是他的職責：**Marjorie Wilson, telephone interview.

232 **那年秋天……:**Robert Wilson, letter to family, October 12, 1937, p. 15.

232 **他在許多封信上……：**Ibid., August 20, 1937, p. 9.

233 **一家體面的博物館：**Ibid., December 9, 1937, p. 35.

233 **九月二十五日……：**Ibid., September 25 and 27, 1937; Minnie Vautrin, diary 1937–40, September 26, 1937, p. 33.

233 **他在窗戶上垂放厚重的黑色窗簾：**Robert Wilson, letter to family, August 23, 1937.

234 **將近十萬名中國傷兵：**Commander Yangtze Patrol E. J. Marquart to Commander in Chief, U.S. Asiatic Fleet (letterhead marked "Yangtze Patrol, U.S.S. *Luzon* [Flagship])," intelligence summary for week ending October 24, 1937, October 25, 1937, Office of the Chief of Naval Operations, Division of Naval Intelligence, general correspondence, 1929–42, folder A8–2/FS, box 194, entry 81, record group 38, National Archives; Minnie Vautrin, diary 1937–40, October 26 and November 8, 1937, pp. 55, 64 (she writes that some 100,000 soldiers have been injured or killed in the Shanghai area).

234 **傷癒的士兵又回到前線去：**同上。

235 **中國醫生和護士都已逃出城外：**Minnie Vautrin, diary 1937–40, December 5, 1937, p. 96; Ernest and Clarissa Forster, letter to parents, December 7, 1937, Ernest and Clarissa Forster Collection.

235 **最終還是無法說服他們留下來：**Robert O. Wilson (witness), testimony, Records of the Allied Operational/Occupation Headquarters, IMTFE transcript, entry 319, record group 331, pp. 2531–32, National Archives.

235 **十二月第一週結束時：**Mrs. E. H. Forster report, December 12, 1937, from newsletter in Ernest and Clarissa Forster Collection.

235 **美國外科醫生布萊迪**：Robert Wilson, letter to family, December 2, 1937; A. T. Steele, "Tells Heroism of Yankees in Nanking," *Chicago Daily News*, December 18, 1937.

235 **讓我非常感動**：Robert Wilson, letter to family, December 7, 1937.

236 **出於本能地全身發顫**：Ibid., December 14, 1937.

236 **日本國旗在全城飄揚**：同上。

236 **他們闖進收容中國軍隊的主要醫院**：Durdin, "Japanese Atrocities Marked Fall of Nanking"; Rabe, "Enemy Planes over Nanking"; an excerpt from a verbal presentation by Mr. Smith of Reuters about the events of Nanking on December 9–15, 1937, document no. 178, Hankow, January 1, 1938, in "Deutsche Botschaft China," German diplomatic reports, National History Archives, Republic of China.

236 **飛快踢上一腳**：Robert Wilson, letter to family, December 18, 1937.

236 **士兵在街上焚燒一堆樂器**：Ibid., December 28, 1937.

237 **最大的侮辱是在二樓**：Ibid., December 19, 1937.

237 **十二月十五日**：Ibid., December 15, 1937.

238 **十二月十八日**：Today marks the 6th day": Ibid., December 18, 1937.

238 **十二月十九日**：Ibid., December 19, 1937.

238 **聖誕夜**：Ibid., December 24, 1937.

238 **唯一的安慰**：Ibid., December 30, 1937.

239 **經常看到日本人圍捕中國兵**：Durdin, "Japanese Atrocities Marked Fall of Nanking."

239 **南京淪陷後……**：Robert Wilson, letter to family, December 24, 1937.

239 **他遇到的日本兵……**：Robert Wilson, letter to family, December 21, 1937, p. 6; Marjorie Wilson, telephone inter- view with the author; John Magee to "Billy" (signed "John"), January 11, 1938,

Ernest and Clarissa Forster Collection.

239 **威爾遜在南京看到最慘的景象之一：**Marjorie Wilson, telephone interview with the author.

240 **他告訴妻子……：**同上。

240 **今天早上又來了另一位悲慘的婦女：**J. H. McCallum, diary entry for January 3, 1937, reprinted in *American Missionary Eyewitnesses to the Nanking Massacre, 1937–1938*, ed. Martha Lund Smalley (New Haven, Conn.: Yale Divinity School Library, 1997), p. 39.

240 **一段不可思議的故事：**Robert Wilson, letter to family, January 1, 1938, p. 11.

242 **外國醫生特里默：**Ibid., December 26, 1937, p. 7.

242 **大屠殺倖存者還記得：**James Yin (coauthor of *The Rape of Nanking*), telephone interview with the author. The in- formation about McCallum comes from his research in China.

242 **當大屠殺與強暴事件逐漸減少：**Margorie Wilson, telephone interview with the author.

243 **鐵匠之女魏特琳：**Early biographical details about Vautrin come from Emma Lyon (Vautrin's niece), telephone interview with the author, October 28, 1996.

244 **在日記上……：**Most of the information for this section comes directly from Vautrin's diary, 1937–40, Yale Divinity School Library. Although she used her own page-numbering system (on the top of the middle of each page), I have used the Yale Divinity School page numbers, which were stamped on the top right-hand corner of each diary page.

245 **一九三七年夏天：**Minnie Vautrin, diary 1937–40, July 2–18, 1937, p. 2.

245 **儘管如此，魏特琳仍然拒絕……：**Ibid., September 20, 1937, p. 27.

245 **他們還給她和其他安全區……：**Ibid., December 1 and 8, 1937, pp. 91, 100; Commanding Officer C. F. Jeffs to the Commander in Chief, U.S. Asiatic Fleet (letterhead marked the U.S.S. Oahu),

intelligence summary for the week ending February 13, 1938, February 14, 1938 (includes excerpt of missionary letter, which was not given to the press for fear of reprisals from the Japanese); George Fitch diary (name not given in report), Office of the Chief of Naval Operations, Division of Naval Intelligence, general correspondence, 1929–42, folder A8–21/FS#3, box 195, entry 81, record group 38, National Archives.

246 她在校園裡努力為女性難民打造避難所：Minnie Vautrin, diary 1937–40, December 3, 6, and 7, 1937, pp. 94, 97, 98.

246 委託別人縫製第二面美國國旗：Ibid., October 6, 1937, p. 41.

246 十二月的第二週：Minnie Vautrin, "Sharing "the Abundant Life' in a Refugee Camp," April 28, 1938, box 103, record group 8, Jarvis Collection, Yale Divinity School Library.

246-247 難民以每天一千人的速度……：Letter to parents, probably from Forster, October 4, 1937, from Hsiakwan, Ernest and Clarissa Forster Collection.

247 其中許多人筋疲力盡：793.94/12060, report no. 9114, December 11, 1937, restricted report, General Records of the Department of State, National Archives.

247 從早上八點半到下午六點：Minnie Vautrin, diary 1937–40, December 15, 1937, p. 111.

247 魏特琳允許婦孺自由進入：同上。

247-248 魏特琳想到日軍……：Ibid., December 16, 1937, pp. 112–13.

248 如果魏特琳沒有大喊……：Ibid., December 16, 1937, p. 113.

248 一輛卡車載著八至十名女孩：Ibid., December 16, 1937, p. 114. In her diary, Vautrin records that the women screamed "Gin Ming," but a more accurate translation of the Chinese expression for help is "Jiu Ming."

249 這景象真讓人心碎：Ibid., December 17, 1937, pp. 115–16.

250 我永遠忘不了那一幕：Ibid., pp. 117–18.

251 有幾次，日軍直接開卡車進校園：Ibid., December 27, 1937, p. 130.

251 **抓鬮**：*Source Materials Relating to the Horrible Nanking Massacre* (1985), pp. 9–10.

251 **一九三八年元旦**：Minnie Vautrin, diary 1937–40, January 1, 1938, p. 137.

251 **既凶暴又不可理喻**：Ibid., December 18, 1937, pp. 119–20.

251 **他們要求允許他們……**：Ibid., December 24, 1937, p. 127.

252 **成群的婦女問我……**：同上。

252 **城市淪陷一週後**：Enclosure to report, "Conditions in Nanking," January 25, 1938, Intelligence Division, Naval Attaché Reports, 1886–1939, Records of the Office of the Deputy Chief of Naval Operations, 1882–1954, Office of Naval Intelligence, box 996, entry 98, record group 38, National Archives; Hu Hua-ling, "Chinese Women Under the Rape of Nanking," p. 69.

253 **魏特琳注意到……**：Minnie Vautrin, diary 1937–40, December 28, 1937, p. 131.

253 **有幾次，安全區領導人取得成功**：Fitch, *My Eighty Years in China*, p. 117.

253 **這根本就是在唬人**：John Magee, letter to his wife, December 30, 1937, archives of David Magee.

254 **日軍嚴峻的威脅**：Hsu Shuhsi, *Documents of the Nanking Safety Zone*, p. 84.

254 **你們應該遵守婦道**：Minnie Vautrin, diary 1937–40, December 31, 1937, p. 135.

254 **魏特琳觀察到**：Ibid., January 4, 1938, p. 141.

254 **士兵還強迫婦女**：Ibid., January 6, 1938, p. 144.

254 **這些婦女之後都被釋放了**：Ibid., December 31, 1937, p. 135.

255 **登記之後……**：Ernest Forster, letter of January 21, 1938, Ernest and Clarissa Forster Collection.

255 **二月四日是撤離安全區的最後期限**：(Authorship unknown, but probably Lewis Smythe), letter of February 1, 1938, box 228,

record group 8, Yale Divinity School Library.

255 **魏特琳對他們的承諾持謹慎態度：**Minnie Vautrin, diary 1937–40, February 4, 1938, p. 183.

255 **數百名婦女擠在走廊上：**Minnie Vautrin, diary 1937–40, December 18, 1937.

256 **摩肩擦踵地睡在水泥地上：**(unidentified author at 145 Han-kow Road), letter of February 12, 1939, Ernest and Clarissa Forster Collection.

256 **「噢，上帝啊……」：**Minnie Vautrin, diary 1937–40, December 16, 1937, p. 114.

256 **你們不要擔心：**Hsu Chi-ken, *The Great Nanking Massacre: Testimonies of the Eyewitnesses* (Taipei, 1993), pp. 56–57.

256 **你不需要戴這個太陽旗：**同上，頁 60。

257 **中國還沒有滅亡：**Hua-ling W. Hu, "Miss Minnie Vautrin: The Living Goddess for the Suffering Chinese People During the Nanking Massacre," *Chinese American Forum* 11, no. 1 (July 1995): 20; from Ko Chi, "Recording with Blood and Tears the Fallen Capital," in *Source Materials Relating to the Horrible Nanking Massacre* (1985).

257 **她日夜都不睡覺：**Huang Shu, interview with filmmaker Jim Culp; transcript from the personal archives of Jim Culp, San Francisco.

257 **她有一次……耳光：**Ko Chi, "Blood and Tears," p. 16; Hua-ling W. Hu, "Miss Minnie Vautrin," p. 18.

258 **納粹黨人克魯茨：**Christian Kröger, "Days of Fate in Nanking," unpublished report, January 13, 1938, archives of Peter Kröger.

258 **糧食嚴重短缺：**Minnie Vautrin, diary 1937–40, March 4, 1938, p. 208; on mushrooms, see Liu Fonghua, interview with the author, Nanking, People's Republic of China, July 29, 1995.

258 **他們不僅在粥場免費送米……：**Lewis S. C. Smythe to Tokuyasu Fukuda, Attaché to the Japanese Embassy, enclosure no. 1 to report entitled "Conditions in Nanking," January 25, 1938,

Intelligence Division, Naval Attaché Reports, 1886–1939, Records of the Office of the Deputy Chief of Naval Operations, 1882–1954, Office of Naval Intelligence, box 996, entry 98, record group 38, National Archives.

258 甚至要充當城裡中國警察的保鑣：James McCallum, diary, December 30, 1937, Yale Divinity School Library.

259 這名憤怒的日本軍官：Hsu Shuhsi, *Documents of the Nanking Safety Zone*, p. 24.

259 一名日本士兵則以手槍威脅貝德士："Cases of Disorder by Japanese Soldiers in Safety Zone," subenclosure to enclosure no. 1–c, Intelligence Division, Naval Attaché Reports, 1886–1939, Records of the Office of the Deputy Chief of Naval Operations, 1882–1954, Office of Naval Intelligence, folder H–8-B Register#1727A, box 996, entry 98, record group 38, National Archives.

259 ……拔槍對著威爾遜：Diary of John Magee in long letter to his wife, entry for December 19, 1937, archives of David Magee.

259 以步槍射殺麥卡倫和特里默："Cases of Disorder by Japanese Soldiers in Safety Zone," subenclosure to enclosure no. 1-c, Intelligence Division, Naval Attaché Re- ports, 1886–1939, Records of the Office of the Deputy Chief of Naval Operations, 1882–1954, Office of Naval Intelligence, folder H–8–B Register#1727A, box 996, entry 98, record group 38, National Archives.

259 當貝德士去拜訪日軍軍警總部：John Magee to "Billy" (signed "John"), January 11, 1938, Ernest and Clarissa Forster Collection.

259 哈茨抓起一張椅子抵擋：John Rabe diary, December 22, 1937, entry, pp. 341–42.

259 安全區最後收容了……：In "Days of Fate in Nanking," Christian Kröger states his belief that 200,000–250,000 refugees fled into the zone on December 12; Miner Searle Bates ("Preliminary Report on Christian Work in Nanking," archives of Shao Tzuping) echoes the figure of 250,000; the estimate of 300,000 refugees in the zone

comes from the IMTFE testimony of Hsu Chuang-ying, who was in charge of housing for the zone; see IMTFE transcript, entry 319, record group 331, p. 2561, National Archives.

## 第六章　世界所知道的事實

289 **南京麵條**：Morris-Suzuki, *Showa*, p. 34.

289 **二十九歲的德丁**：Frank Tillman Durdin, telephone interview with the author, January 1996.

290 **史蒂爾年紀較長**：T. Steele Collection, Arizona State University Library.

290 **麥可丹尼爾……最勇敢的一個**：C. Yates McDaniel, "Nanking Horror Described in Diary of War Reporter," *Chicago Tribune*, December 18, 1937.

290 **他們不僅撰寫精采的報導**：The first American re- porter to break the full story of the massacre was Archibald Steele. When the correspondents boarded the Oahu, the twenty-nine-year-old Durdin was unable to send any dis- patches out by radio because the operator said it was against regulations. But somehow Steele got his stories out. "I think he slipped him a $50 bill or something!" Durdin exclaimed decades later in "Mr. Tillman Durdin's Statement on the News Conference—Refuting the Distortions of His Reports on the Great Nanking Massacre by the Japanese Media" (*Journal of Studies of Japanese Aggression Against China*, August 1992, p. 66). "I was new and young, Steele was an old hand. So he scooped me on the story."

290 **大屠殺期間，許多僕傭……**：C. Yates McDaniel, "Nanking Horror Described in Diary of War Reporter," *Chicago Tribune*, December 18, 1937.

291 **德丁多年以後回憶**："Mr. Tillman Durdin's Statement on the News

Conference—Refuting the Distortions of His Reports on the Great Nanking Massacre by the Japanese Media," *Journal of Studies of Japanese Aggression Against China*, August 1992, p. 66.

292 **我無能為力：**McDaniel, "Nanking Horror Described in Diary of War Reporter."

292 **兩名美國攝影師：**For information on Norman Alley and Eric Mayell filming the attack, see "Camera Men Took Many *Panay* Pictures," *New York Times*, December 19, 1937.

292 **他們在攻擊中毫髮無傷：**Steele, "Chinese War Horror Pictured by Reporter."

292 **亞歷和班奈號其他乘客……：**Hamilton Darby Perry, *The Panay Incident: Prelude to Pearl Harbor* (Toronto: Macmillan, 1969), p. 226.

293 **十二月十三日：**United Press story printed in *Chicago Daily News*, December 13, 1937.

293 **這些倖存者又髒又冷：**"Sinking of the U.S.S. *Panay*," ch. 11 of *Some Phases of the Sino-Japanese Conflict* (July– December 1937), compiled from the records of the Commander in Chief, Asiatic Fleet, by Capt. W. A. Angwin (MC), USN, December 1938, Shanghai, Office of the Chief of Naval Operations, Division of Naval Intelligence, general correspondence, 1929–42, folder P9–2/EF16#23, box 284, entry 81, record group 38, National Archives.

293 **亞歷與梅耶的影片上映後：**United Press story printed in *Chicago Daily News*, December 29, 1937; 793.94/12177, General Records of the Department of State, record group 59, National Archives.

293 **大使館也拿日本皇軍沒辦法：**Copy of George Fitch diary, enclosed in file from Assistant Naval Attaché E. G. Hagen to Chief of Naval Operations, March 7, 1938, National Archives.

294 **二月，他們允許幾名美國海軍軍官在南京上岸：**Commanding Officer to the Commander in Chief, U.S. Asiatic Fleet (letterhead marked the U.S.S. *Oahu*), intelligence summary for the week ending February 20, 1938, February 21, 1938, Office of the Chief

of Naval Operations, Division of Naval Intelligence, general correspondence, 1929–42, folder A8-21/FS#3, box 195, entry 81, record group 38, National Archives.

294 一直到了四月："Red Machine" Japanese diplomatic messages, no. 1794, translated May 4, 1938, boxes 1–4, record group 457, National Archives.

294 正如我在前一份報告中所預料的："Deutsche Botschaft China,"document no. 214, German diplomatic reports, National History Archives, Republic of China. According to this report, the German diplomats returned to the city on January 9, 1938.

295 一種機器密碼：For information on the American Red Machine, see David Kahn, "Roosevelt, Magic and Ultra," in *Historians and Archivists*, ed. George O. Kent (Fairfax, Va.: George Mason University Press, 1991).

295 如果他們回去了："Red Machine" Japanese diplomatic messages, no. 1171, record group 457, National Archives.

296 環球電影公司的攝影師亞歷：Perry, *The Panay Incident*, p. 232.

296 最高機密："Red Machine" Japanese diplomatic messages, box 2, record group 457, National Archives.

297 如果這就是從南京傳出的所有消息：Robert Wilson, letter to family, December 20, 1937.

297 他們被小心翼翼地引導到……：George Fitch diary, reprinted in *Reader's Digest* (July 1938).

298 極度自滿：George Fitch, *My Eighty Years in China*, p. 115.

298 「自動自發地」舉行慶祝活動：*Reader's Digest* (July 1938).

298 這些舉動根本就不會發生：The Smythes, letter of March 8, 1938, box 228, record group 8, Yale Divinity School Library.

298 皇軍進城：Archives of David Magee. A copy of the article can also be found in George Fitch diary, enclosed in file from Assistant Naval Attaché E. G. Hagen to Chief of Naval Operations, March 7, 1938, National Archives.

299 現在日本人試圖詆毀……：James McCallum, diary entry for January 9, 1938 (copy), box 119, record group 119, Yale Divinity School Library, reprinted in Smalley, *American Missionary Eyewitnesses to the Nanking Massacre*, p. 43.

300 我們看過幾份上海的……：Copy of George Fitch diary, entry for January 11, 1938, enclosed in file from Assistant Naval Attaché E. G. Hagen to Chief of Naval Operations, March 7, 1938, National Archives.

301 三月，東京的一家……：*Reader's Digest* (July 1938).

301 日本報紙刊登的最新消息：Lewis and Margaret Smythe, letter to "Friends in God's Country," March 8, 1938, box 228, record group 8, Yale Divinity School Library.

302 所有返回家中的中國良民：*Reader's Digest* (July 1938).

302 一個迷人、可親的士兵："Deutsche Botschaft China," document starting on page 107, March 4, 1938, National History Archives, Republic of China.

303 二月初，一位日本將領……：Ernest Forster, letter of February 10, 1938, Ernest and Clarissa Forster Collection.

303 一個十一歲女孩的母親："Deutsche Botschaft China," document starting on page 134, February 14, 1938, National History Archives, Republic of China.

304 日本政府阻撓其他記者："Red Machine" Japanese diplomatic messages, D (7–1269) #1129–A, boxes 1–4, record group 457, National Archives.

304 高度的語言藝術訓練：John Gillespie Magee, Sr., was the father of John Gillespie Magee, Jr., who served in the Royal Canadian Air Force and wrote the famous World War II poem, "High Flight." ("Oh! I have slipped the surly bonds of earth/And danced the skies on laughter-silvered wings . . .").

305 完全處於無政府狀態：Copy of George Fitch diary, diary entry for December 24, 1937, enclosed in file from Assistant Naval Attaché E. G. Hagen to Chief of Naval Operations, March 7, 1938,

National Archives, reprinted in Fitch, *My Eighty Years in China*, p. 98.

306 要敘述這則恐怖的故事……：James McCallum, diary entry for December 19, 1937 (copy), box 119, record group 8, Yale Divinity School Library, reprinted in Smalley, *American Missionary Eyewitnesses to the Nanking Massacre*, p. 21.

307 我已經說得夠多了：John Magee, letter to his wife, December 31, 1937, archives of David Magee.

307-308 請務必小心處理……：John Magee, letter to "Billy" (signed "John"), January 11, 1938, Ernest and Clarissa Forster Collection.

308 在上海造成轟動：Fitch, *My Eighty Years in China*, p. 92.

308 我要敘述的絕對不是……：Copy of George Fitch diary, diary entry for December 24, 1937, enclosed in file from Assistant Naval Attaché E. G. Hagen to Chief of Naval Operations, March 7, 1938, National Archives, reprinted in Fitch, *My Eighty Years in China*, pp. 97–98.

309 「真是不可思議……」：*Reader's Digest* (October 1938).

309 為了捍衛他們的公信力：It is believed that John Gillespie Magee was the only Westerner who possessed a motion picture camera during the massacre, and that George Fitch may have borrowed this cam- era to capture the images of Chinese prisoners taken away by the Japanese. David Magee, son of John Magee, still owns the 16-mm-film motion picture camera used by his father to film scenes in the University of Nanking Hospital. Copies of the films are located in the family archives of Tanya Condon, granddaughter of George Fitch; David Magee, son of John Magee; and Margorie Wilson, widow of Robert Wilson. An English-language summary of the contents of the films can be found in "Deutsche Botschaft China," document starting on page 141, German diplomatic reports, National History Archives, Republic of China.

310 一群……令人厭惡的士兵：Fitch, *My Eighty Years in China*, p. 121.

310 他後來告訴家人：Tanya Condon, telephone interview with the

author, March 27, 1997.

311 **費吳生甚至懷疑……**：同上。

311 **日軍恨我們更勝於恨他們的敵人**：John Magee, letter to family, January 28, 1938, archives of David Magee.

## 第七章　日軍占領下的南京

312 **你無法想像這座城市有多混亂**：John Magee, undated letter (probably February 1938), archives of David Magee.

312 **幾英尺高的屍體**：Durdin, *New York Times*, December 18, 1937.

313 **觀察者估計**：For estimates of the damage, see Lewis Smythe, "War Damage in the Nanking Area" (June 1938), cited in Yin and Young, *The Rape of Nanking*, p. 232.

313 **長達六十頁的報告**：Lewis Smythe to Willard Shelton (editor of the *Christian Evangelist*, St. Louis), April 29, 1938, box 103, record group 8, Jarvis Collection, Yale Divinity School Library.

313 **城市淪陷後就開始有大火**：Testimony of Miner Searle Bates (witness), Records from the Allied Operational/Occupation Headquarters, IMTFE transcript, pp. 2636–37, entry 319, record group 331; see also verdict in Tani Hisao's trial in Nanking, reprinted in *Journal of Studies of Japanese Aggression Against China* (February 1991): 68.

314 **縱火焚燒建築物**：Harries and Harries, *Soldiers of the Sun*, p. 223.

314 **安全區領導成員**：Hsu Shuhsi, *Documents of the Nanking Safety Zone*, p. 51.

314 **南京大屠殺的最初幾週結束時**：IMTFE judgment; "German Archival Materials Reveal 'The Great Nanking Massacre,'" *Journal of Studies of Japanese Aggression Against China* (May 1991); Lewis and Margaret Smythe, letter to friends, March 8, 1938, Jarvis Collection.

314 **他們還燒掉了俄國公使館**：Hsu Chuang-ying (witness), testimony before the IMTFE, p. 2577; A. T. Steele, "Japanese Troops Kill Thousands: 'Four Days of Hell' in Captured City Told by Eyewitness; Bodies Piled Five Feet High in Streets," *Chicago Daily News*, December 15, 1937; James McCallum, diary entry for December 29, 1937, Yale Divinity School Library.

314 **日本人對美國人的財產特別侮辱**：*Reader's Digest* (July 1938).

314 **這真是一種「驚人的」行為**："Deutsche Botschaft China," document starting on page 214, German diplomatic reports, National History Archives, Republic of China; Kröger, "Days of Fate in Nanking."

314-315 **日本士兵破壞南京附近鄉下**："Deutsche Botschaft China," report no. 21, document starting on page 114, submit- ted by Chinese farmers on January 26, 1938, German diplomatic reports, National History Archives, Republic of China.

315 **日本人還用乙炔火炬**：Bates, testimony before the IMTFE, pp. 2635–36; Kröger, "Days of Fate in Nanking."

315 **士兵獲准將一些戰利品寄回日本**：IMTFE judgment; Bergamini, *Japan's Imperial Conspiracy*, p. 37.

315 **兩百多架鋼琴**：Bates, testimony before the IMTFE, p. 2636.

315 **十二月底**：History Committee for the Nationalist Party, Revolutionary Documents, 1987, vol. 109, p. 311, Taipei, Republic of China.

315 **他們覬覦外國車**：Lewis and Margaret Smythe, letter to friends, March 8, 1938, Jarvis Collection.

315 **用來運送屍體的卡車也被偷了**：Hsu Shuhsi, *Documents of the Nanking Safety Zone*, p. 14 (John Rabe to Japanese embassy, December 17, 1937, document no. 9).

315 **日本人還侵入金陵大學醫院**：Robert Wilson, letter to family, December 14, 1937; Bates, testimony before the IMTFE, pp. 2365–36.

315 一份德國的報告指出：An excerpt of a verbal presentation by Mr. Smith of Reuters about the events in Nanking on December 9–15, 1937, in "Deutsche Botschaft China," document starting on page 178, written in Hankow on January 1, 1938, German diplomatic reports, National History Archives, Republic of China.

316 手上的一把髒米："The Sack of Nanking: An Eyewitness Account of the Saturnalia of Butchery When the Japanese Took China's Capital, as Told to John Maloney by an American, with 20 Years' Service in China, Who Remained in Nanking After Its Fall," *Ken* (Chicago), June 2, 1938, reprinted in *Reader's Digest* (July 1938). George Fitch was the source behind this article.

316 一九三八年一月：Fitch, "Nanking Outrages," January 10, 1938, Fitch Collection.

316 港口內空無一船：Commanding Officer to the Commander in Chief, U.S. Asiatic Fleet (letterhead marked the U.S.S. *Oahu*), intelligence summary for the week ending February 20, 1938, February 21, 1938, Office of the Chief of Naval Operations, Division of Naval Intelligence, general correspondence, 1929–42, folder A8–21/FS#3, box 195, entry 81, record group 38, National Archives.

316 城市的大部分地區都缺乏電力：Hsu Shuhsi, *Documents of the Nanking Safety Zone*, p. 99. By late January electricity was available in certain selected buildings in Nanking and water sometimes ran from lower hydrants; Minnie Vautrin, diary 1937–40, December 29, 1937; "Work of the Nanking International Relief Committee, March 5, 1938," Miner Searle Bates Papers, Yale Divinity School Library, p. 1; Xingzhengyuan xuanchuanju xinwen xunliansuo (News Office of the Executive Yuan Publicity Bureau), *Nanjing zhinan* (*Nanking Guidebook*) (Nanking: Nanjing xinbaoshe, 1938), p. 49. (Information here comes from Mark Eykholt's unpublished dissertation at the University of California at San Diego.) For more information on the Japanese massacre of power plant employees, see Minnie Vautrin, diary 1937–40, December 22, 1937, p. 125; and George Fitch diary, copy enclosed in file from

Assistant Naval Attaché E. G. Hagen to Chief of Naval Operations, National Archives. Fitch reported that the employees "who had so heroically kept the plant going" had been taken out and shot on the grounds that the power company was a government agency (it was not). "Japanese officials have been at my office daily trying to get hold of these very men so they could start the turbines and have electricity. It was small comfort to be able to tell them that their own military had murdered most of them."

316 **許多婦女也寧可不洗澡**：Mark Eykholt (author of unpublished dissertation on life in Nanking after the massacre, University of California, San Diego), telephone interview with the author.

316 **處處可見民眾洗劫房舍**：Minnie Vautrin, diary 1937–40, February 10, 1938, p. 189.

316 **在安全區的上海路上**：Ibid., January 9, 1938, p. 149; January 12, 1938, p. 153; January 27, 1938, p. 172.

317 **這項活動帶動了地方經濟**：Ibid., January 20, 1938, p. 163.

317 **一九三八年一月一日**："A Short Overview Describing the Self-Management Committee in Nanking, 7 March 1938," in "Deutsche Botschaft China," German diplomatic reports, document starting on page 103, National History Archives, Republic of China; Minnie Vautrin diary 1937–40, December 30, 1937, and January 1, 1938; IMTFE Records, court exhibits, 1948, World War II War Crimes Records Collection, box 134, entry 14, record group 238, p. 1906, National Archives; Commanding Officer C. F. Jeffs to the Commander in Chief, U.S. Asiatic Fleet (letterhead marked the U.S.S. *Oahu*), intelligence summary for the week ending April 10, 1938, April 11, 1938, Office of the Chief of Naval Operations, Division of Naval Intelligence, general correspondence, 1929–42, folder A8-21/FS#3, box 195, entry 81, record group 38, National Archives.

317 **供水、電力**：Commanding Officer C. F. Jeffs to the Commander in Chief, U.S. Asiatic Fleet (letterhead marked the U.S.S. *Oahu*), intelligence summary for the week ending April 10, 1938, April

11, 1938, Office of the Chief of Naval Operations, Division of Naval Intelligence, general correspondence, 1929–42, folder A8-21/FS#3, box 195, entry 81, record group 38, National Archives.

317 **中國商人要忍受……**：Ibid.; "Deutsche Botschaft China," document dated March 4, 1938, starting on page 107, German diplomatic reports, National History Archives, Republic of China; "A Short Overview Describing the Self-Management Committee in Nanking, 7 March 1938," in "Deutsche Botschaft China," document no. 103.

317 **日本人也開放軍用店鋪**："Deutsche Botschaft China," document dated May 5, 1938, starting on page 100, German diplomatic reports, National History Archives, Republic of China.

317 **傀儡政府**："A short Overview Describing the Self-Management Committee in Nanking, 7 March 1938," in ibid., document starting on page 103.

317 **我們現在是在進行合法的搶劫**：同上。

318 **城裡又再度出現鴉片**：For information on the drug trade, see Bates, testimony before the IMTFE, pp. 2649–54, 2658.

318 **企圖吞食大量鴉片自殺**：Elizabeth Curtis Wright, *My Memoirs* (Bridgeport, Conn.: Winthrop Corp., 1973), box 222, Yale Divinity School Library.

319 **透過犯罪來維持自己的毒癮**："Deutsche Botschaft China," document dated March 4, 1938, starting on page 107, German diplomatic reports, National History Archives, Republic of China.

319 **日本雇主對待當地廣大的中國勞工**：Tang Shunsan, interview with the author, Nanking, People's Republic of China, July 26, 1995.

320 **對南京人民進行醫學實驗**：Sheldon Harris, *Factories of Death: Japanese Biological Warfare, 1932–1945, and the American Cover-up* (London: Routledge, 1994), pp. 102–12.

321 **日本當局發明一種大規模控制的方法**："From California to Szechuan, 1938," Albert Steward diary, entry for December 20, 1939, private collection of Leland R. Steward.

322 **可怕的饑荒並沒有發生**：Lewis Smythe, "War Damage in the Nanking Area," pp. 20–24; Minnie Vautrin, diary 1937–40, May 5, 1938.

322 **城牆內的菜園和農田**：Minnie Vautrin, diary 1937–40, May 21, 1938; "Notes on the Present Situation, March 21, 1938," p. 1, Fitch Collection, Yale Divinity School Library.

323 **我們並沒有證據證明**：Mark Eykholt, telephone interview with the author.

323 **疫苗接種計畫**：Ibid. While the Japanese used deadly biological warfare against other cities, it is clear that they took precautions to protect Japanese-occupied territories like Nanking from epidemics, probably because of the presence of Japanese nationals in those areas.

323 **一些西方傳教士的小孩還記得**：Angie Mills, telephone interview with the author.

323 **噴灑消毒水**：Letter dated February 12, 1939, by unidentified author, Forster Collection, RG 8, Box 263, Yale Divinity School Library.

323 **一九三八年春天**：Eykholt interview.

324 **零星的地下反抗活動**：同上。

325 **日本人一直在南京停留到投降的那一天**：作者對倖存者的訪談。

## 第八章　審判日

326 **一九四四年三月**："Judgment of the Chinese War Crimes Military Tribunal on Hisao Tani, March 10, 1947," *Journal of Studies of Japanese Aggression Against China* (February 1991): 68.

327 **在這期間**：Xu Zhigeng, *The Rape of Nanking*, pp. 219, 223, 226, 228.

328 **一個最著名的例證**：Television documentary on Wu Xuan and Luo Jing, aired July 25, 1995, Jiangsu television station channel 1.

329 **《日本報知者》的一篇文章**：Xu Zhigeng, *The Rape of Nanking*, pp. 215–16.

329 **南京戰爭罪審判的焦點**：同上，頁 218-230。

331 **審判的規模令人震驚**：For statistics on the IMTFE, see Arnold Brackman, *The Other Nuremberg: The Untold Story of the Tokyo War Crimes Trials* (New York: Morrow, 1987), pp. 9, 18, 22; *World War II* magazine, January 1996, p. 6.

332 **相當於一千多件的美萊村屠殺案**：同上，頁 9。

333 **檢方掌握的罪行**：遠東軍事國際法庭庭審紀錄。

333 **遭納粹俘虜的美國戰俘**：Ken Ringle, "Still Waiting for an Apology: Historian Gavan Daws Calling Japan on War Crimes," *Washington Post*, March 16, 1995; author's telephone interview and electronic mail communication with Gavan Daws. According to Daws, the death-rate figure for all Allied POWs for the Japanese was 27 percent: 34 percent for Americans, 33 percent for Australians, 32 percent for the British, and under 20 percent for the Dutch. In contrast, the death rate for all Western Front Allied military POWs of the Germans (excluding Russians) was 4 percent. For more information, see Gavan Daws, *Prisoners of the Japanese: POWs of World War II in the Pacific* (New York: Morrow, 1994), pp. 360–61, 437.

334 **獨立事件**：Brackman, *The Other Nuremberg*, p. 182.

334 **像野蠻人一樣肆意褻瀆這座城市**：遠東軍事國際法庭庭審紀錄。

335 **懲戒南京政府**：遠東軍事國際法庭庭審紀錄。

336 **為了彌補在南京的罪孽**：Bergamini, *Japan's Imperial Conspiracy*, pp. 3–4.

336 **我很高興能以這種方式了結**：同上，頁 47。

336 **要麼是祕密下令，要麼是刻意而為**：遠東軍事國際法庭庭審紀錄，頁 1001。

337 **不幸的是……主要責任的人**：Buruma, *The Wages of Guilt*, p. 175; Bergamini, *Japan's Imperial Conspiracy*, pp. 45–48.

337 **中島今朝吾**：The information about Nakajima Kesago comes from Kimura Kuninori, *Koseiha shogun Nakajima Kesago [Nakajima Kesago, General of the Individualist Faction]*. Tokyo: Kôjinsha, 1987.

338 **柳川平助**：The information about Yanagawa Heisuke comes from Sugawara Yutaka, *Yamatogokoro: Fukumen shogun Yanagawa Heisuke Seidan [Spirit of Japan: Elevated Conversation from the Masked Shogun Yanagawa Heisuke]*. Tokyo: Keizai Oraisha, 1971, p. 166. (Mention of his death by heart attack on January 22, 1945, is on p. 234.)

339 **許多日本人很難相信**：Herbert Bix, "The Showa Emperor's 'Monologue' and the Problem of War Responsibility." *The Journal of Japanese Studies*, summer 1992, vol. 18, no. 2, p. 330.

340 **無價的歷史珍寶**：Author interview with John Young of the China Institute. In 1957, Young was a professor at Georgetown University and part of a group of scholars who had secured permission to microfilm some of the Japanese Army and Navy Ministries archives seized by American occupation forces in 1945. The following year came the abrupt decision of the United States government to return the documents to Japan—a tremendous blow to Young and the others. ("I was beyond shock, I tell you," Young recalled. "I was flabbergasted!") As a result of this decision, only a small portion of the Japanese military archives were microfilmed before they were boxed up and returned to Japan in February 1958. The greatest regret of his life, Young said, was his failure to foresee this decision, which would have given him and the other scholars the time to microfilm the most important papers in the collection.

The circumstances behind the return were mysterious, and continue to baffle to this day the historians involved in the microfilm project. "This was something I could never understand," Edwin Beal, formerly of the Library of Congress, said during a telephone interview in April 1997. "We were told that returning these documents was a matter of high policy and should not be questioned."

Years later, John Young heard rumors that the returned documents were used by the Japanese government to purge those from their ranks who had not been sufficiently loyal to the wartime regime.

340 **遭到著名歷史學家的嚴厲批評：**In all fairness, it must be pointed out that many of the facts in Bergamini's book are accurate and that he did discover, in the course of his research, many important new Japanese-language documents for World War II historians. Therefore, scholars have often found *Japan's Imperial Conspiracy* to be a valuable—even if flawed and confusing—resource.

341 **如欲征服世界：**W. Morton, *Tanaka Giichi and Japan's China Policy* (Folkestone, Kent, Eng.: Dawson, 1980), p. 205; Harries and Harries, pp. 162–63.

342 **目前，沒有一位……：**Letter from Rana Mitter to author, July 17, 1997.

342 **「難以置信」：**Information about Herbert Bix's opinion comes from author's telephone interview with Bix.

343 **三笠宮崇仁親王：**"A Royal Denunciation of Horrors: Hirohito's Brother—an Eyewitness—Assails Japan's Wartime Brutality," *Los Angeles Times*, July 9, 1994; Merrill Goozner, "New Hirohito Revelations Startle Japan: Emperor's Brother Says He Reported WWII China Atrocities to Him in 1944; National Doubts Them Now," *Chicago Tribune*, July 7, 1994; *Daily Yomiuri*, July 6, 1994, p. 7.

343 **這有助於訓練他們的膽量：***Daily Yomiuri*, July 6, 1994, p. 7.

343-344 **「零零碎碎地」報告了中國的情況：**Goozner, "New Hirohito Revelations Startle Japan," *Chicago Tribune*, July 7, 1994.

344 **「滿意極了」：***Asahi*, Tokyo edition, December 15, 1937.

344 **載仁親王的電報：**同上。

344 銀花瓶：*Asahi*, Tokyo edition, February 27, 1938.

344 朝香宮親王退休後：Bergamini, *Japan's Imperial Conspiracy*, p. 46. Information about Asaka's golf course development comes from *Daijinmei Jiten* [*The Expanded Biographical Encyclopedia*] (Tokyo: Heibonsha, 1955), vol. 9, p. 16.

## 第九章　倖存者的命運

349 根據國際人權律師派克的說法：Karen Parker, telephone interview with the author. For Parker's legal analyses on *jus cogens* and Japan's debt to its World War II victims, see Karen Parker and Lyn Beth Neylon, "*Jus Cogens*: Compelling the Law of Human Rights," *Hastings International and Comparative Law Review* 12, no. 2 (Winter 1989): 411–63; Karen Parker and Jennifer F. Chew, "Compensation for Japan's World War II War-Rape Victims," *Hastings International and Comparative Law Review* 17, no. 3 (Spring 1994): 497–549.

At a seminar for the 58th anniversary of the Japanese invasion of China, scholars urged Chinese victims to demand reparations from Japan. Tang Te-kang, a professor at Columbia University, said that the victims have a precedent in pressing Japan for compensation—set by Japan itself when it demanded and received reparations from China after it and seven other countries invaded China during the Qing dynasty. According to the historian Wu Tien-wei, Chinese victims are entitled to these reparations according to international law; Lillian Wu, "Demand Reparations from Japan, War Victims Told," Central News Agency, July 7, 1994.

350 幾乎被日本人活活燒死：Author's interview with a survivor (name withheld on request).

350 父親在南京大屠殺時遭到處決：Liu Fonghua, interview with the

author, Nanking, July 29, 1995.

352 史邁士看到當地報紙大幅報導：Oral history interview with Lewis Smythe by Cyrus Peake and Arthur Rosenbaum, Claremont Graduate School, December 11, 1970, February 26, and March 16, 1971, box 228, record group 8, Yale Divinity School Library.

352 不僅應和美國政府的帝國主義政策："Zhuiyi Rikou zai Nanjing da tusha (Remember the Great Massacre at Nanking)," reprinted in *Xinhua Yuebao* 3, pp. 988–91.

352 「史邁士博士，城裡有十萬人……」：Peake and Rosenbaum oral history interview with Smythe.

352 一九五一年，他辭去金陵大學職位："Biographic Sketch and Summary of Contents," in Peake and Rosenbaum oral history interview with Smythe.

353 貝德士也離開了南京：Morton G. Bates, letter to the author, October 7, 1996.

353 馬吉牧師的兒子大衛：David Magee, telephone interview with the author.

353 費吳生的女兒伊笛絲：Edith Fitch Swapp, telephone interview with the author; Fitch, *My Eighty Years in China*, p. 125. In his book, Fitch describes his problems with memory loss and his visit to a neurologist. "To my considerable relief the doctor reported there was nothing wrong with my brain; I was just suffering from nerve fag. I had been leading a pretty strenuous life, of course, and possibly the terrible memories of those Nanking days had something to do with it too" (p. 125).

353 金陵大學醫院的外科醫生威爾遜：Marjorie Wilson, telephone interview with the author.

355 我的精力即將枯竭：Minnie Vautrin, diary 1937–40, April 14, 1940, p. 526.

355 魏特琳小姐健康狀況惡化：Minnie Vautrin, diary 1937–40, handwritten note on the bottom of the last page.

355 她的姪女回憶：Description of Vautrin's journey back to the United States, her electroshock treatment, her last communication with her family, and her suicide comes from Emma Lyon, telephone interview with the author.

356 在被召回德國前：For Rabe's last days in Nanking, see Minnie Vautrin, diary 1938–40, February 21, 1928, entry, p. 199; George Rosen report "Deutsche Botschaft China," document no. 122, National History Archives, Republic of China.

357 拉貝友人的口述歷史訪問：Peake and Rosenbaum oral history interview with Smythe.

359 我很高興能夠幫助你：Martha Begemann, letter to the author, April 26, 1996.

360 拉貝信守對中國人的承諾：Description of Rabe's efforts to publicize the Nanking atrocities and his downfall in Germany comes from Ursula Reinhardt, letters to the author, 1996–97.

360 祖父看起來很窘迫：Ursula Reinhardt, letter to author, April 27, 1996, p. 2.

363 西門子沒工作給我做：John Rabe diary, entry for the years 1945 and 1946, translated September 12, 1996, by Ursula Reinhardt in letter to the author, September 18, 1996.

363 上星期天我和媽咪……：同上。

364 媽咪現在只有四十四公斤……：同上。

364 我們一再地忍受著饑餓……：Ibid., April 18, 1946.

364 昨天我訴請脫離納粹黨……：Ibid., April 18, 1946.

365 如果我聽說過任何納粹黨人……：Ibid., April 18, 1946.

365 六月三日，夏洛登堡……：Ibid., June 7, 1946.

366 今天媽咪帶著一尊中國木雕像……：Ibid., June 7, 1946.

367 幾天之內……：*Renmin Zibao* (People's Daily), December 25, 1996, p. 6.

367 這些包裹：According to Reinhardt, the family of W. Plumer Mills also sent packages of food (CARE packages) to Rabe, which helped cure him of the skin disease that was caused by malnutrition.

367 如果拉貝選擇回中國：Ibid.; see also Ursula Reinhardt, letter to the author, April 27, 1996; and *Renmin Zibao*, December 27, 1996.

367 一九四八年六月：*Renmin Zibao*, December 25, 1996.

368 一九五〇年拉貝因中風病逝：Ursula Reinhardt, letter to the author, April 27, 1996.

368 賴因哈特當時正懷孕：*Renming Zibao*, December 27, 1996.

369 拉貝過去的納粹身分：Ursula Reinhardt, telephone interview with the author.

369 在拉貝的文件被發現後不久：Peter Kröger, letter to the author, October 23, 1996.

369 和希特勒政府目前的意見相左：Kröger, "Days of Fate in Nanking."

370 文件內容的殘暴程度：*Renming Zibao*, December 27, 1996.

370 她認為這些日記……政治炸彈：Ursula Reinhardt, presentation, December 12, 1996, New York City; Reinhardt, telephone interview with the author.

370 她花了十五個小時複印這些日記：Ursula Reinhardt, letter to the author, December 3, 1996.

370 邵子平也擔心日本右翼份子……：Shao Tzuping, telephone interview with the author.

371 日記的敘述極其震撼並令人沮喪：David Chen, "At the Rape of Nanking: A Nazi Who Saved Lives," *New York Times*, December 12, 1996, p. A3.

372 這份報告之所以重要：*Asahi Shimbun*, December 8, 1996.

372 這份報告的意義在於：同上。

## 第十章　二度強暴

376　有人說日本曾在南京進行大屠殺："Playboy interview: Shintaro Ishihara—candid conversation," David Sheff, interviewer, *Playboy*, October 1990, vol. 37, no. 10, p. 63.

376　日本否認南京大屠殺：Yoshi Tsurumi, "Japan Makes Efforts to Be Less Insular," *New York Times*, December 25, 1990.

377　石原仍極力辯駁：Reprinted in *Journal of Studies of Japanese Agression Against China* (February 1991): 71.

377-378　馬吉的信裡就有這樣的描述：John Magee, letter to "Billy" (signed "John"), January 11, 1938, Ernest and Clarissa Forster Collection.

379　我認為南京大屠殺和其他事件都是捏造的：Sebastian Moffet, "Japan Justice Minister Denies Nanking Massacre," Reuters, May 4, 1994.

379　他的言論引起全亞洲群情激憤：Accounts of Nagano being burned in effigy and eggs being thrown at Japanese embassies can be found in Reuters, May 6, 1994. For information regarding his resignation, see Miho Yoshikawa, "Japan Justice Minister Quits over WWII Gaffe," Reuters, May 7, 1994.

379　只是戰爭的一部分：Karl Schoenberger, "Japan Aide Quits over Remark on WWII," *Los Angeles Times*, May 14, 1988.

379　當月，日本首相中曾根康弘解除了他的職務：同上。

380　我們沒有侵略的意圖：同上。

380　我不是說日本不是侵略者：同上。

380　五月，奧野被迫辭職：同上。

380　一九九四年八月：*Mainichi Daily News*, August 17, 1994.

380　中國政府很遺憾：Kyoto News Service, August 13, 1994.

381　斥責該言論「不適當」：同上。

381　雖然日本對中國具侵略性：Robert Orr, "Hashimoto's War Remarks Reflect the Views of Many of His Peers," *Tokyo Keizai*, December

13, 1994.

381 慰安婦「是為了錢」："Japanese Official Apologizes," Associated Press, January 28, 1997.

382 導致日本南韓高峰會諸多不愉快：同上。

382 被迫辭去日本法務大臣的職位：同上。

383 整個日本教育體系：Hugh Gurdon, "Japanese War Record Goes into History," *Daily Telegraph*, April 20, 1994.

383 他們首先想知道的是誰贏了：*New York Times*, November 3, 1991. Psychology professor Hiroko Yamaji told me that even Japanese college students have asked him the same question: Which country won World War II, the United States or Japan? (Interview with Yamaji, March 30, 1997, during a workshop in San Francisco.)

383 一九九七年日本文部省：Brackman, *The Other Nuremberg*, p. 27.

384 占領南京之後：The passages in Ienaga's textbooks and the censors' comments come from "Truth in Textbooks, Freedom in Education and Peace for Children: The Struggle Against the Censorship of School Textbooks in Japan" (booklet) (Tokyo: National League for Support of the School Textbook Screening Suit, 2nd. ed., June 1995).

386 一九七〇年，當家永終於勝訴：Buruma, *The Wages of Guilt*, p. 196.

386 「政治聾啞人」：David Sanger, "A Stickler for History, Even If It's Not Very Pretty," *New York Times*, May 27, 1993.

387 他們告訴記者：*Shukan Asahi*, August 13, 1982, p. 20.

387 在藤尾下台前：Information on the treatment of the Nanking massacre in textbooks before and after Fujio's dis- missal comes from Ronald E. Yates, " 'Emperor' Film Keeps Atrocity Scenes in Japan," *Chicago Tribune*, January 23, 1988.

388 佐佐木部隊：*Mainichi Daily News*, May 30, 1994.

On August 29, 1997, Ienaga won a partial victory in the last of his three lawsuits against the Education Ministry. The Supreme Court ordered the central government to pay Ienaga 400,000 yen in damages and concluded that the ministry had abused its discretionary power when it forced him to delete from his textbook a reference on live human experiments conducted by the Imperial army's Unit 731 during World War II. However, the Supreme Court continued to uphold the textbook-screening system itself, ruling that the process did not violate freedom of expression, academic freedom, or the right to education, which are guaranteed under the Japanese constitution. (*Japan Times*, August 29, 1997)

389 **我們到底還要道歉多久**：The military historian Noboru Kojima, quoted in *New York Times*, November 3, 1991.

389 **「中彩券」**：Quoted in Sonni Efron, "Defender of Japan's War Past," *Los Angeles Times*, May 9, 1997.

389 **工廠工人小野健二**：Charles Smith, "One Man's Crusade: Kenji Ono Lifts the Veil on the Nanking Massacre," *Far Eastern Economic Review*, August 25, 1994.

390 **一九九六年，他與人合編了一本……**：Ono Kenji, Fujiwara Akira, and Honda Katsuichi, ed., *Nankin Daigyakusatsu o kirokushita Kogun heishitachi: daijusan Shidan Yamda Shitai heishi no jinchu nikki. [Soldiers of the Imperial Army Who Recorded the Nanking Massacre: Battlefield Journals of Soldiers from the 13th Division Yamada Detachment]* (Tokyo: Otsuki Shoten, 1996).

391 **日本片商剪掉整段「南京大屠殺」**：Yates, " 'Emperor' Film Keeps Atrocity Scenes in Japan."

391 **混亂和誤解**：同上。

393 **極端保守派作家鈴木明**：Most of the information on the debate between the illusion and massacre factions, the *Kaikosha* survey, and the tampering with Matsui's diary comes from Yang Daqing, "A Sino-Japanese Controversy: The Nanjing Atrocity as History," *Sino-Japanese Studies* 3, no. 1 (November 1990).

393 敵人的宣傳：Quoted in Buruma, *The Wages of Guilt*, p. 119.

393 不僅加諸在當時的日本軍官……：Ibid., pp. 121–22.

394 應該不少於數萬人：Yang Daqing, "A Sino-Japanese Controversy: The Nanjing Atrocity as History," *Sino-Japanese Studies* vol. 3, no. 1 (November 1990): 23.

395 是沒有任何藉口的：同上。

395 第一個公開坦承自己……：Catherine Rosair, "For One Veteran, Emperor Visit Should Be Atonement," Reuters, October 15, 1992.

396 長崎市長本島均：Buruma, *The Wages of Guilt*, pp. 249–50.

## 後記

398 三光政策：Rummel, *China's Bloody Century*, p. 139.

399 我奉長官命令：Quoted in Wilson, *When Tigers Fight*, p. 61.

399 研究中國問題的作家：Jules Archer, *Mao Tse-tung* (New York: Hawthorne, 1972), p. 95.

399 魯梅爾：Rummel, *China's Bloody Century*, p. 139.

399 在可能做為轟炸機著陸區的區域：同上，頁 138。

399 日本飛行員……：同上，頁 140-41。

400 最後的死亡人數令人難以置信：同上，頁 149、150、164。

401 壓迫移轉：George Hicks, *The Comfort Women* (New York: Norton, 1994), p. 43.

401 士兵被迫要洗軍官的內衣褲：Nicholas Kristof, "A Japanese Generation Haunted by Its Past," *New York Times*, January 22, 1997.

401 愛的表徵：Tanaka Yuki, *Hidden Horrors*, p. 203.

403 坦白說，你對中國人的看法……：Xiaowu Xingnan, *Invasion-*

*Testimony from a Japanese Reporter*, p. 59.

403　把中國俘虜十人一組綁在一起：Xu Zhigeng, *The Rape of Nanking*, p. 74.

403　豬比中國人的性命還有價值：Azuma Shiro diary, March 24, 1938.

403　每一顆子彈都必須蘊含著皇道：General Araki speech, quoted in Maruyama Masao, "Differences Between Nazi and Japanese Leaders," in *Japan 1931–1945: Militarism, Facism, Japanism?*, ed. Ivan Morris (Boston: D. C. Heath, 1963), p. 44.

404　上帝和日本天皇：Joanna Pitman, "Repentance," *New Republic*, February 10, 1992.

404　我到前線並不是為了和敵人打仗：Bergamini, *Japan's Imperial Conspiracy*, p. 10.

405　日本和中國之間的鬥爭：Toshio Iritani, *Group Psychology of the Japanese in Wartime* (London and New York: Kegan Paul International, 1991), p. 290.

407　政府的權力愈不受約束：R. J. Rummel, *Death by Government* (New Brunswick, N.J.: Transaction Publishers, 1995), pp. 1–2.

409　截至一九九七年，德國政府⋯⋯：Information on German postwar restitution comes from the German Information Center, New York City.

411　漠視歷史的人："Japan Military Buildup a Mistake, Romulo Says," UPI, December 30, 1982.

412　美國前駐日本大使孟岱爾：Barry Schweid, AP, April 9, 1997.

412-413　南京大屠殺甚至即將列為法案：William Lipinski (DIL) drafted the resolution, copies of which can be obtained directly from his office or from the world wide web site of www.sjwar.org.

413　在過去的戰爭中：*Chinese American Forum* 12, no. 3 (Winter 1997): 17.

被遺忘的大屠殺：1937 南京浩劫【全新增訂版】/ 張純如（Iris Chang）著；蕭富元、廖珮杏 . -- 第三版 . -- 臺北市 : 遠見天下文化 , 2023.12
520 面；21×14.8 公分 . -- ( 社會人文 ; BGB566)
譯自 : The Rape of Nanking: The Forgotten Holocaust of World War II
ISBN 978-626-355-525-9 ( 平裝 )
1.CST: 南京大屠殺 2.CST: 中日戰爭

628.525　　112019479

社會人文 BGB566

# 被遺忘的大屠殺

## 1937 南京浩劫【全新增訂版】

The Rape of Nanking: The Forgotten Holocaust of World War II

作者 — 張純如（Iris Chang）
譯者 — 蕭富元、廖珮杏

總編輯 — 吳佩穎
社文館副總編輯 — 郭昕詠
責任編輯 — 詹小玫、吳佩穎、張彤華
封面設計 — 張議文
校對 — 賴韻如、凌午（特約）
內頁排版 — 蔡美芳（特約）
地圖繪製 — 張德揆（特約）

出版者 — 遠見天下文化出版股份有限公司
創辦人 — 高希均、王力行
遠見．天下文化 事業群榮譽董事長 — 高希均
遠見．天下文化 事業群董事長 — 王力行
天下文化社長 — 林天來
國際事務開發部兼版權中心總監 — 潘欣
法律顧問 — 理律法律事務所陳長文律師
著作權顧問 — 魏啟翔律師
社址 — 臺北市 104 松江路 93 巷 1 號
讀者服務專線 — 02-2662-0012｜傳真— 02-2662-0007；02-2662-0009
電子郵件信箱 — cwpc@cwgv.com.tw
直接郵撥帳號 — 1326703-6 號　遠見天下文化出版股份有限公司

製版廠 — 東豪印刷事業有限公司
印刷廠 — 祥峰印刷事業有限公司
裝訂廠 — 聿成裝訂股份有限公司
登記證 — 局版台業字第 2517 號
總經銷 — 大和書報圖書股份有限公司｜電話 — 02-8990-2588
出版日期 — 2023 年 12 月 13 日第三版第 1 次印行

定 價 — 600 元
ISBN — 978-626-355-525-9
EISBN — 9786263555242（EPUB）；9786263555235（PDF）
書 號 — BGB566
天下文化官網 — bookzone.cwgv.com.tw

天下文化
BELIEVE IN READING